中国国际战略评论
2018（上）

CHINA INTERNATIONAL STRATEGY REVIEW

世界知识出版社

图书在版编目（CIP）数据

中国国际战略评论 2018（上）/ 王缉思主编. —北京：
世界知识出版社，2018. 6
ISBN 978-7-5012-5735-5

Ⅰ.①中… Ⅱ.①王… Ⅲ.①国际形势—研究—2018 ②对外政策—研究—中国—2018 Ⅳ.①D5 ②D820

中国版本图书馆CIP数据核字（2018）第095416号

责任编辑　袁路明
责任出版　赵　玥
责任校对　马莉娜
封面设计　田　林

书　　名　中国国际战略评论2018（上）
Zhongguo Guoji Zhanlüe Pinglun 2018 (shang)

主　　编　王缉思

出版发行　世界知识出版社
地址邮编　北京市东城区干面胡同51号（100010）
电　　话　010-65265923（发行）　010-85119023（邮购）
网　　址　www.ishizhi.cn
经　　销　新华书店
印　　刷　北京京科印刷有限公司
开本印张　787×1092毫米　1/16　16印张
字　　数　350千字
版次印次　2018年6月第一版　2018年6月第一次印刷
标准书号　ISBN 978-7-5012-5735-5
定　　价　43.00元

卷首语

《中国国际战略评论》的编辑单位是北京大学国际战略研究院（网站 www.iiss.pku.edu.cn），中文版出版单位是世界知识出版社。自2008年创刊以来，我们一直以年度报告的形式，跟踪、分析、评论国际战略形势发生的重大变化。现在献给读者的是第11个报告。在中国外文出版发行事业局和外文出版社的支持下，自2012年开始，《评论》还出版英文版（*China International Strategy Review*），为海外读者了解我们的观点和研究现状打开了一个窗口。可喜的是，《评论》中英文版都获得了读者一定的认可度，使我们有信心将这个中英双语的系列报告办得更好。

本卷付梓之前的几个月内，世界政治中发生了许多引人注目的事件。在网络时代，信息传递几乎达到了全世界同步，而各国政治变化和国际关系的调整速度也前所未有，“黑天鹅”事件越来越多，令人应接不暇。一方面，我们这个系列报告需要及时跟踪和评论国际政治的变化；另一方面，我们又希望发表的评论文章具有一定的深度和广度，经得起一段时间的考验。

为了更加及时地反映国际形势的变化，我们决定从2018年起，以半年刊的形式呈现给读者，即每年上半年和下半年各出版一本《中国国际战略评论》。本卷《评论》收入的21篇文章和报道，以两大主题文章为依托，增添了书评专栏，刊载了中国、俄罗斯、日本、非洲等国家和地区专家学者的评论，内容涵盖了当前国际上普遍关注的重大现实问题和中国对外关系问题。

我们认真编写这个系列报告，志在广开言路，为战略研究提供更丰富的观点、更深刻的分析。期待读者继续给予支持和指正。

王缉思

2018年5月27日

目　录

特 稿

世界政治进入新阶段

王缉思

在全球化时代，世界各国的政治发展越来越相互影响、相互渗透。纵观历史，世界政治趋势一直呈起伏不定的波浪形。美国政治学者萨缪尔·亨廷顿曾经描绘了冷战结束前后世界政治中的“第三波民主化”。美国历史学者小阿瑟·施莱辛格认为，美国的主流政治观念每隔30年左右就会在自由主义和保守主义之间完成一次转换，形成一个周而复始的意识形态周期。中国文化学者季羡林借用《儒林外史》中“三十年河东，三十年河西”的说法，提出流行于世界的西方文化，到了21世纪将逐步让位于东方文化，人类文化的发展将进入一个新时期。自列宁以来的马克思主义者，则习惯用“时代”的概念来描述世界政治历史的转折。

本文提出“世界政治进入新阶段”，既是基于世界历史的一种长线观察，更是基于近年来世界政治发生的一些引人注目的重大变化。这里仅举出几件大事或大趋势。第一件是欧洲难民危机。2015年从中东、北非、南亚等地涌入欧洲的难民超过100万，成为二战结束以来世界上最大规模的难民潮。此后难民潮得到初步遏制，但难民危机并未得到根本解决，仍将对欧洲政治生态造成严重影响。第二件是英国决定退出欧盟。2016年6月24日，英国通过全民公投，宣布退出欧盟。英国首相卡梅伦随后辞职。此后欧盟和英国一直在为此进行艰苦的谈判。第三件是特朗普于2016年11月8日获选美国总统，并在入主白宫之后出台了一系列引起震惊和震动的内外政策。第四件是在2018年5月9日举行的马来西亚大选中，92岁的马来西亚前总理马哈蒂尔·穆罕默德领导的反对派阵营“希望联盟”，出人意料地击败了总理纳吉布领导的执政联盟国民阵线，结束了国民阵线长达60年的统治。第五件是中国的国家实力和世界地位获得了大幅度提高，中共十九大提出的宏伟战略设想和“一带一路”建设等重大举措引起了全世界的关注。

王缉思　北京大学国际关系学院教授，北京大学国际战略研究院院长。

严格说来，“世界政治进入新阶段”只是一个假设。基于近年来的若干事件和现象做出的这个假设能否成为现实，最终只能由未来的历史学家做出判断。本文试图从纵向的“大历史”和横向的当前世界政治两个维度，对这个假设做出一些浅显的论证，以期引起方家的讨论和指教。

三个时代的主题

20世纪80年代之前的世界政治，大体上经历了三个时代。

（一）农耕时代

从公元前2000年到公元16世纪的人类历史，可以统称为“农耕时代”。就欧亚大陆和北非而言，边界模糊且不断变更的帝国相互征战，争夺土地、奴隶、财产，商品贸易逐渐发展，以宗教为依托的各个文明体系之间既有相互借鉴，也有战争和冲突。简而言之，帝国和王朝的交替和兴亡，一直伴随着征战、奴役、商品交换和以宗教为名的冲突，构成农耕时代的主题。

（二）西方扩张时代

16世纪初到20世纪初的大约400年，可以称为“西方扩张时代”。14世纪开始的欧洲文艺复兴促进了思想解放，其核心是肯定人的价值和尊严。罗马教皇和教会的地位被动摇，政教合一的政治体制遭到质疑。思想自由推动了技术创新和生产力的发展，远洋航海与工业革命同时出现。

跨越大洋的航海技术，赋予葡萄牙、西班牙、荷兰、英国、法国、德国等欧洲列强发展生产和拓展市场的巨大优势。美国独立后，很快加入了西方扩张的行列。技术革新激发的工业革命在18世纪下半叶加速，推动了军事技术创新和军火工业。“地理大发现”之后，欧洲殖民主义者开始捕获和贩卖非洲黑人奴隶，用船将他们运到美洲种植园。至19世纪末，欧洲列强和日本已将世界的殖民地瓜分完毕。

长达四个世纪的西方扩张时代可以划分为若干个历史时期，世界各地的政治发展也很不平衡。概括起来，世界政治发生了多方面的巨大变化。

第一，现代主权国家和国际体系开始形成。

1648年的威斯特伐利亚和约确定了以主权平等为基础的国际关系准则。曾经一统欧洲天下的神权世界趋于瓦解，同神权国家相对立的、以民族为主体的国家开始登上历史舞台，国家之上不再有任何权威，欧洲自此不再有以宗教名义进行的战争。17世纪欧洲形成的国际体系和秩序，随着西方扩张推广到其他大陆，为今天的国际体系和全球秩序奠定了物质基础和思想基础。

第二，西方的扩张既推动了全球财富的增加和现代化进程，又加剧了世界经济和社会发展的严重失衡。西方的先进和发达，是以牺牲后进国家的发展、残暴压迫落后民族、掠夺殖民地和半殖民地的资源为代价的。在急剧变化的世界面前，清王朝在内乱外患的夹攻之下，崩溃之势无法挽回。南亚次大陆的莫卧尔王朝、土耳其的奥斯曼帝国，也由于因循守旧，权力过分集中，由盛而衰，败在欧洲扩张主义者脚下。曾经灿烂辉煌的伊斯兰文化，也在基督教文化面前相形见绌。西方扩张时代见证了人类经济史上前所未有的增长速度和财富积累。世界各地种族、民族、国家之间经济政治上的不平等，也达到人类历史上空前的程度。西方的生产方式、生活方式、政治经济制度、意识形态，被视为现代化和文明的标志。

第三，西方的资产阶级革命推动了世界政治的深刻变革。

17世纪80年代的英国“光荣革命”确立了议会君主立宪制。1787年的《美利坚合众国宪法》确立了立法、司法、行政三权分立的联邦政治体制。法国1789年开始的大革命推翻了统治法国多个世纪的波旁王朝，摧毁了君主专制制度，鼓舞了其后欧洲各国的独立和革命。1682—1725年在位的俄国沙皇彼得大帝推行了欧洲化改革，为俄罗斯帝国的强大奠定了基础。亚历山大二世沙皇于1861年推行废除农奴制的改革，大大推动了工业发展。日本的明治维新建立了君主立宪政体，使日本成为第一个走上工业化道路的亚洲国家，仅用了三四十年的时间，就跻身于世界强国之列。上述革命和改革，不论其是否彻底，结果都加速了农耕时代遗留下来的专制统治的灭亡，推动了选举制、议会制、多党制、司法独立的建立，并使之在长期的发展中日趋完善。

如果用几个中心概念描述西方扩张时代的政治主题，那就是国家主权平等、思想解放、资产阶级革命、殖民压迫、发展失衡、民主共和制度。

（三）战争与革命时代

在马克思主义发展史上，关于“时代”的话语体系是列宁首创的。列宁关于时代论述的出发点，是为了指导革命实践。列宁敏感地观察到1917年俄国十月革命前夕国际形势发生的重大变化。他认为，资本主义的自由竞争时代已经完结，进入了垄断阶段即帝国主义阶段，也就是“帝国主义时代”。列宁还提出了两个重要的观点：第一，帝国主义就是战争；第二，战争必然引起革命。因此这一时代被斯大林称为“帝国主义和无产阶级革命的时代”。

战争和革命是列宁所在的那个时代的主题，也为历史所证实。从第一次世界大战和俄国十月革命，到更为惨烈的第二次世界大战和战后中共领导的推翻国民党统治的革命，再到20世纪50至70年代的朝鲜战争、越南战争，以及风起云涌的亚洲、非洲、拉丁美洲的民族解放运动和武装斗争，这个以“战争与革命”为主要特色的历史阶段长达六七十年。其间还发生了阿拉伯国家和以色列之间的五次中东战争、印度和巴基斯坦之间的三次战争等。

在这一时代，西方发达国家的国内政治也远非风平浪静。美国黑人反对种族歧视、争取自由权利的斗争，美国国内反对越南战争的群众运动，可谓波澜壮阔。1968年5月至6月法国爆发了一场大规模学生罢课、工人罢工的运动，致使整个法国的经济生活陷入混乱状态，史称“五月风暴”。1979年伊朗君主立宪政体被推翻，霍梅尼领导的革命产生了政教合一的伊斯兰共和国。在某种程度上，这是伊朗宗教保守势力对世俗化和西方化的强烈反弹。

和平与发展时代的世界政治

20世纪80年代初，世界政治潮流发生了明显变化。虽然70年代后期发生的柬埔寨内战尚未结束，1979年中越边境爆发的战争余势未尽，但中美关系正常化缓和了东亚局势。东西方阵营的力量对比显著向西方倾斜。罗纳德·里根和玛格丽特·撒切尔分别在美国和英国主政，通过减税、私有化、减少政府对经济的干预、缩减社会福利等手段，强力推动自由市场经济，采取强硬的对苏政策。欧洲主要国家和日本也受到这种政治思潮的影响，整个西方世界在“向右转”。1979年苏联侵略阿富汗导致长达10年的战争，大大消耗了苏联的实力。苏共总书记勃列日涅夫1982年去世前后，苏联政治活力下降，经济停滞不前。1985年戈尔巴乔夫上台后，对内推行政治“公开化”，对外缓和同西方关系。世界社会主义走向低潮。日本和东亚“四小龙”（韩国、新加坡、中国台湾地区和香港地区）经济快速发展。正是在这一历史背景下，中国领导人在80年代中期做出了“和平与发展是时代主题”的战略判断。几年之后冷战结束，进一步佐证了这一判断。

冷战结束后近30年来的世界政治发展可以大致分为前后两个阶段。在前半段的大约15年中，政治自由化和经济市场化是基本趋势，全球化进程加速，西方主导下的国际秩序比较稳定。东欧、中亚地区的前社会主义国家发生的“颜色革命”，思想武器是西方的民主自由，针对的是专制统治。在后半段的大约15年里，自由化和市场化受到更多的考验和质疑。2008年的金融危机暴露了资本主义的种种弊病。作为政治民主化与经济市场化意识形态基础的新自由主义遭到更激烈的抨击。“民主化浪潮”遭遇了强大反抗和重大挫折。西方国家对阿富汗、伊拉克、利比亚的军事干涉带来更多动乱和分裂。“阿拉伯之春”不久就被宗教极端主义等势力所利用。

从20世纪80年代中期直至今天，中国政治主流都坚持“和平与发展是当今时代的主题”的看法。在一段时间里，学术界对此发生过争论，其焦点是邓小平提出的“和平与发展”究竟是否指世界进入一个新时代？“和平与发展”是当今时代的“两大主题”“两大潮流”，还是“两大问题，一个都没有解决”？本文无意深入解读领导人的话语，而是权且将“和平与发展”界定为有别于世界政治史上前三个时代的第四个时代，并力图勾画出这一时代的主要特征。

（一）和平：大国之间没有战争，安全形势总体趋于缓和

对于冷战结束后国际武装冲突减少，大国间战争的危险下降，可以提出五个方面的理性解释。第一，大国发动战争可能付出的成本和代价，大大高于其可能的收益。第二，国家可以通过非战争手段，取得过去通过战争获得的利益。第三，各国决策能力增强，相互了解增加，潜在冲突国家之间普遍建立了危机预防和危机管控机制。第四，在世界各大国协调下，建立了禁止大规模杀伤性武器扩散机制、联合国维和机制、核军备控制机制等，这些机制对于遏止国际冲突或降低其烈度，对于制止某些国家的内战，都起到积极作用。第五，和平作为一种价值观，在世界上日益深入人心。

（二）发展：全球化推动了世界经济增长，促进了政治稳定

几十年来，特别是冷战结束后，世界上集聚的财富迅速增加，全人类的物质生活水平达到前所未有的新高度。西方有的经济学家称之为“财富大爆炸”（Great Enrichment）。很少有人认为，当今世界的财富积累会像前三个历史时代那样整体上大起大落。根据世界银行的统计，2015年全世界极端贫困人口首次减少到全球总人口的10%以下。按照同样的贫困线标准衡量，在冷战刚刚结束的1990年，极端贫困人口占到世界总人口的40%。相比之下，进步是非常显著的。

冷战的终结打破了东西方分割世界市场的局面。诸多原先由政府控制的领域如关税、贸易壁垒和移民限制都出现了松动，国际商品与货币流动的规模扩大，新技术扩散十分迅速。整个世界经济开始融为一体。2008年前后的国际金融危机对世界经济增长速度造成严重影响。但同20世纪20年代末至30年代初的“大萧条”相比，当代世界经济的复苏能力要强大得多。世界经济增长对国际和平与各国政治稳定的积极作用无须赘言。

（三）政治制度：民主化与多元化并存

冷战后初期，世界出现了一场声势浩大的“民主化”浪潮。一大批原社会主义国家和发展中国家纷纷采纳了西方多党制议会政体。众多非西方国家最初在民主政体方面并没有遇到太大障碍，这被亨廷顿称为“民主的第三波”。但是，这些国家普遍缺乏西方式民主的传统，甚至不具备民主所必需的基本文化条件，西方民主“水土不服”的现象日益明显，有的国家已经从实质上回归原有体制。

俄罗斯和许多东欧国家在历史上曾经尝试过西方式民主，表面上的民主制似已站稳脚跟。但保证一种独立于社会利益纠葛的强势行政权的存在至关重要。因此一般来说没有考虑三权分立、相互牵制的美国式总统制政府形式，也没有考虑政府与议会中的多数同进退的英国式议会内阁制，而是选择了一种介于议会内阁

制与半总统制之间的制度。五个中亚共和国在初尝三权分立的多党制政体之后不久，就强化了以总统为核心的行政机构，使其超越了立法和司法机构。在伊斯兰世界，民主制在大多数人眼中成为应效仿的政治体制。印尼、巴基斯坦、孟加拉国、土耳其的多党选举制都基本立足。不过，政治民主化的发展很不平衡，北非和海湾地区的君主制国家普遍比中东的共和制国家更为稳定。伊朗最高领导权仍然在宗教领袖手中。

西方国家也经历了一场“再民主化”的洗礼，体现为对其既有民主政治体制的完善和充实，具体内容包括选举制的改革、议会制的完善、权力下放、机构精简等。但是，在复杂政治决策时使用的竞争性多数表决机制，暴露了民主制的内在不足。这种“全赢全输”型的制度设计有两方面重大缺陷：第一，复杂的政治决策问题被简化为相关政策支持者与反对者的人数对比，导致公共政策的形成过程缺乏理性与共识；第二，少数群体的利益，尤其是一些恒定的少数群体的利益，往往被忽略、被牺牲，有可能导致社会的冲突乃至分裂。比较典型的案例，一是加拿大魁北克省在1995年10月30日举行的关于魁北克主权独立的公投。公投的结果极为接近，反对该省拥有主权的魁北克人，以50.6%的微弱多数险胜。二是2014年9月19日苏格兰举行的是否从英国独立的公投，计票结果是反对独立的占票数的55.8%。这样的简单“多数决”，就像英国脱欧公投一样，虽然显示了表面上的“多数民意”，但造成了许多难以预料的后果和难以愈合的社会裂痕。

（四）国家在经济中的作用：新自由主义政策由盛而衰

冷战后初期，“新自由主义”经济政策在西方独占鳌头，其基本内容是企业私有化、减少国家的经济干预、放松金融监管、减少税收、削减社会福利等。西方国家普遍对有组织的劳工运动采取了高压措施。其实，新自由主义及其原则“华盛顿共识”，从来没有得到不折不扣的贯彻。西方各国的实际福利支出稳中有升。面对激烈的国际竞争，各国政府大多制定了经济发展战略。

原社会主义国家成为新自由主义的试验场，曾普遍采用“休克疗法”暂时稳定了这些国家的经济形势，但其恶果逐渐暴露。拉丁美洲曾大力推进经济开放，特别是资本自由化，很快陷入了巨额债务危机。经济停滞与大众贫困化之间形成了恶性循环。冷战结束后头10年，新自由主义指导的政策导致非洲接受的直接投资减少，依赖出口自然资源与初级产品的结果，恶化了自然环境，导致经济畸形发展。

20世纪末的东亚金融危机和2008年的世界金融危机，使人们认识到不受国家监管的市场经济巨大的破坏力量。虽然市场经济的积极作用得到普遍承认，但新自由主义理论和制度盛极而衰。不过，传统的计划经济模式无望回归。各国都在根据自身传统和条件，在市场动力和政府干预之间寻求某种平衡。

（五）政治思想：从多元文化主义向右翼保守主义偏转

在后冷战时代，全球范围的意识形态冲突远未终结，只是冲突的内涵发生了变化。全球化对传统观念造成巨大冲击，个人自由、个人权利、思想多元、文化多元的观念深入世界的每一个角落。实现个人价值与维护社会稳定之间的紧张，也就是自由和秩序的矛盾，在每一个国家都顽强地表现出来。

后冷战时期的前半段，西方国家的基本趋势是文化和价值观念的多元化。文化多元主义与西方社会种族、语言、宗教的多样化相适应。为数众多的新移民从拉美和亚洲涌入北美，澳洲的亚裔人口快速增加，来自中东、东南欧的大批移民进入西欧。新移民与少数族裔的出生率大大高于原住民。西方感觉到自己需要以宽容的态度对待来自异质社会的文化价值观。

冷战刚结束时，原苏联与东欧地区基本上认同西方思想文化和意识形态。但在普京治下，要求恢复俄罗斯传统、东正教和民族心理的"本土主义"抬头，强国意识复苏。匈牙利、波兰等国近年来也出现了同俄罗斯相仿的思想倾向。

发展中国家的思想和文化意识形态摆脱了僵化地皈依苏联或西方教条的状态。各民族文化传统重新在国家生活中得到承认乃至推崇。这一趋势与西方"文化多元主义"相似，得到后者推动。但发展中国家民族文化的复兴并不必然与西方主流价值观相一致，甚至可能相冲突。伊斯兰主义顽强地挑战着西方的自由主义与国际秩序观。

在全球意义上，后冷战时期自由化与多元化的主要对立面，不再是以国家为名的赤裸裸的思想专制或极权主义，而是以软性的社会认同、族群认同、文化认同、宗教认同等为核心价值的思想，其中最有代表性的是民族主义思想。在一段时期内，种族平等、族群平等、宗教自由（以及无神论自由）、男女平权、堕胎合法化、同性恋婚姻合法化等思想和运动，形成了美国等西方国家内部的"政治正确性"。但是，宗教极端势力上升、跨国移民涌向欧美等现象，正在使西方人警醒。他们强烈意识到多元文化主义可能威胁到民族认同、国家认同和政治忠诚。"9·11"事件及其后暴恐活动频繁爆发，激起了西方人对伊斯兰主义的恐惧，助推了右翼保守势力及其思想基础的回潮。奥巴马以带有自由思想色彩的民主党人面貌登上历史舞台，被视为西方国家、特别是美国文化价值多元化的重要标志。但多元文化主义的过度自由倾向导致了道德水准与公共精神的下降。西方社会面临着失去其主流的核心价值规范的危险。

（六）民族宗教与移民问题凸显

民族矛盾的爆发加速了苏联、南斯拉夫、捷克斯洛伐克等原社会主义国家的分裂。在民族运动的大潮面前，英国、比利时、法国、西班牙、加拿大等西方国家同样不能幸免国家分裂的危险。族群、宗教、教派矛盾交织，促发或激化了欧洲、亚洲、非洲许多地区数不胜数的暴力冲突。

当今世界上并不存在大规模的“文明冲突”，但恐怖活动证明了宗教极端主义所具有的危险性和破坏性。恐怖主义的根源需要予以深刻反思。美国政治学者亨廷顿指出，宗教复兴与原教旨主义的兴起，乃是非西方国家现代化过程的产物，导致了需要从宗教中寻求答案的认同危机。

全球化洪流将数千万人从相对落后的国家和地区裹挟到世界发达地区，而这些新移民的种族、民族、宗教、文化特性同接受他们的国家的主流社会之间存在巨大差异，难以同化融合。新移民的大多数在其所在国经济地位较低，移民同主流社会的民族宗教矛盾同阶级矛盾和经济矛盾相交织，产生了复杂的政治问题和移民政策的两难选择。

（七）社会信息化：构建公民社会与全球治理

伴随着冷战的结束，世界范围内的非传统安全问题（气候变化、生态环境、能源、粮食、公共卫生、网络、非法移民、难民等）突显，全球治理问题提上了各国政治议程。最初出现于西方国家的环境保护主义、和平主义、女性主义、人权运动，以及旨在争取少数族群的权利、保护同性恋者权利的运动等，已经在全球扩展，汇集起来形成所谓“新社会运动”。这一运动超越了阶级界限和传统上左与右的划分，一开始就超越了主权国家的框架，追求的主要是非物质性的利益。公民社会理论认为，在政府与市场都“失灵”的情况下，非政府组织能够有效地发挥社会整合与协调的功能。

在互联网和其他信息技术的助推下，公民社会和非政府组织在整个世界迅速发展，并且形成了广泛而复杂的网络。一方面，非政府组织可以提高开放程度，促进改革，推动人权、环保、教育、医疗卫生、扶贫、扫毒等领域的发展进步；另一方面，在西方支持下的非政府组织活动也可能导致一些国家的政治动荡和社会分裂，激化国际矛盾。在“颜色革命”和“阿拉伯之春”运动中，非政府组织发挥了很大作用，引起了许多争议。

“治理”（governance）是一个与“统治”或“政府”既相联系、又相区别的概念，与“公民社会”相对应。“全球治理”就是在治理理论的基础上发展起来的。全球治理同国际合作的主要区别，就在于全球治理既包括国家政府之间的合作，也包括各国非政府组织、民间社团的横向网络型协调合作。

世界政治进入新阶段

2017年10月发表的中共十九大报告指出：“世界正处于大发展大变革大调整时期，和平与发展仍然是时代主题。世界多极化、经济全球化、社会信息化、文化多样化深入发展，全球治理体系和国际秩序变革加速推进，各国相互联系和依存日益加深，国际力量对比更趋平衡，和平发展大势不可逆转。同时，世界面临的不稳定性不确定性突出，世界经济增长动能不足，贫富分化日益严重，地区热点问题此起彼伏，恐怖主义、网络安全、重大传染性疾病、气候变化等非传统安全威胁持续蔓延，人类面临许多共同挑战。”

十九大报告的上述论断，既坚持了“和平与发展仍然是时代主题”的传统观点，更突出了今日世界的不稳定性和不确定性。在中国，“和平与发展是时代主题”同“坚持和平发展道路”相辅相成，属于同一套话语体系，其政治正确性毋庸置疑。然而，和平与发展这两大问题的内涵与外延都发生了变化。和平问题更确切的替代词是安全问题。当今世界大国间发生战争的可能性已大大降低，但安全挑战却层出不穷，特别是各类非传统安全威胁。发展问题的外延扩大，除了经济增长以外，还更多地涵盖了社会发展与进步、国民生活质量和幸福指数的提高、技术创新等诸多内容。

这里所提的“世界政治新阶段”，是上文所述“和平与发展时代的世界政治”的自然延伸。“天下大势，分久必合，合久必分。”如果说冷战刚刚结束时天下大势以“合”为主流的话，新阶段的世界政治正在陷入巨大的漩涡，“分”的逆流迎面而来，对全球化形成强烈的反冲击力。一方面，经济全球化受到市场力量和技术力量的强劲推动，是任何国家和社会力量都难以逆转的。只要世界范围内的人口流动（包括合法和非法的移民、旅游、劳工、留学等）还在扩大，经济合作、社会交往、文化互动的规模就不会缩小。另一方面，在收入分配领域不平等、不公正现象日趋严重的情况下，在社会认同上的割裂将世界政治推向分化，形成反全球化的逆流。

新阶段世界政治中的分化和分裂，是由两方面的长期因素造成的。第一个因素是经济不平等在全球范围进一步扩大。当今世界上最贫穷的若干非洲国家，其人均国内生产总值为400至500美元。最富裕的国家如美国、瑞士、新加坡等，其人均国内生产总值是最贫穷国家的100多倍。同时，在人均国内生产总值已经超过60000美元的美国国内，近年来贫富差距日益扩大。据有关统计，现在世界基尼系数已经达到0.7左右，超过了公认的0.6“危险线”。随着经济收入差距的扩大，全球范围内其他方面的社会不平等现象也是惊人的。

一些资料显示，无论是国与国之间，还是国家内部，现阶段全球范围的经济不平等，达到了世界近现代历史上前所未有的程度。虽然新兴国家制造业和能源资源产业日趋发达，但仍依赖于发达国家的投资、服务业和技术创新。新兴大国同发达国家的经济差距在缩小，但新兴国家同后进的发展中国家之间的差距却在拉大，造成发展中国家内部的分化。

加剧世界各国政治分化、分裂的第二个长期因素，是全球范围人口流动所带来的社会认同的重新组合。当今世界上有3亿以上人口长年生活在出生地以外的国家，另外还有很多跨越国界的季节性劳工，各国的国内流动人口就更多了。人们生活在异国他乡，或者在自己生活的地域发现越来越多的肤色、文化、信仰不同的外来人口，会带来更大程度的乡恋、疏离感和排外情绪。网络、智能手机和社交媒体的广泛应用，方便了人们找到同胞、同乡，或者结成价值观上志同道合的“知音”和“朋友圈”。这种现象，实际上割裂了种族、族群、教派、文化、价值观等方面的社会认同，加剧了许多国家政治的分极化。

上述两个长期因素的结合，即经济不平等沿着社会认同的断层线加剧，构成了世界政治新阶段的若干特征。

（一）民粹主义和民族主义合流并同时上升

近些年来，民粹主义思潮在美国、欧洲和很多其他国家兴起，对冷战后曾经占有强大话语优势的新自由主义形成猛烈冲击。同其他一切政治概念一样，“民粹主义”有不同的界定和解读。本文所说的民粹主义，指的是在社会中下层中流行的一种政治思潮，其特点是对政治精英和知识精英思想的叛逆，对公正缺失、贫富分化的强烈不满，以及对平等理想的追求。民粹主义（populism）也可称为“平民主义”，是同“精英主义”（elitism）相对立的。

从积极意义上看，民粹主义可以帮助那些被政治精英和传统政党忽略的弱势群体表达自己的心声，迫使当政者更加关注民生。但是，民粹主义表面上以人民为核心，实际上却缺乏公民个人尊严与个人基本权利的观念。民粹主义者崇拜“人民”，但他们崇拜的往往是作为一个抽象整体的“人民”，而对组成“人民”的一个个具体的“人”却持一种蔑视的态度。民粹主义者反对权威，但他们中间很多人又容不得反对派，甚至容不得“旁观者”。民粹主义者眼中的“精英”，包括传统上的政治建制派之外，还包括经济精英、文化精英和媒体精英。同时，他们又很容易被反对精英的“草莽英雄”所蛊惑，拥戴他们心目中的“人民领袖”。

民粹主义和民族主义可谓孪生兄弟，相互呼应，同时上升。民粹主义者多认为，本国的精英是外国人、外国资本或者难民的代言人，不能保护本国人的利益。民族主义有着情感上的煽动性和内部凝聚力，民粹主义有着道德上的合理性和感召力，二者合力具有政治上的颠覆性。英国公投脱欧，特朗普通过呼吁“美国第一”等口号当选美国总统，皆是民粹主义和民族主义相互融合的产物。法国的国民阵线、德国的选择党、意大利的五星运动党、澳大利亚的单一民族党、新西兰的优先党、奥地利的自由党等，都带有右翼民粹主义色彩和反移民倾向，近年来都在本国获得了更大的政治能量和支持。民粹主义在西方国家处于上升期，对既有政治秩序形成新的挑战，加剧了国家内部的政治裂痕。

民粹主义在国家之间造成的裂痕，在东西欧之间表现得尤其明显。在许多中东欧国家加入欧盟后，曾经对欧盟抱有很高的热情与期待。但随着民粹主义的兴起，东西欧之间似乎又一次筑起了一堵高墙。同西欧相比，民粹主义政党在中东欧国家的势力更加强大。已经获得执政地位的波兰法律与公正党、匈牙利青年民主主义者联盟、捷克“不满公民行动”，希望保持本国主权，对欧洲一体化持保留态度，反对欧盟被德法等大国主导，不愿意接收难民。这些政策立场，导致中东欧国家与欧盟及其西欧成员国之间的离心力越来越强。

近年来，许多欧洲和中东国家频繁遭受恐怖袭击，人们往往将暴恐事件与来自伊斯兰国家的移民或问题联系起来。民粹主义政党恰恰是利用了这种排外情绪，赢得了高支持率。很多国家的政府和主流政党不得不考虑收紧移民和难民政策。在区域层面，冷战刚刚结束时的地区政治整合趋势（如欧盟、海湾国家合作委员会）趋缓或倒退，地区经济合作（如北美自由贸易区、中日韩自由贸易区）遇到更大障碍。

由于西方国家整体上仍处于世界政治、经济、文化、军事方面的优势地位，并借以干预非西方国家的内部事务，发展中国家的许多公众很自然地将社会不公问题归咎于美国和西方。发达国家的公众，也很容易把他们对现实的不满归咎于外来移民和发展中国家的崛起。因此，民族主义的感召力更加强大，西方同非西方的分野依然鲜明。

（二）威权主义和强人政治回潮

从根本上说，民粹主义的来源是人们普遍的不安全感。这种不安全感并非来自于战争和暴恐行为的威胁，而是来自相对收入下降、就业和社会福利无保障、教育机会和医疗待遇不平等、环境污染等与切身利益相关的问题。人们对全球化、现存政治建制的怨言越来越多。西方式民主虽然为民众提供了发声和参与政治的机会，却未必是促进经济增长、改善社会治理、缓解贫富分化的有效制度。部分知识精英和政客，正在借助民粹主义煽动排外情绪和民族主义。民族主义情绪下的怀旧意识和复兴愿望也开始复苏。多数伊斯兰国家在认可民主化的同时反对西方化。伊斯兰教义与西方世界观之间存在着难以调和的冲突。

在世界历史上，财富分配严重失衡每每引发战争、叛乱或暴力革命。使用暴力手段“均贫富”的结果是“均贫”而非“均富”。但是现在通过类似手段实现表面上的“社会公正”，其可行性、有效性、道义性都非常低。在民粹主义和民族主义的共同作用下，人们往往寄希望于权力集中的政府以及强大而决策果断的政治领袖，来领导他们恢复民族荣耀，凝聚国家认同，并采取强力的措施来改革或改善不公正。

在国家层面，面对来自左右两个方向的民粹主义压力，西方各国政府和政治精英需要在选举制度、议会制、中央政府同地方的分权、公众对政府的监督等方面进行大幅度改革。这类改革短期内无法取得显著成效，甚至可能激化矛盾。冷战后采用多党制的“转型国家”和发展中国家，在民主化进程中不断发生种种乱象，包括贿选、腐败、暴力冲突、政治对立等，为威权主义的复归和强人政治的回潮，提供了深厚的土壤。

当今世界政治中的强人，包括俄罗斯总统普京、美国总统特朗普、匈牙利总理欧尔班、捷克总理巴比什、白俄罗斯总统卢卡申科、哈萨克斯坦总统纳巴尔扎耶夫、印度总理莫迪、菲律宾总统杜特尔特、土耳其总统埃尔多安、埃及总统塞西、马来西亚总理马哈蒂尔、朝鲜国务委员会委员长金正恩，等等。这些政治强人的年龄、个人背景、意识形态倾向、政策偏好、从政经历、领导方法都有很大差别，但都有鲜明的个性，都在一定程度上鄙视自由主义的价值观，善于利用本国的民族主义和民粹主义。与国家社会制度的示范效应相类似，强人政治也有示范效应。几年来世界政治中的强人不断涌现，绝不是偶然的。

20世纪80年代末冷战结束前，苏联东欧集团和其他非西方国家，在经济社会发展的总体指标方面远远落后于当时的发达国家。随着中国和其他一些发展中国家经济的快速增长，发达国家在许多方面的优势不再如此明显。在威权政体加强本国形象宣传和社交媒体日益发达的作用下，西方国家的软实力遭到侵蚀，西方媒体的话语权受到强烈的质疑和抵制。近年来越来越明显的一个趋势，是西方民主国家和采用西方民主制的非西方国家，在经济发展速度、国民生活水平和质量的提高方面乏善可陈。近几十年来，西方国家和非西方国家的人口在全球人口中所占的比例，以相当快的速度向后者倾斜。由此看来，威权主义和强人政治的回潮将不是短暂的历史现象，而可能代表着世界政治新阶段的重要特征。

（三）地缘政治竞争加剧，战争危险冒头

在传统的意识形态影响下降后，民粹主义和民族主义正在各国形成一种新的“政治正确性”。在国内治理不力、政治极化严重的趋势下，一个政党或政治派别、一位政治领导者的对外政策表态越强硬，表现出的民族主义和排外情绪越强烈，就越容易得到国内政治支持。这一倾向表现在经济和社会层面，是贸易保护主义和限制移民政策；表现在国家安全方面，则是增加对社会安全（国内维稳）和国防的投入，加剧地缘政治竞争。

冷战结束后，国际安全形势曾经处于相对平稳的阶段。今日环顾全球，地缘政治竞争却愈演愈烈。特朗普政府公开把中国和俄罗斯定位为美国的主要安全威胁。朝鲜核问题、伊朗核问题久拖不决，而且有可能激化为军事冲突。美国、英国、法国几次使用武力干涉中东和北非一些国家的内政。叙利亚、也门等国的内乱还在继续，巴勒斯坦冲突激化，伊朗和沙特阿拉伯之间剑拔弩张，北约国家同俄罗斯围绕乌克兰问题的对立看不到缓解的希望。

军费开支是国际安全形势特别是军事安全形势的风向标。近年来，世界主要国家纷纷大幅增加本国的国防预算，加速发展武器装备，提升军事实力。据瑞典斯德哥尔摩国际和平研究所的报告，2017年全球军费开支高达17390亿美元，比2016年增加了1.1%，达到冷战后的最高值。美国特朗普政府提议2018财年增加国防预算540亿美元，较2017财年约增长10%。在美国经济复苏的背景下，未来

几年军费开支预计会继续稳步提升。因国际油价走低、西方坚持对俄制裁，俄罗斯军费投入近两年有所减少，但是俄罗斯使用军事力量捍卫本国利益、维护大国地位的决心没有改变，推进武器装备全面更新换代的发展目标也没有改变。

中东和亚太是全球军费增长最快的两个地区。中东地区近年来受战争和内乱因素影响，国防预算每年都保持两位数增长。中美在西太平洋的军事竞争加剧，亚太地区国家的不安全感上升，于是纷纷加大军费投入。日本军费开支自2013年以来连续6年增长，印度2018年国防预算增长超过8%。

从全球层面看，各国在国际上的不安全感往往同国内政治的不稳定性、不确定性互为因果。某些国家的国内治理不善、社会分裂和经济停滞，同国际关系层面的利益冲突相互交织，对全球安全秩序将造成巨大冲击。人们不得不思考的重大问题，不仅是“新冷战”会不会在中美两国之间爆发，还包括世界大国和地区强国的军备竞赛，会不会使全球的长期和平稳定局面出现逆转。

（四）技术创新是双刃剑

人工智能、生物技术、互联网金融、大数据应用等技术进步，为人类生命和生活带来诸多好处，但也预示着很大的挑战和不确定性。技术发展以生态环境破坏为代价，人工智能也改变着人类的劳动力市场和生产力结构。互联网金融、云计算等新技术的革新，远远快于国家和国际层面上政策、监管和应用规则的更新，造成网络安全风险和其他新的非传统安全挑战。更大的挑战在于技术革新对价值观和社会稳定的冲击。例如政府利用大数据技术开展审查和监控的行为冲击着言论自由、隐私权观念，改善人类基因的技术也引发了道德争议。这些相关问题不是单个国家凭借一己之力就能够解决或规避的，而正在进行技术竞赛的各国将会怎样互助合作，是世界政治的一个新课题。

结　语

本文所描述的“世界政治新阶段”，在人类历史长河中只是一瞬间。它也许是20世纪晚期开始的“和平与发展时代”中的一段间奏，但也许会成为一个不稳定的新时代的序曲。生活在今日世界上的绝大多数人，都没有体验过“战争与革命”时代的动荡与贫困，也不会希望世界回到那样一个充满灾难的时代。但是，许多国家正在发生的贫富差距加大、政治公正缺失、社会裂痕加深、暴恐活动增加的现象，国际舞台上愈演愈烈的经贸摩擦、军备竞赛和地缘政治争夺，还有地球生态环境的破坏和技术革新的负面作用，应当引起我们的足够警惕。这些令人担忧的趋势如果得不到有效遏止，几十年来相对稳定的世界秩序的基础就会动摇，人类进步的脚步就会停顿。

专题：新时期的中国外交

十九大以来中国外交的理念、布局和特色

张清敏

内容提要：中国共产党第十九次全国代表大会宣布中国特色社会主义进入新时代，中国外交也进入新的时代。根据新时代国内外形势的特点，中国外交将围绕“坚持和平发展道路”的主线，推动建设“新型国际关系”和“人类命运共同体”；根据具体情况、提出针对性的思路，充实和丰富包括对大国、周边、发展中国家和多边外交在内的全方位外交布局；在思想上、制度上更加鲜明地坚持和加强中国共产党对外交的全面、集中统一领导。未来的中国外交将更加自信，中国特色更加显著，构成新时代中国特色社会主义理论和实践的重要组成部分。

关键词：十九大以来的中国外交　外交理念　外交布局　大国外交　外交特色

2017年10月召开的中国共产党第十九次全国代表大会，总结了中共十八大以来取得的成就，对国内外形势做出了新的判断，擘画了中国未来几年发展的蓝图，提出了新的外交理念，丰富了全方位和多层次的外交布局。中国特色社会主义进入新时代，中国外交也进入了新的时代，中国外交的中国特色更加显著。

一、新形势下的外交新理念

外交是国内政治的延续。有什么样的国内政治，就有什么样的对外政策和对外关系。十八大以来，中国经济延续了改革开放后的发展势头，持续保持高速稳健的发展，国内生产总值（GDP）从2013年的54万亿元增长到2017年的82万亿元，约合全球总量的15%，稳居世界第二。中国国力在上升，对全球经济增长年

张清敏　北京大学国际关系学院教授。

均贡献率达到30%以上。[1] 这些成绩标志着“近代以来久经磨难的中华民族迎来了从站起来、富起来到强起来的伟大飞跃，迎来了实现中华民族伟大复兴的光明前景”，“中国特色社会主义进入新时代。”[2] 中国自身的发展和取得的成就“拓展了发展中国家走向现代化的途径，给世界上那些既希望加快发展又希望保持自身独立性的国家和民族提供了全新选择，为解决人类问题贡献了中国智慧和中国方案。”

外交是内政的延续，也服务于国内政治。改革开放以来，中国外交的主要任务是为国内经济建设创造良好的外部环境。十九大报告提出，“实现中国梦离不开和平的国际环境和稳定的国际秩序”。党代会结束后不久，政治局委员杨洁篪发文表示，“新时代中国特色大国外交就是要紧紧围绕党和国家工作大局，坚定维护国家主权、安全、发展利益，为和平发展创造更加有利的国际环境，维护和延长我国发展的重要战略机遇期。为实现中华民族伟大复兴的中国梦、实现人民对美好生活的向往提供有力支持和保障”。[3]

外交是落实对外政策的主要手段和过程；国际形势或对国际形势的判断是制定国家对外政策的依据。中国外交连续性的一个重要体现是十九大报告对国际形势判断的连续性。这份报告一方面提出“世界多极化、经济全球化、社会信息化、文化多样化深入发展”，“和平发展大势不可逆转”，“国际力量对比更趋平衡”。同时也提出“世界面临的不稳定性不确定性突出，世界经济增长动能不足，贫富分化日益严重，地区热点问题此起彼伏，恐怖主义、网络安全、重大传染性疾病、气候变化等非传统安全威胁持续蔓延，人类面临许多共同挑战”。

根据国内外形势的发展和变化，以“不忘初心，牢记使命”为主题的十九大报告提出，“中国共产党是为中国人民谋幸福的政党，也是为人类进步事业而奋斗的政党，中国共产党始终把为人类作出新的更大的贡献作为自己的使命”。为此，报告提出了中国外交的一条主线和两个目标：一条主线是“坚持和平发展道路”；两个目标分别是“推动建设相互尊重、公平正义、合作共赢的新型国际关系”和“推动构建人类命运共同体，建设持久和平、普遍安全、共同繁荣、开放包容、清洁美丽的世界”。

和平是外交的本质，也是中国外交的宗旨和原则。十九大报告重申，“中国将高举和平、发展、合作、共赢的旗帜，恪守维护世界和平、促进共同发展的外交政策宗旨，坚定不移在和平共处五项原则基础上发展同各国的友好合

1《王毅在十三届全国人大一次会议举行的记者会上就中国外交政策和对外关系答中外记者问》，《人民日报》，2018年3月9日，第3版。

2 习近平：《决胜全面建成小康社会，夺取新时代中国特色社会主义伟大胜利——在中国共产党第十九次全国代表大会上的报告》，《人民日报》，2017年10月28日。作者注：此后自该报告的引用不再一一列出。

3 杨洁篪：《深入学习贯彻党的十九大精神　奋力开拓新时代中国特色大国外交新局面》，《求是》，2017年第23期，第5页。

作。”2018年3月，第十三届全国人民代表大会第一次会议将“坚持和平发展道路，坚持互利共赢开放战略”作为新内容纳入新修正的宪法，[1] 以国家大法的方式宣示了中国坚持走和平道路的决心。

> **十九大政治报告把“构建以合作共赢为核心的新型国际关系”作为中国外交的目标之一。**

实现世界的和平，需要各个国家的共同努力。十九大报告把“构建以合作共赢为核心的新型国际关系”作为中国外交的目标之一。所谓新型国际关系，就是与冷战期间结盟对抗所不同的一种“结伴而不结盟、合作而不对抗”的关系。用习近平主席的话说，就是“志同道合是伙伴，求同存异也是伙伴”。具体来说，就是在发展国家关系中排除门户之见，超越社会制度与意识形态的异同，在交流互鉴中取长补短，在求同存异中共同进步。构建新型国际关系不仅是一种理念和对外政策的主张，而是冷战结束以来中国外交的经验总结。冷战结束以来，中国已经同100多个国家建立了不同类型的伙伴关系，“伙伴关系”已经成为中国发展和维持与其他国家间友好关系的经验写照。

中国外交的第二个目标是“推动构建人类命运共同体”。这是适应全球化发展的一个新理念，是习近平主席近年来在不同场合阐述中国对外政策过程中逐步形成和完善的理念。2012年，中共第十八次党代会的报告首次正式提出“人类命运共同体”的意识。2013年3月，习近平主席在莫斯科国际关系学院发表演讲时第一次向世界传递了对人类文明走向的判断。2017年1月，习近平主席在联合国日内瓦总部发表《共同构建人类命运共同体》的主旨演讲，全面系统地阐述了这一倡议。[2] 十九大报告将坚持推动构建人类命运共同体作为新时代坚持和发展中国特色社会主义的14条基本方略之一，呼吁“各国人民同心协力，构建人类命运共同体要相互尊重、平等协商，坚决摒弃冷战思维和强权政治，走对话而不对抗、结伴而不结盟的国与国交往新路”。2018年3月，这一内容也被新修正的宪法纳入其中。

从一个理念发展到一种国际共识，构建命运共同体的内容不断充实和丰富。在2017年11月于岘港举行的亚太经合组织（APEC）工商领导人峰会上，习近平宣告中国将开启“推动构建新型国际关系、推动构建人类命运共同体的新征程”。[3] 在12月举行的中国共产党与世界政党高层对话会上发表的主旨讲话中，

1《中华人民共和国宪法》（据2018年3月11日第十三届全国人民代表大会第一次会议通过的《中华人民共和国宪法修正案》修正），《人民日报》，2018年3月22日。作者注：此后自该宪法文本的引用不再一一注释。

2 中华人民共和国国家主席习近平：《共同构建人类命运共同体——在联合国日内瓦总部的演讲》（2017年1月18日，日内瓦），《人民日报》，2017年1月20日，第2版。

3 中华人民共和国国家主席习近平：《抓住世界经济转型机遇 谋求亚太更大发展——在亚太经合组织工商领导人峰会上的主旨演讲》（2017年11月10日，岘港），《人民日报》，2017年11月11日，第2版。

习近平总书记16次提到“人类命运共同体”，详细阐释了人类命运共同体的内容。[1] 继2017年2月联合国社会发展委员会第55届会议决议，2018年3月23日，联合国人权理事会第37届会议通过了中国提出的“在人权领域促进合作共赢”决议，再次将“构建人类命运共同体”纳入联合国决议，标志着这个理念已经成为一种国际共识。

人类命运共同体的理念构成了中国特色大国外交理论体系的基本架构，其内涵包括新发展观、新安全观、全球治理观、正确义利观等一系列思想。具体来说，新发展观就是在经济领域“坚持创新驱动，打造富有活力的增长模式；坚持协同联动，打造开放共赢的合作模式；坚持公平包容，打造平衡普惠的发展模式”。[2]

人类命运共同体的理念构成了中国特色大国外交理论体系的基本架构。

新安全观是摆脱冷战期间结盟对抗，与“把一方安全建立在另一方不安全之上”的安全观相对应的安全观，既包括通过“互信、互利、平等、协作”来实现安全的总体观念，也包括“共同、综合、合作、可持续的亚洲安全观”。

新的全球治理观指“共商、共建、共享的全球治理观”。在这个方面，中国“支持联合国发挥积极作用，支持扩大发展中国家在国际事务中的代表性和发言权”，“促进全球治理体系变革”。“秉持正确义利观”就是要按照“真、实、亲、诚理念加强同发展中国家团结合作”；“按照亲、诚、惠、容理念”深化同周边国家关系。

落实“一带一路”是构建人类命运共同体的平台和途径。“一带一路”是习近平主席在2013年提出的倡议，其核心是“通”，即政策沟通、设施联通、贸易畅通、资金融通、民心相通；关键是“共”，即共商、共建、共享。习近平总书记在十九大报告中五次提及“一带一路”，显示了“一带一路”在未来中国外交布局中的地位。用习近平主席自己的话说，他“提出‘一带一路’倡议，就是要实践人类命运共同体理念”。[3]

把“一带一路”与构建人类命运共同体结合起来，就是与全球和不同地区的发展议程联系起来。在全球层面与落实联合国2030年可持续发展议程紧密结合起来，在非洲同非盟的2063年议程、亚的斯亚贝巴行动议程等非方合作框架互联互通，在东南亚与东盟《东盟互联互通总体规划2025》对接，在中亚与俄罗斯、白俄罗斯和哈萨克斯坦三国的欧亚经济联盟构想以及与俄罗斯“斯坦三国经

1 宋涛：《汇聚世界政党共识 共建更加美好世界——深入学习贯彻习近平同志在中国共产党与世界政党高层对话会上的重要讲话精神》，《人民日报》，2017年12月8日，第7版。

2 中华人民共和国国家主席习近平：《共担时代责任 共促全球发展——在世界经济论坛2017年年会开幕式上的主旨演讲》（2017年1月17日，达沃斯），《人民日报》，2017年1月18日，第3版。

3 习近平：《携手建设更加美好的世界——在中国共产党与世界政党高层对话会上的主旨讲话》，《人民日报》，2017年12月1日，第2版。

济安全战略”对接。

“一带一路”是中国向世界提供的公共产品。为实施共建“一带一路”倡议，中国发起创办的亚洲基础设施投资银行自2016年1月成立以来，成员国已经由最初的57个扩大到2018年的84个。[1] 该行已经为“一带一路”建设参与国的9个项目提供了17亿美元贷款。中国设立的“丝路基金”初始投资达400亿美元，首期100亿美元。2017年丝绸之路高峰论坛期间，中方又承诺向丝路基金新增资金1000亿元人民币[2]。中国国家开发银行、进出口银行将分别提供2500亿元和1300亿元等值人民币专项贷款，用于支持“一带一路”基础设施建设、产能、金融合作”。[3] “一带一路”倡议提出的五年来，全球100多个国家和国际组织积极支持和参与“一带一路”建设，一大批互联互通项目落地，中国对“一带一路”沿线国家投资累计超过500亿美元。[4] “一带一路”建设已从理念转化为行动、从愿景转变为现实，已成为有关各国实现共同发展的巨大合作平台，将成为未来几年中国外交的一个亮点和重要方面。

二、稳定的全方位外交布局

从21世纪初开始，中国对外关系布局被概括为：“大国是关键，周边是首要，发展中国家是基础，多边外交是舞台。”中共第十九次代表大会的政治报告对未来中国对外关系布局的阐述延续了十六大以来形成的这个布局。但随着形势的发展和中国对外关系状况的变化，这个布局的每一个方面都具有新的发展，展现了新的特点。

十九大报告指出，“我国是世界最大发展中国家的国际地位没有变”，与此同时，报告还七次提出“大国”外交或“大国”关系。这标志着中国所具有的发展中国家和大国的身份随着中国实力的增强而开始发生变化，中国大国身份更加显著。作为一个大国，在维护全球和平安宁，促进世界和谐发展方面具有重要的责任，需要发挥重要的作用。

在大国关系中，最为重要的仍将是中美关系。经过建交近40年来的发展，中美两国之间的政治、经济和社会之间已形成了广泛和密切的纽带。两国领导人保持密切联系，成为两国关系的“稳定器”，持续稳定上升的经贸合作是双边关

1 亚洲基础设施投资银行（AIIB）官方网站，https://www.aiib.org/en/about-aiib/governance/members-of-bank/index.html，2018年3月27日登录。

2 丝路基金官方网站 http://www.silkroadfund.com.cn/cnweb/19854/19874/index.html，2018年3月27日。

3 中华人民共和国主席习近平，《携手推进“一带一路”建设——在“一带一路”国际合作高峰论坛开幕式上的演讲》（2017年5月14日，北京），《人民日报》，2017年5月15日，第3版。

4 外交部长王毅：《在2017年国际形势与中国外交研讨会开幕式上的演讲》，2017年12月9日，http://www.fmprc.gov.cn/web/wjbzhd/t1518042.shtml，2018年3月25日登录。

系“压舱石”，广泛的社会联系构成了中美关系未来发展的潜力和基础。特朗普上台后不久，中美元首举行了“海湖庄园”会晤，确立建立外交安全对话、全面经济对话、执法及网络安全对话、社会和人文对话等四个高级别对话机制。中共十九大闭幕不久，特朗普总统对华进行了国事访问，两国签署了34个商业合同和双向投资协议合作项目，总金额高达2535亿美元。[1]

另一方面，随着中国的崛起，中美双方结构性矛盾愈加突出，既表现在战略层面的互疑也表现在安全和经济方面的摩擦。特朗普政府2017年底发表的新版《美国国家安全战略》33次提到中国，多为消极的指责，比如将中国称为“修正主义大国”，指责中国与俄罗斯“挑战美国的权力、影响和利益，试图损害美国的安全和繁荣”。[2] 美国与日本、印度和澳大利亚加强所谓的“印太”战略合作被媒体普遍认为是围堵中国的步骤。在安全领域，美国在南海局势逐渐缓和的情况下不断把军舰派到这个地区挑衅，破坏地区的和平与稳定，危害中国周边环境，也严重损害双边关系。

在经济领域，随着特朗普“美国第一”的口号成为具体的政策，美国先是在2017年年底对中国的光伏产品和洗衣机，继而是对钢材和铝材征收反倾销和反补贴的惩罚性关税。到了2018年3月，美国又宣布在对中国进行特别“301”的调查的基础上对中国进行价值600亿美元的经济报复，将平等互惠的经济关系推向贸易战的边缘。在双边关系最敏感的台湾问题上，特朗普签署国会通过的《台湾旅行法》，严重破坏两国关系的政治基础。

中国始终重视中美关系。正如习近平主席指出，“我们有一千条理由把中美关系搞好，没有一条理由把中美关系搞坏”。[3] 中国外长王毅表示，“中美可以有竞争，不必做对手，更需当伙伴。”[4] 加强中美两国人民之间的相互了解和友谊，合作应对重大地区和全球性挑战仍将是中国外交的重中之重；在相互尊重基础上管控好分歧矛盾，推动中美关系健康稳定发展，仍将是中国外交面临的最大挑战。

建立全面战略伙伴关系16个年头以来，中欧关系大局稳定，频繁和机制化的高层互访确保双方政治互信，推动经济贸易关系的发展和利益融合。欧盟一直是中国的第一大贸易伙伴，中国则一直是欧盟第二大出口市场、第一大进口来源国和第一大贸易逆差国。双方在地区和全球领域的合作从原来的共同推动国际关

1《中美刚签2535亿大单 美方为啥突然发起贸易调查？》，中国网，http://finance.china.com.cn/news/20171130/4455113.shtml。

2 *National Security Strategy of the United States of America,* December2017, https://www.whitehouse.gov/wp-content/uploads/2017/12/NSS-Final-12-18-2017-0905-2.pdf, 2018年3月29日登录。

3《习近平同特朗普开始举行中美元首会晤》，《人民日报》，2017年4月8日，第1版。

4《王毅在十三届全国人大一次会议举行的记者会上就中国外交政策和对外关系答中外记者问》，《人民日报》，2018年3月9日，第3版。

系的民主化，维护多边主义，发展到维护全球自由贸易，改善全球治理和应对气候变化等多领域的合作。稳定的政治关系和密切的经贸合作推动双边社会和人文交流。随着中欧关系的深入，双方在利益继续融合的同时，经济竞争和意识形态分歧所引发的分歧也会增加。中方领导人不断表示中方始终重视欧洲，支持欧洲一体化，愿意同欧洲合作。保持中欧稳定发展仍将是中国外交的重要任务。

中俄始终都把发展双方全面战略协作伙伴关系作为各自对外政策的优先方向。两国国家元首保持高频率多形式的紧密互动，不断就重大国际和地区问题交换意见，反复强调要增进两国战略互信、发挥大国担当。双方在维护地区及世界和平稳定的重大国际问题上存在广泛共识，促使中俄已经成为真正的相互信赖战略伙伴。未来的中俄全面战略协作伙伴关系将行稳致远。

十八大以来，周边国家在中国对外关系总体布局的地位在上升。2013年中共中央召开了中共历史上第一次周边外交座谈会。十九大召开后，国务委员杨洁篪撰文首次将周边国家与大国作为中国对外政策的重点，提出“我们以周边和大国为重点”。[1] 中国的外交实践也证明了这一点。十九大结束后不久，习近平首次出访选择了邻国越南和老挝，向国际社会传递出中国推动构建周边命运共同体的信号。一年来，习近平主席两次会见菲律宾总统杜特尔特，李克强总理成功访问菲律宾，中菲关系展现稳定发展的前景。

与周边国家的关系在对外关系布局中地位的重要性不仅是因为中国的国内经济建设和实现两个百年目标需要一个和平的周边环境，更是因为建立人类命运共同体必须从周边起步。由于地理环境不同，中国与周边关系的状况也有所不同。

在东南亚，自中国—东盟自由贸易区生效以来，双边合作从小到大，不断扩展。中国连续9年保持东盟第一大贸易伙伴地位，2017年双边贸易额创记录地达到5148亿美元，人员往来突破4000万人次。双方还确立了政治安全、经贸、社会人文三大支柱领域规划新蓝图，致力于培育新亮点，开辟更多合作领域，打造新高地，构建同东盟东部增长区的合作框架。[2]

中国与西北邻国关系中安全和经济不均衡的状态正在得到改变。在安全领域，“上海合作组织”成立以来，确保了中国西北边陲的安全，稳定了中国与西北邻国的关系。但是，受到这些国家自身经济能力的限制，中国与西北地区中亚邻国的关系呈现出政治、安全与经济、社会文化发展的不平衡。随着“一带一路”倡议得到实施，中国与这些国家的经济关系不断加强，推动这些地区经济的发展。这些地区国家经济的发展反过来将进一步促进中国与这个地区国家的经济合作，最终实现政治安全关系与经济和社会关系的平衡发展。

---

1 杨洁篪：《深入学习贯彻党的十九大精神 奋力开拓新时代中国特色大国外交新局面》，《求是》，2017年第23期，第2页。

2《王毅在十三届全国人大一次会议举行的记者会上就中国外交政策和对外关系答中外记者问》，《人民日报》，2018年3月9日，第3版。

在南亚，经历了风雨考验的中国与巴基斯坦的关系始终是这个地区稳定的基石。在“一带一路”框架下的中巴经济走廊逐步实施，中巴合作的领域在扩展，双边关系的基础在进一步充实。作为二十国集团（G20）和“金砖国家”的成员，中国与印度在全球很多问题上具有共同观点和共同利益。但历史、地缘和尚未解决的边界问题影响了双边的互信，限制了两国关系的发展潜力。中国外长王毅在十三届人大一次会议的记者招待会上表示，“中方愿意同印度继承弘扬友好传统，同印度人民交朋友、做伙伴。希望双方打开心结，相向而行。用信任代替猜忌，以对话管控分歧，靠合作开创未来”。[1] 这是中国发展与印度关系的基本立场。

中日关系在中国对外关系的布局中占有重要的地位，在经历了多年的“冰冻期”后，近两年出现了缓和气氛。两国领导人多次在国际会晤时表现出了改善关系的共同意愿。中日经贸关系在经历了连续四年的下降之后，2017年双边贸易和直接投资均出现了企稳回升势头，让人看到了中日关系改善的希望。

朝鲜半岛核问题一直是影响和制约中国周边稳定的因素，中国在这个问题上的政策也是一贯的。即中国坚持半岛“无核化”、维护半岛的和平与稳定，通过和平方式解决朝鲜核问题。针对美朝之间的僵持和近年来半岛局势的持续恶化，中方提出“双暂停”的建议。[2] 2018年2月冬奥会之际，美朝关系出现松动。中国表示欢迎并呼吁各方尤其是美朝双方尽快进行接触和对话，沿着“双轨并进”的思路，在推进无核化的进程中同步、对等解决各方，包括朝鲜方面的合理安全关切。

发展中国家是中国对外关系的基础，支持扩大发展中国家在国际事务中的代表性和发言权是中方的一贯政策。近年来，中国与多数发展中国家达成协议，建立了不同类型的伙伴关系，中国成为许多发展中国家的主要贸易伙伴。与此同时，中国也与不同地区的发展中国家建立了多个双边合作机制。如2000年建立的中非合作论坛，2004年建立的中阿合作论坛，2012年建立的中国与中东欧合作机制和2015年建立的中拉论坛等。通过与这些机制的密切合作和双边领导人的密切互访，它们仍将是中国促进与广大发展中国家双边关系纽带，增强与广大发展中国家在广泛的国际问题上开展富有成效合作的重要渠道。

“一带一路”为中国与广大发展中国家的合作提供了新的平台。中亚、南亚、

1《王毅在十三届全国人大一次会议举行的记者会上就中国外交政策和对外关系答中外记者问》,《人民日报》，2018年3月9日，第3版。

2 所谓双暂停和双轨并行是中国外长王毅提出的解决朝鲜半岛僵局的思路，即“作为第一步，朝鲜暂停核导活动、美韩也暂停大规模军演。通过‘双暂停’，摆脱目前的‘安全困境’，使各方重新回到谈判桌前来。之后，按照双轨并进思路，将实现半岛无核化和建立半岛和平机制结合起来，同步对等地解决各方关切，最终找到半岛长治久安的根本之策。”《王毅在十二届全国人大五次会议举行的记者会上就中国外交政策和对外关系答中外记者问》,《人民日报》2017年3月9日，第6版。

非洲是中国“一带一路”合作的主要对象。中国领导人表示，中国将根据非洲国家实际需要，加大对非洲热点问题的斡旋，加强同非洲各国在反恐、打击海盗、防灾减灾等非传统安全领域，实现与非洲各国发展战略相对接。[1] 习近平在给中拉论坛2018年2月举行的第二届部长级会议的贺信中倡议以共建“一带一路”引领中拉关系，“打造一条跨越太平洋的合作之路，把中国和拉美两块富饶的土地更加紧密地联通起来，开启中拉关系崭新时代”。[2]

多边外交是中国外交的重要舞台。在多边领域，中国一直并将继续“支持联合国发挥积极作用”，“坚定维护联合国权威和地位，积极履行应尽的国际义务和责任……始终做世界和平的建设者、全球发展的贡献者、国际秩序的维护者”。[3] 中国积极参与联合国各个机构的活动，是当前联合国五个常任理事国中派出维和部队最多的国家，联合国维和经费第二大贡献者和联合国经费第三大贡献者。

多边外交是中国深度参与全球治理，引领世界经济全球化潮流的舞台，也是为建立人类命运共同体贡献中国智慧和中国经验的途径。十八大以来，中国先后成功举办亚信峰会（上海，2014年）、亚太经合组织第二十二次领导人非正式会议（北京，2014年）、中国人民抗日战争暨世界反法西斯战争胜利70周年纪念大会（北京，2015年）、二十国集团领导人第十一次峰会（杭州，2016年）、“一带一路”国际合作高峰论坛（北京，2017年）以及金砖国家领导人第九次会晤（厦门，2017年）等。通过主办这些高层次多边外交活动，设置多边外交的议程，对解决人类面临的全球和地区新问题提供中国智慧，贡献中国方案，引领全球治理的发展，是十八大以来中国外交最为活跃的方面。

随着中国的发展，多边外交这个舞台越来越大。作为十九大开局之年的2018年，中国将举行四场大型多边外交活动，包括4月的博鳌亚洲论坛年会，6月在青岛举行上海合作组织峰会，9月在北京举行中非合作论坛峰会，11月在上海首次举行中国国际进口博览会等。此外，中国领导人也将继续走出国门参加国际多边机制和会议。这些活动预示着多边外交将持续是未来中国外交的重点和亮点。

多边外交将持续是未来中国外交的重点和亮点。

三、更加鲜明的大国外交特色

在2014年11月召开的中共中央外事工作会议上，习近平总书记提出，“中国必须有自己特色的大国外交……使我国对外工作有鲜明的中国特色、中国风格、

1 “王毅谈非洲五国之行传递的三个信息”，中华人民共和国外交部官方网站中非合作论坛频道，2017年1月12日，http://www.fmprc.gov.cn/zflt/chn/zt/1_1_2_1_2_1/t1429923.htm，2018年3月29日登录。

2《习近平致信祝贺中国—拉美和加勒比国家共同体论坛第二届部长级会议开幕》，《人民日报》，2018年1月23日，第1版。

3《国家主席习近平发表二〇一八年新年贺词》，《人民日报》，2018年1月1日，第1版。

中国气派。”[1] 随后，中国外交特色、中国风格和中国气派在中国外交实践中逐步得到展现，内涵逐步得到充实、丰富和明确。十九大报告对中国外交的特色有了明确和权威的阐述，意味着未来中国大国外交的特色将更加突出和鲜明。

首先，中国特色外交是中国特色社会主义制度的一个方面和体现，中国特色社会主义的特色决定了中国外交的根本特色。十九大报告提出，“中国特色社会主义最本质的特征是中国共产党领导，中国特色社会主义制度的最大优势是中国共产党领导。”新修订的宪法也把“中国共产党领导是中国特色社会主义最本质的特征”纳入其中，毫不含糊地向国内外表明了中国社会制度的特色。

习近平中国特色社会主义理论是未来各项工作的指导思想，也是中国外交的指导思想。杨洁篪强调，中国外交“要以习近平新时代中国特色社会主义思想为行动指南”；“中国外交将始终全面贯彻习近平新时代中国特色社会主义思想”；外交工作要“深刻领会和全面贯彻习近平新时代中国特色社会主义思想”；要“着力在学懂弄通做实习近平新时代中国社会主义思想上下功夫”。[2]

其次，中国特色的外交还表现在以习近平总书记为核心的党中央对外交工作的全面、集中和统一领导。中央外事工作会议提出中国外交要有特色的问题时，就强调必须加强党的集中统一领导，改革完善对外工作机制体制，强化对各领域各部门各地方对外工作的统筹协调。[3]《习近平谈治国理政》第二卷九次提到“顶层设计”这个概念。他要求从“顶层设计角度对中长期对外工作做出战略规划”。

要“坚持党对一切工作的领导。党政军民学，东西南北中，党是领导一切的”。这是十九大报告对未来中国各项工作提出的要求。中国外交的方方面面，中国不同领域所有对外交往，包括“同各国政党和政治组织的交流合作”，“人大、政协、军队、地方、人民团体等的对外交往”，都是在中国共产党领导下的总体外交的重要部分，都要坚持中国共产党的领导。外交部发言人明确表示，外交工作要“坚持外交大权在中央，不断加强党对对外工作的集中统一领导和全方位统筹协调，确保党中央对外大政方针和战略部署得到有力贯彻执行”。[4] 中国共产党的外交，军队外交工作都是“国家总体外交的重要组成部分”，要“毫不动摇坚持党对军事外交的绝对领导”。[5]

党和国家机构的改革，将进一步加强党对包括外交工作在内各项工作的领

---

1 习近平:《习近平谈治国理政》(第二卷)，北京：外文出版社，2017年版，第443页。

2 杨洁篪:《深入学习贯彻党的十九大精神 奋力开拓新时代中国特色大国外交新局面》,《求是》,2017年第23期，第7页。

3 习近平:《习近平谈治国理政》(第二卷)，第444页。

4 中华人民共和国外交部官方网站:“2018年3月19日外交部发言人华春莹主持例行记者会”,2018/3/27, http://www.fmprc.gov.cn/web/fyrbt_673021/t1543465.shtml，2018年3月29日登录。

5 中国共产党新闻网:“习近平接见全军外事工作会议和武官工作会议代表”,2015年1月30日,http://cpc.people.com.cn/n/2015/0130/c64094-26476885.html，2018年3月29日登录。

导。中国共产党第十九届中央委员会第三次全体会议通过的《中共中央关于深化党和国家机构改革的决定》所确立的改革方案，为实施党对新时期包括外交工作在内的各项工作的领导提供了制度保障。例如该决定把包括中央外事工作领导小组在内的多个小组改为委员会，意味着把属于一种“阶段性工作机制”、非严格意义上的议事、咨询和协调机构的领导小组，改变为成建制的固定的实体性组织，职能更加全面、机构更加规范，运行更加稳定，组织更加健全。[1] 这将“切实解决多头分散、条块分割、下改上不改、上推下不动的问题，确保党中央令行禁止”。[2]

其中，将中央外事领导小组改为中央外事委员会，不仅增加了这个组织的权威性，而且“将维护海洋权益工作纳入中央外事工作全局中统一谋划、统一部署”，以“更好统筹外交外事与涉海部门的资源和力量”，是党的外交制度改革的一个方面。[3] 此外，根据中央的决定，十三届人大一次会议选举产生的新一届国家领导集体，提高了外交部长在政府机构的地位，[4] 充实和加强了外交领导队伍，确保党的外交路线方针政策得到实行，成为未来外交工作的组织保障。

最后，中国特色的外交还将体现在首脑外交在中国外交中的地位将进一步加强，发挥更为重要的作用。2018年3月召开的第十届全国人大一次会议上对宪法的修正实现了国家主席、中共中央总书记和中央军委主席三位一体的领导体制，为中国首脑外交提供了法律基础和国内政治基础。作为外交最高形态的首脑外交已经成为并将继续成为中国外交的主要形式。

作为中国特色大国外交的“总设计师”[5]，习近平主席在第一任期内遍访世界57个国家，接待了110多位外国元首访华。其中2014年亚太经合组织第二十二次领导人非正式会议有21个亚太经合组织经济体的领导人参会。二十国集团杭州峰会，与会者有20个成员国的国家元首或政府首脑，8个嘉宾国领导人，以及7个主要国际组织的领导人。2017年召开的“一带一路”国际合作高峰论坛，有来

1《从“领导小组”到“委员会”：全面深化改革进入新阶段》，http://theory.people.com.cn/n1/2018/0329/c40531-29895329.html。

2《加强和改善党对全面深化改革统筹领导紧密结合深化机构改革推动改革工作》，《人民日报》，2018年3月29日。

3《中共中央关于深化党和国家机构改革的决定》（2018年2月28日中国共产党第十九届中央委员会第三次全体会议通过），《人民日报》2018年3月5日，第1版。

4 中华人民共和国的第一任外长是中共中央政治局常委、国务院总理周恩来兼任。此后几任外交部长也多是政治局委员、国务委员或副总理。上次由国务委员兼任外交部长是钱其琛，他担任外长后不久就开始担任国务委员兼外交部长（1991.4—1993.3），后来以副总理身份兼外交部长（1993.3—1998.3），并且是第十四和十五届中共中央政治局委员。此后的三任外长都没有这样的安排，王毅担任国务委员兼外长结束了整整20年“外交部长只是外交部长”的历史。参见：中华人民共和国外交部官方网站“历任外交部长”，http://www.fmprc.gov.cn/web/ziliao_674904/wjrw_674925/2166_674931/，2018年3月29日登录。

5《王毅在十三届全国人大一次会议举行的记者会上就中国外交政策和对外关系答中外记者问》，《人民日报》，2018年3月9日，第3版。

自亚洲、欧洲、非洲、拉丁美洲、南太平洋等地区的29位国家元首和政府首脑与会，创造了中国外交史上的记录。

首脑外交将继续是未来中国外交的主要形式，也是维护大国关系稳定的稳定器。仅在2017年，习近平主席与俄罗斯总统普京举行五次会晤，与美国总统特朗普举行三次会晤，九次通话。中共十九大以后，特朗普向习近平主席表示祝贺，在中美关系史上创了先例。朝鲜和美国宣布要进行首脑接触后，习近平主席也与特朗普进行了对话。诸如此类形式多样且频繁的元首外交，确保中国领导人与世界其他主要国家的领导人密切沟通、协调立场，不仅是大国关系的稳定器，建设新型国际关系的主要手段，更是维护世界和平，共同建设人类命运共体的必要手段。

伟大的理论来自伟大的实践，伟大的实践需要伟大理论的指导。中共十八大以来中国外交所取得的成就是在有中国特色的社会主义理论指导下开展的。十九大的政治报告对这些实践基础上形成的理论进行了系统的概括和总结，提出中国特色社会主义理论进入了新的阶段。理论创新没有止境，实践也没有止境，十九大新的理论必将引领中国外交取得新的成就。

专题：新时期的中国外交

全球治理转型挑战与中国的领导作用

王 勇 袁 沙

内容提要：2008年全球金融危机以来，以美国为首的西方世界实力相对下降，以中国为代表的新兴经济体与发展中国家迅速崛起，推动了全球治理与国际体系的改革。在习近平新时代中国特色大国外交思想的推动下，中国从全球治理的“参与者”快速成为重要“引领者”，回应了国际社会希望中国在全球事务中扮演更重要角色的期待。中共十九大系统总结了过去五年来中国在推动全球治理改革上的新思想、新战略，提出推动构建新型国际关系，推动构建人类命运共同体，并将坚持推动构建人类命运共同体作为新时代坚持和发展中国特色社会主义的14条基本方略之一，顺应了时代发展的潮流，为全球治理转型注入了新动力。本文讨论了中国全球治理外交的新思想与新战略，以及在执行过程中可能遇到的诸多挑战。

关键词：全球治理　全球治理转型　全球治理外交　中国智慧　中国方案　中国外交

2008年全球金融危机以来，以美国为首的西方世界实力相对下降，以中国为代表的新兴经济体与发展中国家迅速崛起，国际格局进入大调整、大转型的新时期。与此同时，2016年以来，国际社会接连发生英国“脱欧”、特朗普当选美国总统等“黑天鹅”事件，民粹主义、民族主义与保护主义等逆全球化思潮社会政治影响扩大，中国和平发展面临更加错综复杂的国际环境。面对国际乱局与挑战，以习近平为核心的党中央在中共十九大上高举维护经济全球化、和平发展的大旗，对国内外形势作出科学判断，提出中国外交与全球治理等一系列新思想、

王勇　北京大学国际关系学院教授；袁沙　北京大学国际关系学院博士后研究员。

新政策，回应国际社会对中国在全球事务中作用的期待与疑虑。

一、国际关系失序与全球治理转型的挑战

在经过高歌猛进发展的20年后，美国与西方主导的经济全球化步入了调整期。特别是2008年全球金融危机以来，国际力量转移加快发展，美国霸权相对衰落，进入战略收缩时期，美国与西方对国际事务的影响力明显下降。与此同时，以中国为代表的新兴经济体与发展中世界快速崛起，它们迫切希望改革全球治理体系，获得与其新增实力相匹配的国际话语权。很明显，面对新兴经济体改革全球治理体系的呼声，以美国为首的西方国家虽然表现出一定的灵活性，比如通过增强二十国集团（G20）的作用扩大全球经济治理机制，但它们仍然拒绝对二战后由美国和西方国家主导建立的国际机制与规则做出实质性的让步。从某种程度上讲，面对经济、政治、安全及气候变化等全球性问题的挑战，当前全球治理体系普遍存在国际“公共产品”供应不足的问题，国际关系的“失序”现象日益严重。

第一，传统西方大国走向政治孤立主义，逃避国际责任。2008年全球金融危机后，孤立主义思潮在西方获得不少市场。比如，美国对外关系委员会会长理查德·哈斯倡导美国应坚持孤立主义，减少国际义务，将主要政治资本用于国内建设和发展。[1] 特朗普以“让美国再次伟大”为竞选口号赢得大选，2017年上台后推行“美国优先”政策，先后退出跨太平洋伙伴关系（TPP）、联合国气候变化《巴黎协定》《全球移民协议》，实施单边主义与保护主义政策，贸易战全面开花；削减联合国费用支付，大肆减少承担的国际维和义务。英国“脱欧”、欧洲反难民运动等表现出民粹主义、保护主义与孤立主义对欧洲传统大国的影响。欧美大国的孤立主义与单边主义使得全球公共产品供给“赤字”更加严重。

第二，美国等西方大国不愿在国际机制中让渡权力，拒绝对现有国际机制进行大的实质性改革，使得全球治理体系转型遭遇巨大阻力。现行国际治理体制是美国等西方国家在二战后建立的，它们在政策偏好、投票结构、人员配置等方面占有绝对优势。尽管新兴经济体与发展中国家在20世纪90年代以来实力快速上升，国际实力分配在向新兴经济体转移，但是，美国为首的西方发达国家在推动国际体系改革方面行动迟缓，不愿意让渡权力。最明显的例证是，2008年全球金融危机后，为了获得新兴经济体的帮助，美欧发达国家同意二十国集团（G20）取代七国集团（G7）成为全球经济治理的“主要平台”，但是，美国以国内理由

1［美］理查德·哈斯:《外交政策始于国内：办好美国国内的事》，胡利平、王淮海译，上海世纪出版股份有限公司，2015年版。

拖延国际货币基金组织份额改革多年，延缓了国际体制改革的步伐。[1] 虽然美国国会2015年批准了上述扩大新兴经济体投票份额方案，发展中国家在世界银行的投票权也从44.06%上升至47.19%，但是，都未能改变美国“一票否决”的旧有投票架构，凸显现行国际体制的不平等性。[2] 国际安全体系的改革更加迟缓，美国等西方国家坚持冷战时期的安全同盟体系安排，拒绝按照“共同安全”“合作安全”的思路对现有国际安全体系进行调整。

第三，新兴经济体间发展不平衡，部分国家实力衰退，影响了新兴经济体推动国际体系改革的整体影响力。21世纪以来，新兴经济体群体性崛起改变了全球治理体系的格局，但近年来随着全球经济结构性调整的深入发展，依赖于能源原材料出口的部分新兴经济体增速放缓，内部矛盾激化，出现政治与社会动荡。此外，受到传统边界纠纷、“一带一路”等因素影响，中国与印度关系受到冲击，也影响了新兴经济体之间进一步形成推动国际体系改革的合力。新兴经济体内部分化与新老力量互动的不确定性直接影响全球治理的转型。[3]

新兴经济体内部分化与新老力量互动的不确定性直接影响全球治理的转型。

第四，国际治理“碎片化”阻碍全球治理转型。在多边贸易体制问题上，西方与发展中国家之间迟迟无法达成妥协，致使WTO多哈回合谈判陷入长期僵局，当前美国政府甚至提出宣判多哈回合谈判“死刑”。在多边贸易体制改革长期难产情况下，美欧日曾推动自我主导的跨太平洋伙伴关系（TPP）等双边或多边自贸协议安排，使得全球贸易治理机制进一步“碎片化”，加剧了统合全球治理体系的难度。[4] 治理“碎片化”问题同样存在于国际安全、发展等领域。

第五，最重要的是，全球治理体系供给不足与日益增长的全球治理需求之间的矛盾日益突出。随着全球化迅速发展，全球相互依赖关系日益密切，与此同时，热点地区宗教、民族、地缘政治等矛盾和冲突未能得到很好解决：“阿拉伯之春”后中东、北非地区部分国家陷入动荡、内战，西方政治军事干预以及地区大国的介入使得秩序与和平迟迟无法恢复；叙利亚内战导致大量难民涌入欧洲；广大发展中国家由于长期缺乏基础设施投资，致使其经济社会发展严重滞后，部分所谓“失败国家”沦为恐怖主义的温床；恐怖主义、气候变化、流行疾病、毒品、人口贩运等全球性问题无法得到有效控制。这些问题都需要通过加强全球治理机制，加大国际公共产品供给才能得到解决。但是，当前最大的问题是，在这些问题上主要大国特别是美欧国家试图减轻负担，专注于国内问题，不愿提供更

---

1 王勇：《中国与全球治理——对中国参与G20进程的评估》，北京大学国际战略研究院编：《中国国际战略评论2016》，北京：世界知识出版社，2016年版，第29—40页。

2 蔡伟宏：《国家博弈、制度形成与全球金融治理》，《国际经贸探索》，2015年第8期，第110—111页。

3 陈东晓、叶玉：《全球经济治理：新挑战与中国路径》，《国际问题研究》，2017年第1期，第13—14页。

4 屠新泉、娄承蓉：《全球经济治理的挑战与中国担当》，《学习时报》，2017年3月1日，第2版。

多国际公共产品。全球治理赤字问题将长期困扰全球化的世界。

二、十九大全球治理新思想与新战略

中共十九大对新时代中国外交面临的新形势与全球治理转型困境做出了科学判断，并在此基础上总结提出了新时代中国全球治理外交的新思想与新战略。主要形势判断包括：[1]

当代世界正发生前所未有的深刻变革，世界多极化、经济全球化、社会信息化、文化多样化等深入发展，新兴经济体和广大发展中国家快速集体崛起，推动国际力量对比更趋均衡。因此，加强全球治理，推动国际体系变革是顺应全球化时代的发展需要。

和平与发展仍然是时代主题。世界各国越来越成为“你中有我、我中有你”的相互依存的命运共同体。没有哪个国家可以独自发展，也没有哪个国家可以独自应对人类面临的各种挑战。求和平、谋发展、促合作、图共赢，是各国人民的共同期待，也是不可阻挡的时代潮流。

另一方面，全球化的负面影响同时显现，增加了世界的不平衡性、不稳定性与不确定性。全球经济增长动能不足，贫富分化日益严重，地区热点问题迟迟无法解决，恐怖主义、网络安全、重大传染性疾病、气候变化等非传统安全威胁持续蔓延，这些问题反映了全球化发展的负面后果。这些挑战是对人类社会的共同考验，凸显加强国际合作的必要性和紧迫性。

基于对国际形势的综合研判，党的十九大得出结论，当前和今后一个时期，国际形势将继续处于深刻复杂变化之中；对中国来说仍处于重要战略机遇期，机遇与挑战并存。我们要始终保持战略定力，掌握战略主动，影响、塑造国际关系与国际格局的发展，推动全球治理体系的改革是扩大中国国际影响的重要途径。

针对国际社会存在的对中国快速发展的疑虑，十九大做出了回答。十九大报告指出：“中国共产党是为中国人民谋幸福的政党，也是为人类进步事业而奋斗的政党。中国共产党始终把为人类作出新的更大的贡献作为自己的使命。”中国共产党作为中国的执政党，将实现中华民族伟大复兴、带领人民创造美好生活视为其矢志不渝的历史使命和奋斗目标，但是，中华民族复兴的中国梦与世界各国人民的梦想是相通的，中国梦造福中国人民，也造福世界人民。崛起的中国对于世界和平与繁荣的贡献将主要体现在：中国将通过自身稳定发展和对外开放，为世界发展提供新动力；通过中国特色社会主义道路、理论、制度和文化建设，为人类政治文明与政治发展作出新探索；通过建设性参与解决国际地区问题，为国

1 杨洁篪：《深入学习贯彻党的十九大精神 奋力开拓新时代中国特色大国外交新局面》，《求是》，2017年第23期，第3—5页。

际关系注入更多稳定性和确定性；通过推动全球治理体系变革，为世界长远发展贡献更多中国智慧和力量。

十九大报告明确提出，中国特色大国外交要推动构建新型国际关系、推动构建人类命运共同体，是新时代中国外交的中心任务，并将坚持推动构建人类命运共同体作为新时代坚持和发展中国特色社会主义的14条基本方略之一。

构建人类命运共同体、构建新型国际关系是中国全球治理的基本指导思想与方向目标。

构建人类命运共同体、构建新型国际关系是中国全球治理的基本指导思想与方向目标。建构人类命运共同体，国际社会要同心协力建设持久和平、普遍安全、共同繁荣、开放包容、清洁美丽的世界。推动建设相互尊重、公平正义、合作共赢的新型国际关系，是通往人类命运共同体的基本路径。在构建新型国际关系方面，十九大倡导提出各国秉持相互尊重原则，共同追求国际关系和国际秩序的公平正义，携手合作、同舟共济、互利共赢。相互尊重是前提，公平正义是准则，合作共赢是目标。构建新型国际关系的实质，就是要走出一条国与国交往的新路，为构建人类命运共同体开辟道路、积累条件。[1]

十九大明确提出了中国深度参与全球治理，积极引导国际秩序变革的目标。中国要秉持共商、共建、共享的全球治理观，推动全球治理体系朝着更加公正合理方向发展；倡导国际关系民主化，支持联合国发挥积极作用，支持扩大发展中国家的代表性和发言权。中国既是现行国际体系的参与者、建设者、贡献者，同时也是现行国际体系的改革者，推动国际体制改革，加强全球治理是中国作为负责任大国对世界作出的重要贡献与庄严承诺。[2]

三、中国全球治理外交的努力方向

2008年全球金融危机以来，中国经济迅速崛起，国际社会对中国在推动、加强全球治理体系方面发挥更大作用的期待明显上升了。在过去五年，为了回应国际社会的期待及满足中国自身发展的需要，以习近平总书记为核心的党中央大力推动国内改革，在对外关系上奋发有为，大大推进了中国参与并引领全球治理体系变革的历史进程，中国从全球治理的“参与者”“贡献者”朝向“引领者”“领导者”身份转变。十九大之后中国的全球治理外交将延续过去五年的做法，并根据国际形势发展变化与全球治理外交中碰到的问题，进行理论创新和政策创新。今后一段时间中国全球治理外交可能集中于以下几个方面：

1 杨洁篪：《深入学习贯彻党的十九大精神 奋力开拓新时代中国特色大国外交新局面》，《求是》，2017年第23期，第4—7页。

2 同上。

第一，致力传播中国有关全球治理的新理念、新思想，引领国际社会全球治理思想、理论体系的变化，推动形成新的全球治理共识。

过去五年，中国政府提出了一系列顺应时代潮流的全球治理新理念，内容涵盖全球治理的所有领域。中国呼吁构建“不冲突、不对抗、相互尊重、合作共赢”的新型大国关系，并在此基础上提出构建以相互尊重、公平正义、合作共赢理念为基础的新型国际关系，丰富发展了双边、多边关系治理的理论体系。在国际发展与经贸关系中，中国提出要坚持正确的义利观，打造人类命运共同体，编织遍布全球的伙伴关系网络。在国际安全治理上，中国倡导共同、综合、合作、可持续的国际安全观。在全球治理上，中国提出要秉承共商、共建、共享的原则，推动全球治理体系改革。

针对近期西方国家兴起的民粹主义、保护主义思潮，中国坚定地支持全球化与开放经济。2017年1月，习近平主席在瑞士达沃斯世界经济论坛发表主旨演讲指出，“世界经济的大海，你要还是不要，都在那儿，是回避不了的。想人为切断各国经济的资金流、技术流、产品流、人员流，让世界经济的大海退回到一个一个孤立的小湖泊、小河流，是不可能的，也是不符合历史潮流的”，“反全球化的呼声，反映了经济全球化进程的不足，值得我们重视和深思”。[1] 中国用自身改革开放的例证说明，全球化是不可阻挡的历史潮流，一个国家顺应历史潮流进行改革开放就能获得发展，也只有彼此开放相互合作也才能找到解决全球化带来的一些负面影响的办法。

中国有关全球化与全球治理的新理念与新思想获得积极的国际反响。但是，一些西方人认为将中国看成是全球化的捍卫者，是完全搞错了对象，他们认为中国的诸多政策如限制国内市场准入、严管互联网恰恰是反全球化的。[2] 美国商务部长罗伯特·威尔伯（Robert Wilbur）甚至认为中国是最善于使用“自由贸易”的旗帜包装自己，中国本质上是保护主义的典型。[3] 对于中国提出的互利双赢等国际合作的理念，一些西方人认为所谓“双赢”就是中国“赢两次”。

针对西方某些人对中国全球治理理念与政策的误解或歪曲，中国下一阶段最重要的是加大传播宣传力度，用西方公众听得懂的语言进行解释，与此同时，在落实中国新理念与新政策上下功夫，用实际行动证明中国全球治理理念政策是真诚、可信和可行的。

第二，深化亚投行、新发展银行和“一带一路”等国际机构和国际倡议的作

---

1 习近平：《习近平出席世界经济论坛2017年年会开幕式并发表主旨演讲》，《人民日报》，2017年1月18日，第1版。

2 Elizabeth C. Economy, “Beijing Is No Champion of Globalization,” Council on Foreign Relations, January 22, 2017，see https://www.foreignaffairs.com/articles/china/2017-01-22/beijing-no-champion-globalization.

3 “美商务部长：不打算放弃领导世界 但当领导不等于做傻瓜”，凤凰国际iMarkets 2018年1月25日，见http://finance.ifeng.com/a/20180125/15946778_0.shtml。

用，进一步打造全球合作伙伴网络。

亚投行、新发展银行、“一带一路”是中国提供国际公共产品、推动国际务实合作的成功范例。这些中国倡议到目前为止是成功的，获得国际社会特别是发展中国家与新兴经济体的积极反应与合作，亚投行更是一个新兴经济体与西方主要经济体合作的范例。这些中国倡议搭起了新的国际合作平台，为中国建立了广泛的“朋友圈”，扩大了以中国为中心的全球伙伴关系网络。

尤其突出的是，“一带一路”倡议融入了中国全球治理的新理念，它提出时间不长，已经获得了很多成功，其中一个原因在于它全方位地倡导政策沟通、设施联通、贸易畅通、资金融通、民心相通等五大领域合作，促进跨区域经济发展，体现了共享共建共有、互利双赢的新理念。自“一带一路”倡议提出以来，已有100个左右的国家与国际组织签署在一带一路框架下的“对接”合作备忘录。[1]“一带一路”倡议和“人类命运共同体”的理念被写入上海合作组织声明以及联合国大会的决议中。这表明中国提出的以国际和平发展为主题的全球治理理念与方案得到国际社会越来越多的支持，中国作为全球治理引领者的地位逐渐得到国际社会的认可。我们在管控“一带一路”有关项目财务与地缘政治风险的同时，也要理直气壮地向国际社会宣讲“一带一路”的国际安全意义，它有助于热点地区国际、国内冲突的解决，给地区带来和平稳定繁荣。

第三，维护多边主义与联合国的权威，推动多边机制改革，使现有机制与规则反映全球政治经济新现实与实际需要。

中国作为一个快速崛起的大国，需要承担与自身能力相匹配的国际责任，在国际上树立负责任大国形象。习近平总书记曾指出：“当今世界，和平、发展、合作、共赢是时代潮流，国与国之间的相互依存空前紧密，利益共生不断深化，各国都在全球供应链、产业链、价值链的相互联系之中，任何一个环节出了问题，各方都会受到影响。同时，世界和平与发展面临的挑战越来越具有全局性、综合性和长远性，没有哪一国能够独善其身，也没有哪一国可以包打天下。”[2]因此，“中国支持多边主义的决心不会改变。多边主义是维护和平、促进发展的有效路径”，也是进一步完善多边机制、全球治理体系的必要前提。[3]

中国始终维护联合国在全球治理中的核心地位，“坚定维护以联合国宪章宗旨和原则为基石的国际关系基本准则”。[4] 在金砖国家领导人第九次会晤中，习近平呼吁，坚持多边贸易体制，反对保护主义，坚持推动全球经济治理改革，解

---

1 国家发改委宏观经济研究院国土开发与地区经济研究所：“一带一路建设2017年进展及2018年展望”，2018年1月8日，http://www.amr.gov.cn/ghbg/qyjj/201801/t20180112_69135.html。

2 习近平：《构建以合作共赢为核心的新型国际关系》，《人民日报》，2016年6月7日，第2版。

3 习近平：《习近平谈治国理政第二卷》，北京：外文出版社，2017年版，第547页。

4 同上。

决南北发展失衡等全球性问题。[1] 需要指出的是，亚投行、"一带一路"等中国倡议方案不是取代现行国际体系，而是对现行多边国际体系的补充，中国的新倡议客观上起到了推动西方主导的多边经济体系改革的作用。

第四，推动全球治理体制改革，扩大发展中国家的代表权与话语权。

发展中国家特别是新兴经济体在全球经济中的分量不断提升，它们的实力地位与需求应当更多反映在全球治理体制与规则中。中国提出扩大新兴经济体在全球治理中的代表权与话语权，代表了广大发展中国家的利益诉求。中国主张推动全球治理体系与机制的变革，增强中国等新兴经济体与发展中国家的代表权和话语权；在全球气候治理、金融治理与安全治理中，中国提出了一系列代表发展中国家利益的方案和主张，包括发展中国家坚守"共同但有区别"的原则承担全球气候治理责任，推动国际货币基金组织份额改革扩大发展中国家的投票权和话语权等主张，这些主张得到了广大发展中国家的理解与支持。2016年中国成功举办二十国集团杭州峰会，峰会将推动发展中国家的工业化列入议程，并获得二十国集团峰会的采纳。

第五，促进全球安全对话，推动全球安全体系的改革，跨越"修昔底德陷阱"。

美国哈佛大学学者约瑟夫·奈指出，新旧力量此消彼长，世界权力将从发达国家向新兴经济体转移，该过程实质是霸权更迭的过程。[2] 纵观国际关系史，霸权更迭或者权力转移过程多数都是依靠战争实现的，因此，西方国际关系理论普遍认为，崛起大国与守成大国很难跨越"修昔底德陷阱"。

针对"修昔底德陷阱"问题，中国领导人提出了构建以相互尊重、公平正义、合作共赢为核心的新型国际关系，不搞零和博弈、赢者通吃的游戏，倡导以对话解决争端，以协商化解分歧，走出一条对话而不对抗、结伴而不结盟的国与国交往的新路。中国领导人强调，大国与小国相处要平等相待，践行正确义利观，义利相兼，义重于利。[3] 中国强调，要跨越"修昔底德陷阱"，大国需要加强在全球治理框架内的合作，通过集体协商、政策协调，避免单个国家政策效果的相互抵消。在全球金融危机冲击下，二十国集团成员采取统一政策，有效避免了贸易保护主义的蔓延，维护了全球经济的整体利益。在国际安全领域，中国利用亚信会议机制，倡导树立区域安全观，共创安全治理新局面，提出秉持"共同、综合、合作、可持续"的安全观，建立真正开放的国际安全机制，共同应对安全挑战，逐步摒弃冷战时期形成的地区与国际安全同盟安排。当然，国际安全治理体系的改革将是全球治理改革中最为困难的一环，作为国际安全同盟霸主的

1《金砖国家领导人第九次会晤举行》，《人民日报》，2017年9月5日，第1版。

2 Joseph S. Nye, Jr., "The Future of Power," *Public Affairs*, 2011.

3 习近平：《习近平谈治国理政第二卷》，北京：外文出版社，2017年版，第523页。

美国不会轻易放弃其安全同盟的安排，其仍将成为中国和平崛起过程中的一个主要障碍。

四、中国全球治理外交的挑战

随着综合国力的上升，中国从全球治理的“边缘”参与者向“核心”参与者、引领者或领导者的转变进程将加速，中国对国际社会的贡献将不断加大。[1] 但是，我们必须清醒地认识到，中国仍然是一个发展极不平衡的发展中国家，由于中国的体量以及与西方国家在政治文化和体制上的差异，美国与西方世界对中国的快速发展抱有不少疑虑与偏见，形形色色的“中国威胁论”仍不时出现。如果我们不能很好应对这些国内外挑战，中华民族伟大复兴、中国为全球治理做出更大贡献的愿景将会变得更加遥远。具体来说，今后一段时间中国在全球治理方面需要克服的内外挑战有如下几个方面：

首先，美国与西方在与中国关系中，开始更多强调“战略竞争”的一面，不利于中国与美国、西方开展有效的全球治理协调。

中国经济2017年开始恢复高速增长，中国发展模式在发展中世界产生较大的影响，“一带一路”倡议得到许多国家特别是中东欧国家的积极响应，中国企业“走出去”加快并购西方高技术公司，引发美国与西方普遍的疑虑与不安，西方出现联合抵制中国影响的苗头，甚至不排除再次联手“围堵”中国、开展“新冷战”的企图。当前美国等国提出的“锐实力”（sharp power）概念，目的就在于妖魔化中国的海外政治与文化影响，抵制日益上升的中国国际影响力。[2] 美国特朗普政府公布了2018年版《国家安全战略报告》，首次将经济合作与发展问题列为确保国家安全的核心问题，将对华经济关系定性为主要安全威胁之一，以及对现行的、“第二次世界大战之后由西方大国确立的全球秩序”的挑战。显然美国政府改变了2015年美国总统奥巴马批准的《国家安全战略报告》高度评价同中国“前所未有的合作”并称中国为“战略伙伴”的调子。在此背景下，特朗普政府接连对中国采取贸易法“232”“301”条款等贸易保护主义措施，迫使中国打贸易战。欧盟与日本等国也可能迫于美国的压力或自身的利益，联合美国在经贸问题上向中国施加更大的压力。当前中西关系的“战略竞争”气氛有可能延续一段时间，无疑将不利于中国的全球治理外交与大国间的政策协调。

其次，中国发展不平衡、不充分的现实将长期存在，将直接制约中国引领全

---

1 王勇：《中国与全球治理：对中国参与G20进程的评估》，北京大学国际战略研究院编：《中国国际战略评论2016》，北京：世界知识出版社2016年版，第29页。

2 *International Forum for Democratic Studies*, "'Soft Power' to 'Sharp Power': Rising Authoritarian Influence in the Democratic World, December 2017," see https://www.ned.org/wp-content/uploads/2017/12/Sharp-Power-Rising-Authoritarian-Influence-Full-Report.pdf.

球治理的能力。[1]

习近平总书记在十九大报告中指出，中国将长期处于社会主义初级阶段，提出“中国特色社会主义进入新时代，我国社会主要矛盾已经转化为人民日益增长的美好生活需要和不平衡不充分的发展之间的矛盾”。经过40年的改革开放，中国抓住历史机遇期迅猛发展，但也积累了不少社会矛盾，着力消除经济发展不平衡、不充分带来的问题，是解决新时代我国社会主要矛盾的关键。[2] 解决经济发展不平衡不充分的矛盾，需要我们增强内部凝聚力、向心力，需要战略耐心与定力，但同时这些内部矛盾与冲突在一定程度上也会制约中国在全球治理舞台上发挥国际领导力。

最后，美国特朗普政府单边主义政策导致二十国集团机制被“虚化”，中国突破现存国际体制“圈层”结构将遭遇更大的阻力。

二十国集团（G20）虽然在2008年全球金融危机后被确定为全球经济治理的“首要平台”，但是该机制存在一系列局限性，我们必须有清醒认识，包括非正式性，共识决定缺乏约束力；机制层次多，决策效率遭到质疑；“合法性”质疑。特朗普上台后大力推行“美国优先”的单边主义政策，使得二十国集团机制切实发挥作用更加艰难，中国试图通过推动“建章立制”、“坐实”该机制的努力在今后一段时间内难见成效。

所谓国际治理体系“圈层”结构，指的是最外层的联合国体系被虚化，由于主要大国间权力分配与妥协的困难，加之联合国成员数量众多影响决策效率等因素，美国为首的西方国家已将联合国实质“边缘化”；中间层是美国等西方国家控制的布雷顿森林体系相关机构，主要是国际货币基金组织、世界银行及各区域性开发融资机构，它们对全球经济仍在发挥实质性作用，中国等新兴经济体虽然扩大了参与，但仍无法发挥核心作用；核心层是美国控制的国际安全体系即美国遍及全球的安全同盟网络，是维持美国国际霸权的基石，它至今对中国、俄罗斯等大国加以排斥，威胁中国的和平发展，也限制了中国在全球治理中的参与度和话语权。[3] 由于美国与西方重新定义与中国的关系，开始将中国视为“战略竞争对手”，上述不利于中国发挥更大作用的“圈层”国际治理体系将制约中国的全球治理外交目标的实现。

国际关系失序加剧全球治理危机，为中国引领全球治理发展提供了难得的机遇。

总之，国际关系失序加剧全球治理危机，为中国引领全球治理发展提供了难得的机遇。中国在地区与全球治理中发挥越来越重要的作用，是国际社会对中国贡献的新期待，同

1 Wang Yong, The China Model and the New World Order, *Trends Research & Advisory*, December 27, 2017, see http://trendsinstitution.org/the-china-model-and-the-new-world-order/.

2 蒋永穆:《着力解决经济发展不平衡不充分的问题》，中国社会科学网，2017年10月28日。

3 王勇:《中国与全球治理：对中国参与G20进程的评估》，北京大学国际战略研究院编:《中国国际战略评论2016》，北京：世界知识出版社，2016年版。

时也是中国自身发展壮大以及新时代中国特色大国外交的内在要求。中国坚定维护开放包容双赢的全球化，支持多边主义，推动现有国际机制改革，扩大新兴经济体与发展中国家的话语权，符合国际社会的发展潮流。中国通过加强全球治理机制，在其中发挥引领与领导作用，将是中国和平崛起、实现民族复兴的最佳路径，它是一条将中国利益与国际社会和平繁荣目标有机结合的道路。当然，中国要引领全球治理改革，依然会遇到各种内外挑战，只要中国坚持走和平发展道路，致力构建新型国际关系与大国关系，致力建设人类命运共同体，全球治理的中国方案将得到国际社会越来越多的认可与支持。

专题：新时期的中国外交

新时代与中国的全球卫生战略

徐彤武

内容提要：作为最大的发展中国家，中国对促进全人类健康与福祉具有重大影响力，也负有重要责任。中国共产党第十九次全国代表大会闭幕后，进入新时代的中国必须直面自身在卫生健康领域的问题、困难和挑战，为实现可持续发展、维护国家卫生安全和构建人类命运共同体而果断实现卫生发展的根本转型，全面强化对一切生物性威胁的防御，大胆创新卫生外交，并尽早发布本国的全球卫生战略。如此，中国才能不负本国人民和国际社会的期望，对全球卫生事业做出较大贡献。

关键词：战略　全球卫生　安全　人类命运共同体

中国是全球卫生（Global Health）最重要的行为体之一。作为当今人口总数第一、经济总量第二的发展中国家和联合国安理会常任理事国，中国的医药卫生事业与国民健康状况，对于全球卫生事业的三大方面——全球卫生发展、全球卫生安全和全球卫生外交，都具有非同寻常的意义。

对全球卫生来说，2018年堪称里程碑年份：这一年是世界卫生组织（WHO，以下简称“世卫组织”）诞生70周年，它是中国和巴西动议创建、促进人类健康的首要多边机构；这一年是《世界人权宣言》发表70周年，这份已被翻译成501种文字的宣言确立健康权是一项基本人权；这一年是关于初级卫生保健的《阿

徐彤武　中英全球卫生支持项目（GHSP）技术顾问，北京大学公共卫生学院全球卫生学系兼职教授。衷心感谢前世界卫生组织助理总干事、北京大学公共卫生学院全球卫生学系首任系主任刘培龙教授对本文初稿所提宝贵意见，作者文责自负。

拉木图宣言》通过40周年，[1] 这份受到中国“赤脚医生”经验鼓舞的文献所阐发的全人类健康理想，今天越发闪耀着真理之光；这一年是1918年“西班牙流感”（Spanish Flu）爆发100周年（致死5000万至1亿人，远超第一次世界大战死亡人数），这再次提醒世人：传染病疫情在各国相互联系的世界能产生何等可怕的毁灭性；这一年中国迎来改革开放40周年，抚今追昔，可以总结很多成功经验，但更应当做好的是正视问题、困难和挑战，认真探讨中共十九大闭幕之后，中国在完善全球卫生治理、推进全球卫生事业中的战略定位、大国责任与努力方向。

一、全球卫生发展目标要求中国探寻以人民健康为中心的转型之路

一个人人享有健康的世界是全球卫生发展的基本愿景，但现实情况却难以尽如人意。根据世界银行和世卫组织的最新报告，全球76亿人口中至少半数无法获得基本卫生服务，8亿人将至少10%的家庭预算用于医疗费用，近1亿人因医疗费用陷入极度贫困（每天生活费1.9美元或更少）。[2] 中国人口约占世界的19%，国民整体健康状况对于实现2030年可持续发展议程（SDGs），特别是实现占据议程核心位置的关于人类健康与福祉的目标三，具有决定性意义。中国和人口已逾13亿的印度一起，构成了全球卫生发展中的一极，它的意义酷似地理学上的“第三极”青藏高原——这里的任何变化都会对世界产生很大影响。只有中国把本国庞大人口的健康问题处理好，世界才会更好。

只有中国把本国庞大人口的健康问题处理好，世界才会更好。

改革开放以来，我国卫生和健康事业取得了来之不易的成就，人均预期寿命从1981年的67.9岁提高到2017年的76.7岁，[3] 中国在全球卫生治理中的作用明显增强。同时也应坦承，靓丽的平均值有别于很多普通民众的切身感受，我国卫生与健康的问题堆积如山，某些方面甚至可以说“到了最危险的时刻”，“东亚病夫”帽子的阴影仍在头顶盘旋。充满脆弱性的医药卫生体系不仅使国民担忧，也将不断产生国际性的外溢后果。

汹涌的老龄化浪潮令国人措手不及 当代人口老龄化进程始于发达国家，而且经过了几代人的时间。中国正处于现代化进程的爬坡阶段，人均国民收入仅约

1《阿拉木图宣言》（Alma-Ata Declaration）是1978年9月在苏联阿拉木图（现为哈萨克斯坦共和国城市）召开的世界初级卫生保健大会通过的宣言，世卫组织是这次大会的主要主办方。该宣言英文版可见世卫组织官网 http://www.who.int/publications/almaata_declaration_en.pdf, 2018年3月20日登录。

2 WHO & World Bank, *Tracking universal health coverage: 2017 global monitoring report*, World Health Organization and International Bank for Reconstruction and Development / The World Bank, 2017.

3 中华人民共和国国务院新闻办公室：《中国健康事业的发展与人权进步》（中国政府白皮书），《人民日报》，2017年9月30日，第9版。国务院总理李克强：《政府工作报告——2018年3月5日在第十三届全国人民代表大会第一次会议上》，《人民日报》，2018年3月23日，第2版。

9000美元，却以全球最快的速度演变为老年人口数量最多的国度，由此带来财政、医疗、长期照护及其他一系列社会问题。截至2017年年底，我国60岁及以上老年人口有2.41亿，占总人口的17.3%，其中4000万失能、失智者需长期照护，但各类养老机构的服务人员不足50万，社会负担沉重。[1] 能否较好地应对老龄化浪潮，不仅涉及国民全生命周期的健康，而且关系到经济发展、金融稳定与社会和谐。在这个方面，国际公认比较成功的日本经验值得我国认真研究和借鉴。

非传染性疾病（慢病）呈现井喷态势 全球卫生的重中之重是防治非传染性疾病（NCDs，简称慢病）。心血管病、癌症、糖尿病和慢性呼吸系统疾病这四大慢病，每年造成全球1500万30—70岁成年人早亡，构成中低收入国家的最大健康威胁和最沉重医疗负担。我国的慢病形势极为严峻：慢病归因死亡占比为89%，高于70%的国际均值，超过二十国集团（G20）绝大多数成员；[2] 心血管病患病人数高达2.9亿；[3] 糖尿病人总数1.14亿（占全球的1/4），由此造成每年1100亿美元的医疗费用，相当于德国、印度和日本三国同类支出总和；[4] 癌症每年造成的损失达280亿美元，占"金砖国家"的半数以上；[5] 患慢性阻塞性肺病人数9990万。[6] 上述情况表明：中国慢病防控任务极为艰巨，并具有世界性意义。

顽固的不良生活方式未受根本遏制 现代医学和生活实践反复证明，烟草消费、不良饮酒、过量盐糖摄入和缺乏活动必然导致多种疾病特别是慢病发生。由于传统习俗、教育缺乏、法治滞后等原因，这些不良生活方式已经成为我国卫生与健康领域的"灰犀牛"，其中又以烟草消费为甚，以至于世卫组织把中国称作"世界烟草之都"。中国约有3.15亿吸烟者，7亿多人暴露在二手烟中，自2006年1月9日世卫组织《烟草控制框架公约》在中国生效起，已有1332万人死于烟害！[7] 若这种趋势持续，烟草在21世纪将导致2亿中国人（绝大部分是最贫困、最脆弱人群）早亡，并造成中国经济和社会"无法承受的代价"。世卫组织指出：中国政府从烟草业的税收中获利不仅仅是经济问题，更涉及是否恰当和道德。每

1 曲哲涵、申少铁：《失能老人，试水长期护理险》，《人民日报》，2017年12月15日，第13版；甘贝贝：《人口老龄化国情教育开展》，《健康报》，2018年2月27日，第1版。

2 慢病归因死亡率低于中国的G20成员数据：阿根廷81%，巴西73%，俄罗斯86%，印度61%，南非48%，印尼73%，土耳其88%，日本82%，韩国79%，沙特阿拉伯72%，美国88%，加拿大88%，法国87%，墨西哥79%，欧盟86%。WHO, *Noncommunicable Diseases Progress Monitor, 2017*, Geneva: World Health Organization, 2017.

3 王潇雨：《我国心血管病患者已达2.9亿》，《健康报》，2018年1月25日，第1版。

4 International Diabetes Federation, *IDF Diabetes Atlas – 8th Edition*, 2017, 作者注：此报告所使用的美元单位均为国际美元（International Dollar），即用美元表达的本国购买力。

5 International Agency for Research on Cancer, WHO, Press Release No.255: "$46 billion in productivity lost to cancer in major emerging economies," January 31, 2018, http://www.iarc.fr/，2018年3月31日登录。

6 白剑峰：《我国慢阻肺患者近1亿人》，《人民日报》，2018年4月13日，第12版。

7 中国疾病预防控制中心全国控烟办公室官网数据 http://www.notc.org.cn/，2018年3月31日登录。

年上百万人口死于本可以避免的烟草相关疾病，这严重妨碍了中国成为全球卫生发展的领先国家。[1]

卫生服务的可及性与公平性差距明显 我国现阶段主要矛盾在卫生发展中的体现是：优质医药卫生资源的可及性在各地区、各社会群体之间的不均衡、不充分状态——90多万村医苦撑基层卫生危局与“全国人民上协和”并存。医药卫生服务的公平性、普惠性和可持续筹资能力距离国际社会对全民健康覆盖（Universal Health Coverage, UHC）共识和定义，以及国际先进水平仍有明显差距。若结合2030年可持续发展议程目标三的要求（16项基本卫生服务指标）全面衡量，中国的覆盖水平和公平程度不仅落后于所有发达国家，某些指标也逊于一批新兴经济体或亚非发展中国家。倘若中国贫困线标准从每日人均1.9美元调升至更接近一般民众对脱贫感受的3.1美元时，不公平性和卫生筹资难度将会陡升。[2] 上述情况进一步印证了国际权威智库就我国居民收入和财富分布的不平衡状况给出的研究结论。[3]

必须以果断的战略转型破解世界级难题 在中国这样一个国情复杂的发展中大国，如何深化医药卫生体制改革，如何协调政府所有部门的政策，凝聚社会各界力量有效促进并持续保障人民健康，是一个极其艰巨的系统工程。已经进行多年的医药卫生体制改革尚未使好政策“转化为改进卫生服务提供所需的大规模的推广和持续的行动，”人民的获得感逊于预期。[4] 无独有偶，其他大国卫生体系也面临类似挑战：美国“奥巴马医改”（Obamacare）实施10年后被特朗普政府部分终止；德国和英国政坛围绕国民医保和卫生服务议题一再掀起风暴；印度旨在改善5亿穷人医疗境况的“莫迪医改”（Modicare）效果尚待实践检验。[5] 大国医改与庞大数量国民健康的保障，的确是一道世界级难题。

联合国机构正在大力推进2030年可持续发展议程，号召和鼓励各国投资国民健康。毕竟，今天为健康投入的1美元在一代人的时间内可获得20美元的收益。但是，在卫生发展上，特别是在解决医药卫生服务的公平性和效率方面，各

---

1 世界卫生组织：《中国无法承受的代价：烟草流行给中国造成的健康、经济和社会损失》（中文版），马尼拉：世界卫生组织西太平洋区域办事处，2017年。

2 WHO and World Bank, *Tracking universal health coverage: 2017 global monitoring report*, World Health Organization and International Bank for Reconstruction and Development / The World Bank, 2017.

3 世界不平均实验室（World Inequality Lab）的最新报告指出：全球主要经济体2016年收入差距（10%收入最高者占全部收入份额）中国数值为41%，高于欧盟（37%），但低于俄罗斯（46%）、美国和加拿大（47%）、撒哈拉沙漠以南非洲国家（54%）、巴西（55%）和印度（55%）；1995—2015年间中国最富有1%人群所占财富份额增至30%，该比例在安理会“五常”中低于美、俄，高于英法。详见：World Inequality Lab, *World Inequality Report 2018 (Executive Summary)*, 2017, http://wir2018.wid.world/, 2018年3月31日登录。

4 世界银行、世界卫生组织以及中国财政部、国家卫生和计划生育委员会、人力资源和社会保障部：《深化中国医药卫生体制改革：建设基于价值的优质服务提供体系》（中文发布版），2016年。

5 Patralekha Chatterjee, “National Health Protection Scheme revealed in India”, *The Lancet*, Volume 391, No. 10120, February 10, 2018, pp. 523-524

国做法不同。作为最大发展中国家，中国能否真正开辟一条独特而又具有示范意义的道路？这是全世界都在观察的。新中国成立后，中央政府提出并一再重申的若干战略性方针，如预防为主、面向基层、祖国传统医学与西医相结合等，曾行之有效，也符合全球卫生发展潮流，可惜没有坚持和全面落实。当前，基层医疗机构“吃不饱”，大医院医护人员长期超负荷运转已成常态。[1] 要把“看病中国”“医疗中国”变成健康中国，在人均国民财富只有经济合作与发展组织（OECD）成员国六分之一的基础上实现全民健康覆盖，[2] 真正让人民群众享受到全方位全生命周期的健康服务，需要寻求根本解决之道。

中国的医药卫生体制已经到了要“背水一战”、果断实现战略转型的关头，这也是解决全球卫生发展难题的关键。发达国家的医疗卫生支出占全球的四分之三，绝大多数发展中国家或许永远也不会有足够资源来复制和支撑发达国家那样高水准、高成本的医药卫生服务模式，人口大国尤其如此。[3] 面对老龄化冲击、财力制约和人民对卫生发展不断增长的需求，中国的当务之急是要改弦更张，不再亦步亦趋地走西方国家轻预防、重医疗的老路，而是发挥中华文明优势，实现卫生与健康模式的战略转型，彻底扭转人人被疾病“牵着鼻子跑”的被动局面。事实上，无论是中国政府，[4] 还是世卫组织和全球卫生领域的有识之士都已清晰意识到这种战略转型的必要性和紧迫性。[5] 从现在起，中国应该毫不拖延地采取行动，真正把医药卫生体系的主要注意力和资源集中到预防疾病和“治未病”上来，集中到公共卫生上来，集中到向大众普及科学而实用的养生和健康管理知识上来。如果能够探索出一条发展中大国的可持续健康之路，我们才能够自信地说，中国经验对于全球卫生发展有着积极意义。

---

1 2018年1月9日中国医师协会发布的《中国医师执业状况白皮书》显示，我国三级医院医师平均每周工作51.05个小时，二级医院医师为51.13个小时，大大超过每周40个小时的标准工作时间。斯涵涵：《杜绝悲剧再发生是最好的送别》，《健康报》，2018年2月8日，第2版。

2 根据世界银行综合了自然资本（如森林矿产）、人力资本（个人终生收入）、生产资本（基础设施等）和外国净资产核算的国民财富报告，2014年的人均国民财富数值为：中国108172美元，经合组织（OECD）成员国708389美元，美国983280美元，全球平均168580美元。Lange, Glenn-Marie, Quentin Wodon, and Kevin Carey, eds., *The Changing Wealth of Nations 2018: Building a Sustainable Future*. Washington, DC: World Bank, 2018.

3 World Economic Forum Report, “Value in Healthcare: Laying the Foundation for Health System Transformation,” April 27, 2017, https://www.weforum.org/reports/，2018年3月28日登录。另据报道，2012—2017年中国全国的卫生计生投入保持年均两位数增长，其中社会卫生固定资产投资年均增幅19%；中央财政转移支付地方卫生计生资金1.15万亿元，年均增长12.7%。《卫生计生财政投入逐年增长》，《健康报》，2018年1月30日，第1版。

4 中共中央政治局委员、国务院副总理孙春兰指出：组建国家卫生健康委员会是党中央着眼不断满足人民健康需求做出的重大决策，体现了卫生健康工作理念的重大转变。新机构承担新使命，必须牢固树立大卫生、大健康理念，完善国民健康政策，把以治病为中心转变为以人民健康为中心，不断增进人民健康福祉。《坚持以人民为中心 加快健康中国建设》，《人民日报》，2018年3月28日，第4版。

5 Editorial：“The NHS at 70 and Alma-Ata at 40,” *The Lancet*, Volume 391, No. 10115, January 6, 2018, p.1.

二、全球卫生安全态势逼迫中国全面防范生物性威胁

冷战结束以后，卫生健康议题和安全事务的关系从来没有像今天这般密不可分。对健康的威胁充斥人类生存的所有空间，涉及人类活动的全部已知领域。战争、冲突与动荡的局势能够导致疫情暴发，而疾病的传播又可能威胁世界其他任何地方公众的健康与安全。因此，全球卫生安全（Global Health Security）成为全球治理议程的一个重要部分，其使命是监测、预防和随时准备应对那些能够跨越国境和任何地理界限（从极地、深海到太空）、可导致灾难性公共卫生后果的威胁——传染性疾病、空气污染、抗微生物药物耐药性（AMR），以及各种自然发生、事故引起和人为制造的核生化（chemical, biological, radiological and nuclear, CBRN）事件。[1] 能够突袭各国并短时间内造成严重公共卫生后果的主要是严重传染病疫情与重大核生化事件，这两者中又以传染病的潜在毁灭力为甚。[2] 比尔和梅琳达·盖茨基金会的数学模型表明，流感病毒的毒株经空气传播可在60天内蔓延到全球所有主要国家的首都，在250天内造成超过3300万人死亡。[3]

传染病是国际和平与安全大敌 在过去的二十余年中，商旅人士、游客、移民与难民等跨境人流猛增，基于贸易的供应链和价值链延伸到世界所有角落，互联网和手机等智能终端的普及颠覆了传统的信息发布与传播方式，这一切使传染病以及由此引发的经济破坏性与社会恐慌也实现了全球化。与此同时，在经济、社会、环境和生态诸因素的交叉作用下，新发传染病频繁出现，一再重创公众健康和世界经济。[4] 进入21世纪后，新发和再发传染病疫情以前所未有的频度轮

---

1 近期造成较轰动的卫生安全后果的是“斯克里帕尔事件”。2018年3月4日前俄罗斯双重间谍斯克里帕尔（Sergei Skripal）及其女儿被发现在英国索尔兹伯里镇中毒昏迷，英国当局认为二人被军用级神经毒剂“诺维乔克”所害，并坚称是俄罗斯所为，公共卫生部门及军方核生化分队迅速采取连串处置与防范措施。2018年3月14日联合国安理会开会辩论此案，随后英国及西方盟国与俄罗斯之间展开了冷战后最大规模的“外交战”。2018年4月12日禁止化学武器组织（OPCW）发布公告，称其专业实验室确认了英国当局的分析结果。英公共卫生部门的相关发布见：“Public Health England statement regarding events in Salisbury”, last updated 23 March 2018, https://www.gov.uk/government/news/public-health-england-statement-regarding-events-in-salisbury; 禁止化学武器组织的公告见：“OPCW Issues Report on Technical Assistance Requested by the United Kingdom,” April 12, 2018, https://www.opcw.org/news/article/opcw-issues-report-on-technical-assistance-requested-by-the-united-kingdom/, 2018年4月13日登录。

2 National Academy of Medicine, *The Neglected Dimension of Global Security: A Framework to Counter Infectious Disease Crises*. Washington, D.C.: The National Academies Press, 2016.

3 United Nations, Report of the High-level Panel on the Global Response to Health Crises, “Protecting humanity from future health crises,” February 9, 2016, A/70/723, p.8. http://www.un.org/en/global-health-crises-task-force/, 2018年3月28日登录。

4 1940—2004年共有新发传染病335种，包括艾滋病、埃博拉等烈性传染病；71.8%新发传染病来自野生动植物界。Kate E. Jones, Nikkita G. Patel, Marc A. Levy, et al., “Global trends in emerging infectious disease”, *Nature*, No.451, pp.990-993, February 21, 2008.

番登场，如：2003年“非典”（SARS）、2009年全球H1N1大流感、2012—2013年中东呼吸综合症（MERS）、2013—2014年野生脊髓灰质炎（Wild Poliovirus）、2014—2016年西非埃博拉（Ebola）、2016—2017年寨卡（Zika），等等。世卫组织194个成员通过的2005版《国际卫生条例》（IHR 2005）生效后，世卫组织已依据它四度宣布传染病疫情为“国际关注的突发公共卫生事件”。[1]

联合国安理会自2000年以来逐渐重视传染病议题，2014年9月18日安理会一致通过历史性的2477号决议，认定西非埃博拉疫情“对国际和平与安全构成威胁”。[2] 2008—2018年世界经济论坛发布的年度《全球风险报告》一再把传染病疫情和慢性疾病列为影响最大的全球风险。[3] 事实证明，一个对重大传染病疫情缺乏准备的国家直接增加了其他国家人群的风险。[4] 90%以上的传染病都发生在发展中国家，而中国是安理会常任理事国中唯一的发展中国家。在维护全球卫生安全方面，除需进一步完善本国的传染病防控能力，[5] 并在境外疫情发生时施以援手（如紧急应对西非埃博拉和帮助马达加斯加在2017—2018年度抗击鼠疫）之外，中国应该做并且能够做的事情还有很多。

采用一体化健康理念统筹应对生物性威胁 21世纪以来，国际社会对保障“人的安全”（Human Security）已经形成共识：这种安全与粮食安全、饮水和公共卫生等密切关联，卫生安全是其不可分割的一部分，核心议题是传染病防控。以美国为首的发达国家极为重视卫生安全，把应对本国公民面临的“生物性威胁”（Biological Threats）确定为国家安全战略的重要内容，[6] 并为此采取了一系列立法、行政和技术措施。发达国家普遍采用的生物性威胁概念内涵宽泛，贯彻了“一体化健康”（One Health）理念，除传染病外，它还包涵了所有对人类健康、动物界健康和植物界健康的威胁，如各种核生化事件、生命科研机构安全事故、危害农牧业的物种和疾病（如疯牛病）、食源性疾病以及环境灾害的后果等。[7]

---

1 世卫组织宣布“国际关注的突发公共卫生事件”的时间和所针对疫情分别是：2009年H1N1全球大流感疫情，2014年野生脊髓灰质炎疫情，2014年西非埃博拉疫情以及2016年寨卡疫情。

2 S/RES/2177 (2014), http://www.un.org/zh/sc/documents/resolutions/2014.shtml, 2018年3月28日登录。

3 World Economic Forum, *The Global Risks Report 2018, 13th Edition*, World Economic Forum, Geneva 2018.

4 Munich Security Conference, Monthly Mind October 2017, “New Partnership for Global Health Security,” https://www.securityconference.de/en/discussion/monthly-mind/, 2018年3月28日登录。

5 2017年中国大陆地区共报告法定传染病发病7030879例，死亡19796人。国家卫生健康委员会疾病预防控制局：《2017年全国法定传染病疫情概况》，2018年3月26日，http://www.nhfpc.gov.cn/jkj/s3578/, 2018年3月29日登录。

6 例如：特朗普政府发布的新版《美国国家安全战略》中专门有一节论述这个问题。*National Security Strategy of the United States of America*, The White House, Washington, DC., December 2017, p.9.

7 U.S. National Security Council, *National Strategy for Countering Biological Threats*, November 2009, Washington, D.C.; The White House, *U.S. National Strategy for Biosurveillance*, July 31, 2012, Washington, D.C.; Swedish Civil Contingencies Agency (MSB), *A summary of risk areas and scenario analyses 2012-2015*, Advant Produktionsbyrå, Sweden, September 2016.

发达国家公共卫生水平普遍较高，传染病发病率大大低于发展中国家，所以它们的卫生安全研究与资源投放偏重防范核生化恐怖主义和其他生物性威胁。而发展中国家在面临日益严峻的生物恐怖主义威胁同时，还要花大力气对付多种早已在发达国家绝迹、病例数极少或根本未曾存在的传染性疾病，公共卫生负担沉重，维护卫生安全的任务艰巨。

中国要有效应对各种现实和潜在的生物性威胁，首先应进一步认清全球卫生安全议题的跨域性和多学科特点，与时俱进地把卫生安全融入总体国家安全观，运用"一体化健康"理念深入研究、论证和分类涉及国土安全和国民安全的生物性威胁，在此基础上依据需要和能力拟定一揽子国家卫生安全战略，以此引导相关法治建设、跨部门协调和具体方案。这是我国国家治理体系和治理能力现代化亟待完成的"必修课"，目前尚缺乏相关愿景、战略规划和实际行动。

把卫生安全融入总体国家安全观，运用"一体化健康"理念制定国家卫生安全战略。

全面增强国家卫生安全能力 大国是维护全球卫生安全最重要的行为体。中国为实施全球卫生安全领域的基本国际法《国际卫生条例》（2005版）和落实全球卫生安全议程（GHSA）做出了很大努力，[1] 但我国在全球卫生安全治理上还缺乏话语权、领导力、预见性和全方位深度合作的伙伴，整体卫生安全能力仍有待提高。

国家卫生安全乃至全球卫生安全能力的基石是生物威胁监测（Biosurveillance），没有它就谈不上有效的防范措施和应对计划。生物威胁监测要求不间断地系统侦测、收集、分析、解读和传播（含报送决策层和经大众传媒扩散）所有威胁信息，这有赖于坚实的科研基础和专业化监测体系。近年来，我国科技实力高歌猛进，在生命科学领域接连取得世人瞩目的成果，但美国、欧盟和日本在总体科技实力上，特别是在与卫生安全密切相关的生物医学科学方面，依然保持大幅领先地位。[2] 我国监测生物性威胁所必需的高等级生物安全实验室（P3和P4实验室），无论是数量、地域布局、能力利用效率还是安全管理，都落后于国际先进水平。[3] 考虑到中国利益的全球化，"一带一路"倡议实施过程中大范围人流、物

1 全球卫生安全议程（Global Health Security Agenda, GHSA）由美国于2014年2月会同世卫组织等国际机构发起，是为全面落实《国际卫生条例》（2005版），提高各国监测、防范、应对人和动物界传染病能力而创建的国际合作与援助机制。更多详情可见其官网 https://www.ghsagenda.org/, 2018年3月31日登录。

2 National Science Board, *Science and Engineering Indicators 2018,* https://www.nsf.gov/statistics/2018/nsb20181/assets/nsb20181.pdf, 2018年3月25日登录。

3 张佳星：《P4实验室启用，我国生物安全实验室体系初步形成》，《科技日报》，2017年9月26日，第1版。截至2014年12月全球已经建成和在建的各类P4实验室共59个，其中美国15个，英国9个，印度4个，日本、法国、德国、加拿大等均建有2个或更多，韩国、俄罗斯各1个，台湾地区2个。梁慧刚等：《高等级生物安全实验室与生物安全》，《中国科学院院刊》，2016年（第31卷）第4期，第452—456页。

流和信息流互联互通的格局，[1] 以及可能由此产生或加速扩散的生物性威胁，[2] 及早谋划和布建中国自己的全球生物威胁监测网络势在必行。在这个方面，我们大概比美国晚了70年。[3]

尽快完善、整合国家卫生安全信息系统。我国已经建成了全球最大的四级传染病直报信息网，但它并未包含核生化事件等其他生物性威胁的全面信息。经济、社会、体制因素造成的人为干扰和制度漏洞也不时妨碍传染病疫情的管理。2017年湖南省桃江四中爆发的结核病聚集性疫情和我国仍有相当数量的艾滋病感染者（尤其是青年学生群体中的感染者）未被发现、艾滋病人的发现率有待提升就是明证。应当说，生物性威胁信息的系统性整合及国家级相关应急响应机制的改革已是势在必行。

随时准备应对“无法想象的”灾难性情况（Preparing for the Unthinkable）。[4] 微生物学科的发展、生物产业链的延长以及获取敏感信息和材料日益便利，使得“大规模杀伤性武器恐怖主义”（WMD Terrorism）这一全球卫生安全威胁越来越具有现实可能性。令人担忧的是，我国相关研究和防范措施大大落后于发达国家，也没有完整的全国性应急准备与响应计划。在努力建设能够应对主要生物性威胁后果、建设并保持具有卫生安全韧性的城市和社区方面，我国刚处于起步阶段。必须尽快消除人口密集的大城市（特别是北上广深等特大城市的地铁系统）卫生安全“不设防”状态，营造医疗和非医疗的卫生安全响应能力，教育国民居安思危并使其对突如其来的大规模公共卫生安全事件做好心理、组织和物质准备，改进决策和信息体系，整合应急系统。在这些方面，我们还有太多的工作未做。一些发达国家积累了几十年的成熟做法，不妨成为我们的“他山之石”。[5]

---

1 中国已同86个国家和国际组织签署101份共建“一带一路”合作文件；国内38个城市累计开行中欧班列7000列，通达欧洲13个国家35个城市；2014—2017年中国同“一带一路”有关国家贸易总额超4.1万亿美元。《迈进新时代 共筑中国梦：全国人大常委会委员长张德江在“国家所需 香港所长——共拓一带一路策略机遇”论坛上的讲话（2018年2月3日）》，《大公报》（香港），2018年2月4日，第A4版。

2 近年来我国相继遭遇基孔肯亚病毒、中东呼吸综合症（MERS）、H1N1流感、黄热病、裂谷热和寨卡病毒等传染病的输入性传播。已有620多种外来物种侵入我国，在国际自然保护联盟公布的全球100种最具威胁性的外来物种中，我国就有50种，每年造成逾2000亿元的直接经济损失。李禾：《阻击生物入侵是场持久战》，《科技日报》，2018年1月18日，第1版。

3 美国海军1946年在开罗建立名为NAMRU-3的传染病研究与防控机构，如今它已经成为美国全球卫生安全监测网的骨干支点。http://navymedicine.navylive.dodlive.mil/archives/8363, 2018年3月28日登录。

4 习近平在中共十九大前夕一次重要会议上指出：要看到形势发展变化给我们带来的风险，从最坏处着眼，做最充分的准备。《高举中国特色社会主义伟大旗帜，为决胜全面小康社会实现中国梦而奋斗》，《人民日报》，2017年7月28日，第1版。

5 2018年5月28日至6月3日是瑞典的全国应急响应周（Emergency Preparedness Week），瑞典民防局（MSB）届时将向每一个家庭派发新版危机应急手册，以指导民众应对包括核生化事件在内的各种天灾人祸。瑞典政府认为，知识是应对各种威胁的基础，教育人民时刻准备应对不测事态是瑞典的传统。https://www.msb.se/en/Tools/News/The-government-has-tasked-us-to-prepare-Swedes-for-crisis-and-war-/, 2018年3月25日登录。

军民融合维护全球卫生安全 卫生安全是一个公共卫生与国家生物防御（Biological Defense）能力纵横交织的领域，相关技术资源和知识，如生物实验室技术、疫苗研发、核生化条件下的人员防护等，几乎都天然具备军民通用、平战结合的性质；而军队拥有的医疗卫生资源与能力，尤其是越洋战略机动和远程执行能力，也可有效服务于公共卫生。冷战结束后，主要国家武装部队对全球卫生安全的介入日益频繁，军民合作趋势增强。例如，伴随着美国政府对生物性威胁和全球卫生安全理解的深化，五角大楼逐步整合了其生物监测系统的三大战略性使命：保障美军健康、加强国家核生化防御体系以及维护全球卫生安全。[1] 美国军方传染病监测机构先于世卫组织2个月预警了2009年全球H1N1大流感。西非"埃博拉战争"中，以中美英军队为代表的军事化应急公共卫生援助成为的一大特点。2016年3月巴西政府为制止寨卡病毒蔓延，发起本国历史上最大军事行动：调派22万名陆海空三军官兵，在各地居民区配合31.5万名政府人员进行灭蚊宣传和药剂喷洒。[2] 中国的留学生、游客和投资已经抵达全球各个角落，[3] 中国军队也逐渐走向世界，担负着从联合国维和、亚丁湾护航到军事医疗合作（如向厄瓜多尔、赞比亚、莫桑比克、埃塞俄比亚和老挝等国派遣军医专家组或卫生列车）等任务。今后，中国人民解放军的战略卫勤力量和军事医学科研应更紧密地与国内各方展开协作，促进国家生物防卫能力的整体提升，并作为合作伙伴积极主动地参与到各种全球卫生安全框架和行动中去。

三、全球卫生外交趋势催促中国创新卫生发展援助

中国是全球卫生外交（Global Health Diplomacy）的先驱者之一。20世纪50年代至70年代，中国政府在人民温饱尚未解决的困难条件下，对邻国提供了大量卫生援助并从1963年起向发展中国家派遣医疗队。[4] 二十多年来的全球化洗礼使国际社会对于全球卫生外交的实质与内容形成了比以往任何时候都更加清晰的认识：它是一项融合公共卫生、国际关系、贸易、经济学、管理和国际法的事业，其使命是提供全球卫生公共产品（Global Public Goods for Health, GPGH），

---

1 Melinda Moore, Gail Fisher and Clare Stevens, *Toward Integrated DoD Biosurveillance*, Arroyo Center, RAND Corporation, 2013.

2 Jonathan Watt, "Zika virus command center leads biggest military operation in Brazil's history," March 30, 2016, *The Guardian*, https://www.theguardian.com/world/2016/mar/30/brazil-zika-war-virus-military-operation, 2018年3月26日登录。

3 2017年中国入境游客13.948亿人次，国内居民出境14.273亿人次；外贸货物吞吐量40亿吨。《中华人民共和国2017年国民经济和社会发展统计公报》，《人民日报》，2018年3月1日，第10版。

4 1963年以来，中国先后向69个发展中国家派遣了援外医疗队，累计派出医疗队员2.5万人次，治疗患者2.8亿人次。中华人民共和国国务院新闻办公室：《中国健康事业的发展与人权进步》（中国政府白皮书），2017年9月，《人民日报》，2017年9月30日，第9版。

目的是促进全球卫生发展，维护全球卫生安全。[1]

全球卫生外交的主角有三大类：主权国家；多边国际组织，其中包括由主权国家和其他利益相关方加入的混合型国际组织，如2000年成立的全球疫苗与免疫联盟（GAVI）；其他非国家行为体（企业和民间社会组织）。中国在这三大类行为体行列中，应高瞻远瞩，大胆创新，根据自身国力和全球卫生公共产品的供需状况，有更大的作为。

中国应高瞻远瞩，大胆创新，力所能及地增加对全球卫生公共产品的有效供给。

大幅度增加对全球卫生公共产品的有效供给 随着美国"一超独霸"地位的相对下降和特朗普政府对援外部门预算的调整，"金德尔伯格陷阱"（Kindleberger Trap）之说不时浮现，相关辩论充满对美国领导下的"自由主义国际体系"走向的担忧。不过，至少在全球卫生外交领域，"金德尔伯格陷阱"是一个伪命题，因为七国集团（G7）依然是国际公共卫生产品最主要的提供者，同时由于中国日益增多的参与，全球卫生公共产品的供给获得改善。中国总体对外援助在21世纪增长迅猛。美国专门追踪发展援助的智库研究了2000—2014年中国在140个国家和地区的4300多个可核查援助项目后得出结论：尽管在统计口径、资金组合、信息披露和实施方式上存在差异，[2] 但中国已经在提供官方资助（Official Finance）方面比肩美国——同一时期美国援外总金额3946亿美元，而中国是3543亿美元。[3]

然而，同西方大国乃至一些富裕小国（如挪威、瑞典）相比，我国卫生外交的体制、状态和实效与崛起中大国的身份极不相称。除了援外医疗队创造的传奇和紧急援助西非三国抗击埃博拉疫情外，中国尚未树立起在国际上叫得响并能产生深远影响的卫生外交业绩。由于专业性研究能力长期不足，高层战略规划缺失，对旧有援外模式路径依赖，跨部门协作欠佳，以及国内公众理解和支持不力等诸多原因，我国对全球卫生公共产品的有效供给存在三个突出短板：

首先是发展援助的总体结构"偏硬"。中国对外发展援助的绝大部分资金和技术流向能源、交通、建筑、矿山、工业园区等"硬项目"，直接服务当地民众的医药卫生等"柔性"项目比重过低。2000—2014年中国依照国际口径划分的

1 Richard Smith, Robert Beaglehole, David Woodward and Nick Drager eds., *Global Public Goods for Health: Health economics and public health perspectives*, Oxford: Oxford University Press, 2003; Nick Drager & David P Fidler, "Foreign policy, trade and health: at the cutting edge of global health diplomacy", *Bulletin of the World Health Organization*, Volume 85, No. 3, March 2007, p.162.

2 中国至今没有加入国际援助透明度倡议（International Aid Transparency Initiative, IATI）这个几乎囊括所有主要发展援助提供方（国家和民间社会组织）、国际组织以及最主要受援国的机制。该倡议的详情可见其官方网站 https://www.aidtransparency.net/。

3 Axel, Dreher, Andreas Fuchs, Bradley Parks, Austin M. Strange, and Michael J. Tierney, *Aid, China, and Growth: Evidence from a New Global Development Finance Dataset*, AidData Working Paper #46. Williamsburg, VA: AidData, 2017.

卫生类援助（不含紧急人道主义援助）在项目数上占比15.4%，但总金额占比仅0.8%，不到29亿美元。[1] 即便是卫生发展援助，我国较擅长的也是建设医院、诊所等设施，在传播自身卫生发展理念和成功经验方面没有讲好"中国故事"。同时，在全球卫生知识产品领域——从药品、器械、疫苗、试剂到疾病诊疗标准、医疗流程、医院管理、专业卫生与健康咨询等，与发达国家差距巨大。西方大国是这些软性知识产品的主要生产国、输出国和品牌拥有者，这在很大程度上增强了这些国家的软实力。[2]

其次是卫生发展援助总量偏少。笔者综合估算，近年中国政府每年用于对外卫生发展援助（含对多边机构捐助）的全部资金不超过8亿美元，[3] 而经济体量约为中国四分之一的英国，用于对外卫生发展援助的支出至少10倍于中国。[4] 由11个国家认捐的世卫组织突发事件应急基金（Contingency Fund for Emergencies, CFE），中国出资200万美元，相当于德国捐款数额的七分之一，日本和英国的五分之一。[5] 自艾滋病（HIV/AIDS）被发现以来，各方已累计投入防治经费1200亿美元，其中720亿美元来自美国"总统防治艾滋病紧急救援计划"（PEPFAR）。这个由单一国家发起的史上规模最大的卫生发展援助计划，令几十个发展中国家持续受益。[6] 2000—2020年全球疫苗与免疫联盟所获209亿美元捐款（到账数额）中，英国、美国及比尔和梅琳达·盖茨基金会出资份额合计54.86%，而俄罗斯、

1 软性项目包括：教育、政府治理、医药卫生以及直接关系受援国人民健康的供水、卫生（sanitation）、妇女、食品、计划生育和灾害应急等。Axel, Dreher, Andreas Fuchs, Bradley Parks, Austin M. Strange, and Michael J. Tierney, *Aid, China, and Growth: Evidence from a New Global Development Finance Dataset*, AidData Working Paper #46. Williamsburg, VA: AidData, 2017.

2 2017年度全球软实力排行前10位的国家依次是：法国、英国、美国、德国、加拿大、日本、瑞士、澳大利亚、瑞典、荷兰。中国排名第25位。Portland and USC Center on Public Diplomacy, *The Soft Power 30: A Global Ranking of Soft Power 2017*.

3 国家卫生健康委员会卫生发展研究中心课题组认为，中国对外卫生发展援助的年度总投入约3.77亿美元。中英全球卫生支持项目（GHSP）政策简报第36期《中国医疗卫生成套项目援助：从工程援建向功能援助转变》，http://cps.nhfpc.gov.cn/ghsp/zcjb/list.shtml，2018年3月31日登录。

4 2015年英国官方发展援助资金（双边项目）中，卫生类占比13.1%（10.03亿英镑）。Department for International Development, *Statistics on International Development 2016*, https://www.gov.uk/government/statistics/statistics-on-international-development-2016，2018年3月28日登录。

5 自2015年创建至2017年12月31日，世卫组织突发事件应急基金共收到成员国捐款4509万美元，前四名捐助国为德国（1393万美元），日本（1083万美元），英国（1053万美元）和中国（200万美元）。WHO, *Contingency Fund for Emergencies: Enabling quick action to save lives*, March 2018, http://www.who.int/emergencies/funding/contributions/cfe-impact-report-web2018.pdf, 2018年3月28日登录。

6 Sara M. Allinder, Center for Strategic & International Studies, "World AIDS Day 2017: Time for the U.S. to Recommit to the Global HIV Fight," December 1, 2017, https://www.csis.org/analysis/，2018年3月28日登录。

中国和印度合计份额为0.45%。[1]

最后是战略性重点不够明确。中国的卫生发展援助已遍及五大洲上百个国家和国际组织，但实施过程难以包容、平衡各方要求，经常暴露出主观随意性，"因国施策"和因地制宜做得较差，未能实现国家战略、外交政策与卫生外交目标的有机融合。一些项目不是雪中送炭，而是锦上添花，浪费了原本就稀缺的资源。相对而言，其他大国历来重视外交政策与卫生外交的一致性，卫生外交重点明确，资源投放目的性强，在这方面，美国、俄罗斯、日本和英国等国的经验值得中国借鉴。例如，为防控当代头号传染性病魔结核病，俄罗斯做出了不懈努力。日本的国家卫生外交战略以帮助发展中国家实现全民健康覆盖为基本愿景，2017年年底又宣布为此提供总额29亿美元的国际援助，受到国际社会普遍欢迎。

悉心培育，支持民间社会组织参与全球卫生 全球卫生外交特别强调超越国境、文化和族裔界限的民间交流、理解与互助，注重包容贫困居民、难民等最容易被忽视的弱势群体，努力通过向目标区域和目标人群普及适用医药卫生服务与知识来改善健康状况，促进民心相通。

过去的30年中，参与全球卫生的民间社会组织（CSO），无论是数量、作用和国际影响力都有了史无前例的增长，已经成为全球卫生事业不可或缺的重要行为体和利益相关方。目前各国卫生与健康领域的民间社会组织大约有3000家，[2]其中不乏诸如美国的红十字会（ARC）和适宜卫生科技组织（PATH），源于英国的乐施会（Oxfam）、救助儿童会（Save the Children）和玛丽斯特普（MSI），源于法国的无国界医生组织（MSF）等一批"名牌"机构。实践证明，在双边或者多边卫生合作中，即便官方（包括国际组织）具备强烈意愿和充足资源，若缺乏民间社会组织的积极参与、配合，卫生外交努力很容易成为空中楼阁。

改革开放以来，中国的民间社会发生了历史性巨变，如今仅在民政系统注册的非营利性社会组织接近81万家。[3]但令人遗憾的是，由于文化、理念和体制等内外因素，其中真正涉足全球卫生的社会组织可谓凤毛麟角，更遑论有组织能够提供具有跨国影响力的全球卫生公共产品。在私人财富连年高速增加的背景下，中国民间并不缺少支撑相关事业的财力，但我们并没有产生类似比尔和梅琳达·盖茨基金会那样能够为全球卫生事业做出公认杰出贡献的民间社会组织，个

1 2000—2020年度全球疫苗与免疫联盟（GAVI）所获捐款中各捐助方占比与数额（美元）：英国24.84%（51.937亿），美国10.42%（21.795亿），比尔和梅琳达·盖茨基金会19.60%（40.982亿），俄罗斯0.37%（7800万），中国0.02%（500万），印度0.02%（400万）。GAVI: Key figures: donor contributions & pledges 2000-2020, http://www.gavi.org/funding/donor-contributions-pledges/, 2018年3月28日登录。

2 Sonja Bartsch and Lars Kohlmorgen, "The Role of Civil Society Organizations in Global Health Governance," in Wolfgang Hein, Sonja Bartsch and Lars Kohlmorgen eds., *Global Health Governance and the Fight Against HIV/AIDS*, Palgrave MacMillan, Houndmills, Basingstoke, Hampshire, UK and New York, 2007, p.92.

3 截至2018年3月31日18时，在中国民政系统注册的社会组织已经达到809006家，http://www.chinanpo.gov.cn/search/orgindex.html, 2018年3月31日登录。

抓紧营造制度性条件，积极培育、鼓励和支持中国民间社会组织参与提供全球卫生公共产品。

中原因非常值得深思。中国民间社会组织在全球卫生领域的缺席，已经对中国的全球卫生外交产生多重不利影响。营造一整套制度性条件，积极培育、鼓励和支持中国民间社会组织参与提供全球卫生公共产品，已是事不宜迟！

四、中国应尽早发布本国的全球卫生战略

国家的全球卫生战略是一国政府对外发布的综合性全球卫生立场文件，它宣示发布国对外政策中卫生安全和卫生发展援助的定位，明确提出今后4—5年间的行动方案与重点。2006年瑞士政府率先公布了全球卫生外交政策，此后美、英、法、德等主要西方大国和挪威、土耳其、欧盟也相继发布全球卫生战略或通过专门决议。作为影响力日益彰显、已经接近世界舞台中央的大国，中国应认真设计、制定本国的全球卫生战略，这是中国特色社会主义进入历史性的新时代后，国家可持续发展、全球卫生事业进步和人类命运共同体建设共同的要求。

全球卫生是当代全球治理的一个重大主题，它同和平与发展的时代主旋律密切相关。由于卫生和健康议题的普遍性和跨境性，全球卫生亦是全球公共产品中最薄弱的一个环节，它要求全体主权国家、国际组织和其他非国家行为体无一例外地积极参与，通力合作。唯此，才能够取得像消灭天花那般惠及所有地球人的成就。[1] 对于中国来说，没有人民健康，就没有民族昌盛和国家富强；对于世界来说，没有全民健康覆盖，就无法实现2030年可持续发展议程。

在中国快速发展的过程中，国际社会常提的一个问题，就是一旦富强，中国将如何在世界上使用其财富和力量。[2] 中国经济总量在今后一段时期内将稳居世界第二，综合国力还将持续增强。作为世界最大的发展中国家，大幅度增加对全球卫生事业三大方面的投入，将是利己又利人的明智之举。在此过程中，中国需要加强与所有行动方的沟通、交流与合作，同时也难免在相关领域面临误解、挑战、竞争，甚至遭遇战略性的敌视和防范（特别是在全球卫生安全领域）。如何应对这些问题，考验着中国的胸怀、决心与智慧。

中国提出的建设人类命运共同体的主张，日益受到国际社会的理解与欢迎。全民健康是每位中国公民和每个家庭快乐美满、实现中国梦的基础，也是建设人类命运共同体的内在要求。[3] 贯穿于《世卫组织组织法》（Constitution of WHO）

1 Scott Barrett, *WHY COOPERATE? The Incentive to Supply Global Public Goods*, New York: Oxford University Press Inc., 2007.

2 陆克文：《中国为世界带来巨大改革红利》，《人民日报》，2017年11月1日，第4版。

3 习近平说："国家富强，民族复兴，最终要体现在千千万万个家庭都幸福美满上，体现在亿万人民生活不断改善上。千家万户都好，国家才能好，民族才能好。"《在2018年春节团拜会上的讲话》（2018年2月14日），《人民日报》，2018年2月15日，第2版。

和《世界人权宣言》的最基本价值观是尊重人的生命与尊严。中国如何在发挥自身影响力的过程中"以人为本"，高擎人道博爱的普世价值观大旗，巧妙平衡国家安全、国民利益和全球公益的关系，避免"零和博弈"或冷战思维影响人类健康大业，实现共同、综合、合作、可持续的安全与发展，需要理性、深邃的战略眼光，全面准确的分析判断和脚踏实地的具体行动。

2017年10月，被称为"站在世界地图前"召开的中国共产党第十九次全国代表大会在各方关注中落下帷幕。此后，中国各项事业都面临着新的发展任务和机遇，卫生发展、卫生安全和卫生外交亦不例外。未来在卫生与健康问题上，中国打算怎样应对重大挑战、抵御重大风险、克服重大阻力、解决重大矛盾，如何进行具有许多新的历史特点的伟大斗争，这是国际社会非常关心的大事。及早完善并公布中国的全球卫生战略，便于外界更好地理解中国意图，知晓中国方案，也有助于进一步推进中国在全球卫生治理中与各国政府、国际组织和其他非国家行为体的合作，实现全球卫生的共治、共享和共赢。

45年前，世界历史学界泰斗汤因比（Arnold J. Toynbee）预言：今后中国将对整个人类社会的和平与发展起决定性作用。[1] 人们有理由期待，一个坚持改革开放和世界人权观的中国，一个对全球卫生事业有着使命感和大国担当的中国，能够为促进全人类健康作出较大贡献。

1［英］汤因比，［日］池田大作著，荀春生、朱继征、陈国梁译：《展望21世纪——汤因比与池田大作对话录》，北京：中国国际文化出版公司，1999年第2版，第280—285页。

专题：新时期的中国外交

国际大变局下的中俄关系及相关思考

冯玉军 *

内容提要：近年来，国际战略格局与世界秩序加速调整，大国关系经历深刻转变。但在大变局下，中俄关系始终保持良好发展势头，政治互信不断加深，务实合作稳步推进，国际战略协作水平日益提升，人文合作硕果累累。与此同时，中俄关系也面临一些新现象和新问题。在世界处于剧变之际，我们应对中俄关系多做一些细致深入的思考，客观评估中俄关系的国际战略边际效用，精细权衡中俄关系的经济成本与收益，更好把握中俄关系与中国其他对外关系的互动。

关键词：中俄关系　世界大变局　国际战略

当下，国际形势正经历冷战结束以来最深刻的演变。全球化进程有所退潮、大国力量对比加速变化、国际战略格局深度调整、各国公共管理遭遇难题、不同社会思潮相互角力。经历了冷战后四分之一世纪的发展，世界正进入一个充满混沌与焦灼的新时期，人类正在和平与冲突、发展与衰退、开放与孤立、自由与保守之间面临再一次重大的权衡。

在国际环境发生剧变的条件下，中俄关系在政治、经济、安全、人文等领域持续深化，取得了新的进展。但中俄关系不是孤立存在的，它既影响着国际局势的变化，也受到中俄各自发展战略和国际环境的制约。因此，对中俄关系的一些深层次问题进行深入思考，是确保中俄关系可持续发展和国际秩序平稳转型的重要保障。

冯玉军　复旦大学国际问题研究院教授、副院长、俄罗斯中亚研究中心主任。

一、国际大变局的主要特点

当前，国际战略形势变化的首要特征之一就是全球化进入了一个相对的“间歇期”。

从全球层面而言，一方面，受世界经济增速放缓、贸易自由化受阻和全球价值链确立、国际贸易分工格局基本定型等因素影响，近年来全球贸易增速持续下滑，连续4年低于3%的增速，国际贸易对世界经济增长的拉动作用大幅下降。[1]而全球投资从新兴经济体向发达经济体特别是美国回流，支持了美元和美国股市的持续走强。与此同时，新兴经济体却再次遭遇货币贬值、股市下跌的困难，面临维护货币稳定还是促进经济景气的两难选择。美元的持续走强和其他货币的相对疲软也体现出国际货币体系的转型有所退潮。另一方面，WTO多哈回合谈判无果而终，普惠性的全球贸易投资规则被多方忽视。与此同时，保护主义、孤立主义、民粹主义、保守主义纷纷抬头，全球化的核心价值观念，如自由、开放遭受前所未有的质疑。

从地区层面而言，一是欧盟面临主权债务、难民、安全等重重危机，英国脱欧更是对欧洲一体化进程带来了数十年以来最沉重的打击，欧洲一体化的不确定性在增强。二是俄罗斯倡导的欧亚一体化进程虽然逆势而上，完成了由关税同盟向欧亚经济联盟的升级，并实现了成员国的扩展，吉尔吉斯斯坦和亚美尼亚相继加入。但从实际效果上看，联盟并未有效促进成员国之间商品、投资、人员、服务的自由流动，贸易转移效应要大于贸易创造效应，白俄罗斯和哈萨克斯坦等成员国的不满情绪在潜滋暗长。三是在东亚地区，中日韩东亚一体化进程基本停滞，区域全面经济伙伴关系（RCEP）倡议尽管近期有所提速，但难以在短期内取得实质性进展。四是特朗普不仅对北美自由贸易区提出强烈质疑，还宣布退出TPP，使奥巴马近几年在这方面的努力大打折扣。但可以肯定的是，TPP不会就此消失，而是会以其他面目出现。

在大国力量对比方面，最引人关注的是美国的实力地位和对外战略正经历深刻转型，呈现出非线性、复合型调整的特征。近年来，美国遇到国际战略、经济、国内政治制度和价值观等各种问题，国内稳定性、战略自信心和国际领导力都有所下降，因此引发了国际上有关“美国衰落”的热议。“美国实力衰落、霸权地位受损”、“国际权力重心加速东移”的说法流传甚广，不仅成为不少国际问题学者的口头禅，甚至成为一些国家战略决策的重要依据。

---

1 根据世界贸易组织(WTO)公布的数据，第二次世界大战结束后的60年间，世界贸易年均增长率高达6%。在2008年全球金融危机前30年内，世界贸易增长率是世界经济增长率的两倍。但是，自2012年以来，世界贸易增长率一直低于世界经济增长水平。世界贸易组织估计，2016年世界贸易将仅增长1.7%，为2008年全球金融危机以来的最低水平。

然而，任何事物的发展都不可能是笔直、线性的，而更多呈现出立体化螺旋前进的特征。在经历了金融危机后几年的阵痛之后，美国的制度弹性和自身修复能力正促使其适应新的环境，并着眼于未来大国战略竞争调整的战略和政策。可以看到，美国正引领世界新能源革命、新工业革命和新军事革命的潮头，其硬实力没有实质性衰退。随着“水力压裂技术”在美国油气生产领域的广泛运用，美国的油气生产取得了突破性进展：2011年，美国超过俄罗斯成为世界第一大天然气生产国；2014年，超过沙特阿拉伯成为全球最大的石油生产国。这些创新技术不仅为美国带来了巨大的竞争优势、在很大程度上帮助美国实现了“能源独立”，还将对世界经济发展、油气地缘政治和国际权力分配与重组带来历史性影响。2008年金融危机以后，以美国为代表的主要工业化国家推出一系列旨在振兴制造业的战略举措，使全球工业发展模式发生巨大变革。在推动“新工业革命”方面，美国通过大力推动创新成果的产业化、激发能够主导未来产业竞争的人才潜力、以智能创新和智能制造提高制造业生产率等措施取得了长足进展。在金融领域，美元无论是在全球贸易结算、国际金融计价和各国国际货币储备方面仍然占据其他货币无法比拟的优势。在军事方面，美国也在核武器现代化、全球反导防御系统、全球即时打击系统和网络战领域加大投入力度并取得了切实进展。不久前美国国会通过了2018年国防预算，超过7000亿美元。特朗普也强调未来将进一步扩大美国的国防开支。如果按照苏珊·斯特兰奇的结构性权力有关霸权依赖于“安全、生产、金融、知识”四大支柱的指标进行考察，[1] 我们并未看到美国霸权的实质性衰落。

综合实力回升和自信心受损之间的张力促使美国着眼未来大国竞争，积极进行战略调整，抢占国际规则制定权和制度建设主导权。在经济层面，美国着力推动新的国际贸易投资规则谈判，力图在新一轮全球化浪潮中占据先发位置，以更高的贸易、投资和服务标准维护自身在全球劳动分工体系中的核心地位，给中国等新兴经济体的发展设置更多障碍。在这方面，奥巴马政府和特朗普的战术不同，但其战略出发点是一致的；安全上，美国借助甚至操纵乌克兰危机和南海危机等“可控混乱”，明显强化了北约—跨大西洋安全体系及其在亚洲的安全同盟体系，在给对手制造麻烦的同时，增强了自身在欧洲和亚太安全结构中的存在。

可以肯定地说，在经历了2008年金融危机的阵痛之后，美国正在重塑其国家实力与国际地位，尽管此次美国大选乱局丛生，但“美国衰落论”不符合正在迅速变化的现实，而以“美国衰落论”作为国家战略决策的起点将带来巨大风险。但随着美国更多地以“巧实力”制造“可控混乱”，一些潜在的地区矛盾和冲突可能激化。“潘多拉盒子”一旦打开，后果难以收拾。因此，能否继续担当世界“负责任的领导者”成为考验美国霸权的核心要素，也关系到世界的安全与稳定。

1［英］苏珊·斯特兰奇：《国家与市场》，杨宇光等译，上海人民出版社，2012年版。

随着大国国力对比的变化，国际战略格局正加速盘整，“多极化”的可能与“无极化”的风险同时并存。冷战结束后，关于以国际权力结构为核心的国际战略格局的讨论存在截然不同的观点。在美国新保守主义派所宣扬的“单极世界”和“单边主义”失势之后，“多极世界”和“无极世界”的论调盛极一时。但可以肯定，从冷战时期的“两极格局”向新格局的过渡将是一个漫长的过程，当今的世界确实正在经历“多极化”的过程，但这并不意味着“多极世界”已经成为现实，当前国际战略格局的基本特征仍是“一超多强”，“多极化”是不均衡的，而非同质、匀速的过程。具体而言，就是美国凭借综合国力复苏和规则制订权仍然是世界上唯一的“超级大国”，其国际地位在未来20—30年间仍然是稳固的，不太可能受到实质性挑战。中国在经历30年的改革开放之后，已经跃升为世界第二大经济体，综合国力迅速提升，参与全球治理的意愿和能力也明显增强，但在资源、战略和心理方面还没有完全做好领导世界的充分准备；欧盟和日本尽管遇到了社会福利包袱沉重、人口老龄化、债务负担、难民危机等多重挑战，但仍在努力调整政策以适应新的环境，在世界经济和全球发展中的地位不可低估；俄罗斯除了军事实力之外，其综合国力在继续下滑，对世界经济、国际金融以及全球治理的影响力在继续萎缩，但借助军事力量维护大国地位、实现地缘政治目标的可能性却在增强。

随着大国国力对比的变化，国际战略格局正加速盘整，“多极化”的可能与“无极化”的风险同时并存。

在“一超多强”格局基本保持的同时，行为主体的多元化正日益成为国际关系的现实。各种各样的跨国公司、部落教派、家族势力等积极参与现实利益与权力分配，对国家的命运甚至地区安全局势发挥着至关重要的影响。非政府组织、极端主义和恐怖主义团体甚至个人，都可以借助复杂的关系网络、先进的技术和传播手段对现实世界产生日益重大的影响。此外，国际议事日程日益复杂化与碎片化。技术进步、气候变化、金融风暴、恐怖主义、难民危机、跨国犯罪无一不冲击着既有的生活方式和传统的国际治理模式，日益强化的相互关联度和依然顽固存在的国际“无政府状态”之间形成了巨大落差。如何构建起能够应对全新挑战的全球治理体系不仅关系到每个国家的安全，更关系到人类的整体命运。行为体增多与议事日程复杂化的重要后果就是国际权力的分散化。没有一个国家、包括美国拥有绝对的霸权，没有一个机制、包括联合国能解决所有的国际议题。

在世界经济和国际战略格局经历如此重大变化之际，国际社会在构建新的国际秩序方面却面临共识缺乏、领导力不足的挑战。所谓国际秩序，就是在一定世界格局基础上形成的国际行为规则和相应的保障机制。冷战结束以来，旧的雅尔塔体系分崩离析，但新的国际秩序远未形成。在新秩序构建的过程中，各国之间的观念分歧、利益矛盾常常阻碍着共识的达成。由于行为主体的多元化、利益和观念的多样化以及国际议事日程的复杂化和碎片化，可以肯定，国际新秩序的构建将是一个漫长曲折、多轨并进的过程，不可能像二战后的雅尔塔会议和布雷顿森林会议决定战后秩序一样。

在国际安全领域，我们看到的是既有安全机制的效率递减和新安全疆域的治理真空。比如，联合国安理会的改革步履维艰，在一些重大国际安全问题上难以达成一致意见，否决权常常成为某些常任理事国维护自身利益的“护身符”，这一方面导致安理会的威信下降，难以真正维护国际安全与和平；另一方面导致在缺乏共识的情况下，一些大国常常甩开安理会另起炉灶，通过其他方式解决问题。比如，2014年的克里米亚危机中，俄罗斯动用否决权阻止了安理会通过不利于俄的决议，但美欧却通过单边措施对俄罗斯实施了制裁。

在传统安全机制效率下降的同时，很多新兴的安全领域几乎处于真空状态，根本没有相关的安全共识和安全机制进行治理。比如在国际军控与裁军领域，一方面，随着美国退出《反导条约》并加速发展全球导弹防御系统，俄美之间的战略平衡在日益弱化。而另一方面，既有的国际裁军进程根本无法涵盖太空军事化和网络安全等重大安全问题。美国正是利用这一“真空”加速发展全球即时打击系统、提升网络战能力，通过占据新一轮军事革命的先机而维护其军事优势，但目前的国际军控与裁军机制并无法对其形成有效的制约。而在国际反恐领域，尽管恐怖主义已经成为全球性威胁，但国际社会至今对什么是恐怖主义并未形成共识，在反恐行动中更是存在着“双重标准”，而反恐行动又常常与地缘政治角力相互缠绕在一起，致使国际上难以形成统一的反恐联盟，大大降低了应对恐怖主义的功效。

在世界经济领域，情况就更加复杂。既有机制的改革、重组与新机制的创立并行不悖，但不同机制之间也存在着竞争，更没有什么机制能够一统天下、包治百病。在全球贸易领域，WTO多哈回合谈判停滞不前，而美国正试图主导新的制度性安排以重塑全球性贸易和投资规则。在世界银行、国际货币基金组织（IMF）等由西方发达国家主导的国际金融机构改革进展缓慢之际，亚洲基础设施投资银行（AIIB）、金砖国家新发展银行等新兴多边国际金融机构则应运而生。新老机制之间未来会形成合作互补还是相互竞争的关系，还需要拭目以待。在全球气候变化领域，发达经济体和发展中经济体经过艰苦的谈判，最后达成《巴黎气候协定》。但这并不意味着气候变化问题的国际谈判与机制建设画上了句号，今后在这一领域还将有许多工作需要完成。

随着国际政治经济领域的新变化，绝大多数国家社会分化严重，遭遇公共管理难题。全球化以资本、技术、商品的更大范围流动促进了贸易和经济的增长，但迅速增长的财富被少数人所占有，世界范围的贫富阶层的收入差距在进一步拉大。全球化的得益者主要是那些拥有资本、资讯、知识技能密集以及精通国际语言的精英阶层。未能融入国际经济网络，或者体力劳动者与很多传统产业，往往面临全球化尤其是移民潮的巨大冲击。美国经济政策研究所（EPI）的一份报告显示，自20世纪70年代起，收入不平等现象即在各个州有所抬头，经济危机之后越演越烈。从2009年起至2013年的全部收入增长中，美国收入最高的1%富人的占了85.1%。同期，全美24个州的收入增长超过半数进了1%富人的腰包，这些人的收入是美国人平均收入的25.3倍。而自认是中产阶层或中上阶层的人口数量占总人口数量的比例，从历史上长期的60%以上剧降至50%以下。与此同时，技术的进步特别是智能化生产的日益推广在改善人类生活水平的同时，也带来了相应的社会问题。机器人，或者说各种自动化设备正对中产阶层的生存构成了日益严峻的威胁。与数十年前不同，日新月异的数字化浪潮让办公室里的白领有了失业风险。有研究预测，今后20年至少有70%的岗位将受自动化威胁。这将使个人、企业乃至整个社会的组织运行方式可能都需要做出相应的调整。[1]

失业、贫富差距拉大、竞争加剧等带来的生存压力和心理挫败感使很多国家的社会中下层的政治不满积聚，民粹主义大行其道、传统政治精英进退失据，社会抗议运动此起彼伏。在上述种种深刻的社会变革面前，传统公共管理模式正面临越来越多的挑战。如何在经济发展的同时促进社会的公正，在效率和平等之间达成合理、动态的平衡？如何在技术进展、贸易自由的条件下保障社会政治稳定？如何在新媒体蓬勃发展、传播手段日新月异之际，在传统精英政治和平民政治之间达成妥协？这一切都是执政者需要迫切回答的问题，随波逐流和智慧而有力的领导将带来截然不同的后果。

社会生活的变化必然在思想领域有所反映。当前国际政治思潮的突出表现就是保守主义抬头，自由主义价值观遭受质疑。冷战结束以来，以自由主义为核心的“华盛顿共识”一度大行其道，但四分之一世纪的世界发展却没有如同福山所预言的那样指向“历史的终结”，经济、社会和政治矛盾以新的形式表现出来。针对社会发展的现实，世界政治思潮也出现了明显的转向。在2014年第11届“瓦尔代”论坛上，普京提出“过时的苏联时代意识形态、复旧的保皇主义和西方的极端自由主义都不适合俄罗斯”，提出“俄罗斯若想成为大国，必须依靠扎根本国传统价值观的务实的保守主义。”[2] 普京“新保守主义”的理论内核在于“政治上的威权民主、经济上的国家资本主义、对外政策上的强国思想和文化上的东正教传统”，与强调小政府的美国版保守主义不同，俄罗斯保守派看重的是

---

1 美国《耶鲁全球化》在线杂志2016年8月5日发表美国国防大学研究员T. X. 黑姆斯一篇题为《全球化面临终结吗？对国际安全意味着什么？》的文章认为，与前几次工业革命相比，第四次工业革命正以指数级而非线性速度发展。另外，它正扰乱各个国家的几乎每个行业。这次变化的宽度和深度预示着整个生产、管理和治理体系的转变。黑姆斯预计，第四次工业革命将在今后30年展开，给制造业和服务业带来惊人的进步。全球经济无疑会在许多方面发生变化，但制造业、服务业、能源和农业似乎都在走向本地化生产。其影响正使全球化速度减缓并可能使其发生逆转。必须密切关注全球化趋势并调整国家安全政策，以适应新的经济和政治现实。

(T.X.Hammes, “The end of globalization? International security implications,” *Yale Global Online,* August 5, 2016. http://yaleglobal.yale.edu/content/end-globalization-international-security-implications)

2 Путин: консерватизм в России не означает самоизоляцию, https://ria.ru/politics/20141024/1029959401.html.

独揽政治权力，而经济权力根植并从属于政治权力。而在美国，特朗普的当选使美国保守主义在“最小化的中央政府、自由市场、传统的道德价值”三根核心支柱之外，增添了草根民粹主义和强人政治等新内容。在欧洲，保守主义思想也全面回潮并在现实政治领域攻城略地，保守主义政党在多国政治生活中的影响迅速上升。

保守主义的广泛复兴将对世界产生怎样的影响？是经济上的保护主义、政治上的孤立主义、文化上的排外主义？还是如俄罗斯宗教哲学家别尔嘉耶夫所言：“保守主义的含义不在于它成为向前和向上发展的阻力，而在于它能抑制倒退和向下方向的发展？”[1] 这一切，都需要拭目以待。

世界正进入一个充满了混沌与焦灼的新时期，人类正面临着再一次重大的权衡。

总而言之，经历了冷战后二十余年的发展，世界正进入一个充满了混沌与焦灼的新时期，在和平与冲突、发展与衰退、开放与孤立、自由与保守、民主与专制之间，人类正面临着再一次重大的权衡。

二、中俄关系进一步深化

近年来，“作为中国特色大国外交的重要实践和成功典范，中俄全面战略协作伙伴关系在继承中发展，在开拓中前行，不断融入新思想、注入新动力、迈出新步伐，为两国和两国人民带来实实在在的福祉，为维护世界和地区的和平稳定作出了重要贡献。中俄关系是最健康、最稳定、最成熟的国家间关系典范，也是中国特色大国外交成功实践的一个缩影。”[2]

一是政治互信不断加深。2014年，中俄两国发表共同声明，中俄全面战略协作伙伴关系进入新阶段。近五年来，习近平主席六次访俄，同普京总统举行了20多次会晤，创下两国元首会晤纪录。正是在两国元首的顶层设计和战略引领下，中俄全面战略协作伙伴关系不断迈上新台阶。2017年 5 月，普京总统出席“一带一路”国际合作高峰论坛，发出了俄罗斯支持“一带一路”倡议并将积极参与其中的明确信号。2017年7月，习近平主席访问俄罗斯。期间，中俄两国签署了《中华人民共和国和俄罗斯联邦关于进一步深化全面战略协作伙伴关系的联合声明》《中华人民共和国和俄罗斯联邦关于当前世界形势和重大国际问题的联合声明》《〈中华人民共和国和俄罗斯联邦睦邻友好合作条约〉实施纲要（2017年至2020年）》《中华人民共和国外交部和俄罗斯联邦外交部关于朝鲜半岛问题的联合声明》以及经贸、农业、能源、基础设施建设、金融、文化、创新、媒

---

1 Николай Бердяев., «Философия неравенства», Москва : АСТ : Хранитель, 2006, Ст.29.

2《中国驻俄大使：十九大为深化中俄关系指明方向》，http://www.china.com.cn/19da/2017-10/27/content_41805402.htm。

体、信息网络、检验检疫等领域多项双边合作文件。在随后的上合组织阿斯塔纳峰会和二十国集团（G20）汉堡峰会上，中俄两国协调立场、共同发声，呼吁国际社会摒弃贸易保守主义，推进贸易自由化、经济全球化深入发展，摒弃冷战思维和零和博弈思维，推动国际秩序和全球治理体系朝着更加公正合理的方向发展，共同构建人类命运共同体。

除元首定期会晤机制外，双方建立了以中俄总理定期会晤机制为核心的完备的政府间合作机制，其中包括5个副总理级的合作委员会。两国地方还积极发展友好省州、经贸结对省州，扎实开拓地方合作新局面，体现了中俄关系的高水平和全面性。2017年10月31日，俄罗斯总理梅德韦杰夫来华进行正式访问并出席中俄总理第二十二次定期会晤，成为十九大后首位来华访问的外国领导人，这充分体现了中俄关系的紧密性和高水平。

二是国际战略协作水平迅速提升。2015年年末出台的俄罗斯新版《国家安全战略》将中俄关系称为“维护全球和地区稳定的关键因素”。2016年6月普京访华期间，中俄发表《关于加强全球战略稳定的联合声明》和《关于协作推进信息网络空间发展的联合声明》。[1] 2017年7月习近平主席访俄期间，中俄双方签署两份重要政治文件。《中俄关于进一步深化全面战略协作伙伴关系的联合声明》表示，“无论国际形势如何变化，都将恪守《中俄睦邻友好合作条约》；相互视对方为外交优先伙伴；遵循两国元首达成的共识，相互支持对方维护主权、安全和领土完整等核心利益的努力，支持对方走符合本国国情的发展道路，支持对方发展振兴，支持对方推行自主的内政方针。”[2] 《联合声明》还强调，“中俄是建立全面战略协作伙伴关系的两大邻国，同为第二次世界大战战胜国、联合国安理会常任理事国和主要新兴市场国家，认为当前国际形势仍然复杂多变，双方有责任、有义务、有必要在国际和地区事务中开展更加密切有效的协作，共同促进地区及世界的和平稳定和繁荣发展。从当前实际出发，基于两国发展和维护新型国家关系的共同经验，中俄将以人类团结和共同利益为基础，推动国际秩序朝着更加公正、合理的方向发展。双方将全面加强国际领域战略协作，在外交工作中优先重视彼此就国际问题进行沟通，就各自重大政策和行动加强协调，深化各自外交部门、驻对方国家使领馆、各自驻第三国外交代表机构之间的合作。”[3] 如此全方位地开展外交协调，是中国与其他国家关系中所没有的。

《中俄关于当前世界形势和重大国际问题的联合声明》表示，“在两国建立和

1《中华人民共和国主席和俄罗斯联邦总统关于协作推进信息网络空间发展的联合声明》，新华社，2016年6月25日电。

2《中华人民共和国和俄罗斯联邦关于进一步深化全面战略协作伙伴关系的联合声明》，新华社，莫斯科2017年7月4日电。

3《中华人民共和国和俄罗斯联邦关于进一步深化全面战略协作伙伴关系的联合声明》，新华社，莫斯科2017年7月4日电。

发展新型国家关系的成功经验基础上，基于对国际关系和国际法的共同主张和理念以及对当前国际形势及重大问题的一致看法和立场，本着维护和平、推动合作、共创未来的精神，呼吁国际社会加强协作，凝聚共识，以人类团结和共同利益为基础构建国际关系，合力应对当前国际和地区形势中的威胁和挑战”，[1] 并对国际战略形势、联合国的地位与作用、打击国际恐怖主义、加强全球战略稳定、国际网络空间安全与治理、人权、建设开发型世界经济、双方在一系列新型全球和地区治理机制中的合作、朝核、叙利亚、阿富汗及伊核等国际热点问题表达了相同或相近的立场。

三是务实合作稳步推进。2015年，中俄就丝绸之路经济带与欧亚经济联盟对接达成一致，并发表共同声明。短短一年后，普京总统又倡议共建“大欧亚伙伴关系”。中俄两国联手推动欧亚国家合作、打造欧亚命运共同体的抱负日益明晰。2017年10月，中国与欧亚经济联盟签署《关于实质性结束中国与欧亚经济联盟经贸合作协议谈判的联合声明》。这是中国与欧亚经济联盟首次达成的重要经贸方面制度性安排，将推动双方在欧亚地区减少非关税贸易壁垒，提高贸易便利化水平。

两年多来，在中俄双方共同努力下，对接合作取得积极成果。2017年，中俄克服重重困难，经贸合作呈现稳中向好的发展态势，合作规模和质量同步提升。中国海关数据显示，2017年中俄双边贸易额为840亿美元，同比增长20.8%，中国继续为俄第一大贸易伙伴，俄为我第11大贸易伙伴。双边贸易结构持续优化，机电和高新技术产品贸易保持两位数增长。中国企业对俄投资日趋活跃，双方确定了包含73个重点项目的投资合作清单。

战略性大项目合作全面深化。2017年7月，两国元首就加快能源、核能、高铁、航空航天、基础设施、北极开发等领域战略性大项目合作达成重要共识，指明了双方务实合作发展的方向。目前，中俄东线天然气管道、亚马尔 LNG 等能源项目顺利实施。中俄远程宽体客机已正式命名为 CR929，项目研制进入实质阶段。同江铁路桥、黑河公路桥项目工程建设按计划推进。双方积极探讨北极地区开发和北极航道利用，打造“冰上丝绸之路”。

经济技术合作步伐加快，双方企业合作意愿不断加深，合作方式也更趋多元化。据不完全统计，在俄中资企业逾1200家，涵盖能源、工程承包、交通、机械、汽车、家电、手机、通信、农业、金融、物流、电商、轻工等领域，其中央企40余家。近期，我国某共享单车在莫斯科召开新闻发布会，正式进驻俄罗斯市场，为双方经贸合作增添新色彩。

农业合作持续升温。去年以来，中俄农业合作稳步发展，成为双边贸易新的

1《中华人民共和国和俄罗斯联邦关于当前国际形势和重大国际问题的联合声明》，新华社，莫斯科2017年7月4日电。

增长点。两国农产品相互准入不断扩大，不仅拉近了双方利益融合的纽带，也为两国消费者带来更多实惠。2017年1—6月，中国自俄进口农产品逾10亿美元，同比增长4.1%，中国已成为俄罗斯第一大食品出口目的国。中国企业也积极参与远东地区农业开发，开展“种养加”一体化农业合作项目，取得良好的社会经济效益。

两国融资、保险、证券、支付等领域金融合作深入推进，银行间合作日益密切，目前，中国工商银行、中国农业银行、中国银行、中国建设银行、国家开发银行、中国进出口银行等6家中资银行均已在俄设立分行和代表处，我五大国有商业银行与俄同业银行共建立300多对代理行关系，人民币在俄清算业务已启动，俄企业成功在华发行熊猫债券；地方合作蓬勃发展，中方是俄远东地区第一大进口来源地、第二大出口目的地和最大的外资来源地，中国企业在俄远东地区投资项目达28个，规划总投资约40亿美元。

跨境电子商务方兴未艾，已成为双边经贸合作的新亮点。2016年，中俄电商贸易额约23亿美元，占俄跨境电商贸易总额的54%，俄80%的跨境电商订单来自中国电商网站。阿里“速卖通”已成为俄最大的外国电商平台，并于2017年初启动了本地化业务。

未来，中俄在务实合作领域的重点方向是：一要提高贸易自由化水平，健全海关、检验检疫、物流等合作机制，消减非关税壁垒，支持跨境电子商务发展，扩大贸易规模；二要促进投资便利化，简化项目审批程序，放宽劳务限制，落实优惠政策，更好保护投资者合法权益，为双方投资合作营造法制化、国际化、便利化的营商环境；三要加强发展战略对接，发挥总理定期会晤机制的统筹协调作用，推动能源、航空航天、基础设施、卫星导航、数字经济、北极开发、远东开发等领域战略性大项目合作不断取得新进展，打造两国合作新亮点；四要深化金融合作，扩大本币结算，降低双边贸易投资成本；五是扩展合作平台，充分发挥中俄博览会、东方论坛等作用，为两国企业特别是中小企业合作牵线搭桥、加油助力。中国将于2008年11月在上海举办首届中国国际进口博览会，这将为俄方商品更便利地进入中国市场提供一个新的窗口。[1]

三是中俄两军关系正向更广领域、更深层次不断发展。目前，中俄两军在高层互访、联演联训、专业交流、国际会议、国际军事比赛、军技合作、人员培训等多领域开展务实合作，逐步形成了全面多元的格局。2017年6月，中俄两国国防部长签署了《2017—2020年中俄军事领域合作发展“路线图”》，该“路线图”对中俄2017—2020年的军事合作进行了顶层设计和总体规划，这是两国高水平战略互信和战略协作的具体体现，有利于双方携手应对安全领域的新威胁、新挑

1《李克强总理接受俄罗斯国际文传电讯社书面采访》，http://www.gov.cn/premier/2017-11/29/content_5243284.htm。

战，共同维护地区和平稳定。年度战略磋商、军事技术合作委员会的建立、上合组织框架下的“和平使命”联合军演、中俄海军“海上联合”演习、中国武警部队与俄罗斯国民卫队“合作”联合反恐训练……中俄两军已建立起可持续的机制架构。“海上联合—2017”演习是中俄两国海军组织的年度例行性演习，旨在巩固发展中俄全面战略协作伙伴关系，深化两军友好务实合作，增强两国海军共同应对海上安全威胁的能力，不针对第三方。2017年7月22日—27日，中俄海军在波罗的海完成了“海上联合—2017”第一阶段的演习。2017年9月24日，参加中俄“海上联合—2017”第二阶段演习的中俄海军舰艇编队在鄂霍茨克海进行了海上横向模拟补给演练。此外，中俄两军于2017年12月11日—16日在北京举行“空天安全—2017”中俄第二次首长司令部联合反导计算机演习，演习目的是双方通过共同演练防空反导作战筹划、指挥、火力协同等内容，应对弹道导弹和巡航导弹对两国领土的突发性和挑衅性打击。这些举动标志着中俄军事战略、战术协作正迈向前所未有的高水平。

四是人文合作硕果累累。近年来，中俄人文合作发展迅速。2007年开始，中俄先后成功互办国家年、语言年、旅游年、青年友好交流年。2015年5月中国国家主席习近平访俄期间，两国领导人宣布2016和2017年为“中俄媒体交流年”。在“中俄媒体交流年”框架下，双国共举办400多项活动，精彩纷呈。习近平主席2017年7月访俄期间，由中国国际广播电台和“今日俄罗斯”国际新闻通讯社联手打造的“中俄头条”移动应用双语客户端正式上线，展示了两国新媒体领域合作的最新成果，为两国人民加深相互了解开辟了全新窗口和良好平台。2016年10月，双方共同举办“丝路中俄”全媒体采访中国行活动，两国近10家主流媒体走访“丝绸之路经济带”沿线重要城市，全面报道“一带一路”建设与欧亚经济联盟对接合作。2017年4月，中俄合拍大型系列纪录片《这里是中国》在俄RT电视台、中国CCTV等主流媒体播出，通过镜头向世界讲述中国精彩故事、传播中俄友好声音，获得两国广泛关注与热烈反响。两国媒体在亲密接触、深入交流的同时，也共同在两国国内和国际上做大做强了中俄关系的“宣传队”，展示了新时期中俄两国的国家形象。虽然“媒体交流年”2017年年底即将收官，但相信已经“活”起来和“火”起来的中俄媒体交流会继续深入开展，为两国关系和人民友谊传声助力。

在教育领域，中俄两国互派留学人数不断上升。2015—2016年，在俄高校学习的中国学生人数为22529名。在俄所有外国留学生中，中国学生人数排第三，仅次于哈萨克斯坦和乌克兰。俄在华留学人员总数1.6万余人，双边教育领域长、短期人员交流总数达7万余人。双方正为2020年中俄互换留学生规模达到10万人目标而不断努力。目前，俄罗斯有22所孔子学院或课堂和200余所大中小学开展汉语教学，中国有22个俄语中心和300多所大中小学开展俄语教学。2016年俄罗斯试行将汉语列入国家统一考试科目，汉语考试将于2020年正式纳入俄罗斯国家统一考试体系，这些举措在俄中小学生间掀起新的汉语学习热潮。2017年9月，中俄首次联合创办综合性大学深圳北理工—莫斯科大学已经正式开学。

旅游合作领域，中国每年赴俄罗斯的游客数量早逾百万，连续多年保持着俄罗斯最大外国游客客源国地位；同时，中国也跃居俄罗斯游客第二大出境旅游目的地国。随着中国游客对俄罗斯了解的不断深入和中共六大会址常设展览馆的建成开放等，除传统旅游目的地和景点外，“红色旅游”线路正成为中国游客的热门首选。双方还积极探索以极地自然观光、葡萄酒为主题的新旅游线路。同时，双方更加重视发展旅游配套服务，探讨放宽互免团体旅游签证政策，提升旅游服务质量。莫斯科、圣彼得堡等俄主要大城市增设机场和景点中文标识、提供中文咨询和导游服务、优化“银联”等支付系统……这一系列“量身打造”的贴心举措极大优化了中国游客的旅游体验。同时，三亚、北戴河等城市在俄罗斯也成为炙手可热的来华旅游度假胜地，宜人的滨海风光和完善的旅游服务日益吸引众多俄罗斯游客接踵而至、流连忘返。

人文合作的开展拉近了两国人民间的距离。俄罗斯社会舆论基金会2017年2月发布的民调结果显示，50%的俄受访民众认为，中国是俄罗斯的战略与经济伙伴，创下2005年以来的新高。[1] 相应地，在中国百姓心目中，俄罗斯也已成为重要的国际伙伴。双方民众间亲近感的提升正是中俄关系全面高速发展的真实写照。

三、对中俄关系的几点思考

近400多年来，俄罗斯始终在中国对外战略中具有举足轻重的地位，对中国的安全、稳定、发展乃至制度建设和文化变迁都有着至关重要的影响。一方面，近代以来帝国主义国家中从中国“得利最大的是沙俄，以后延续到苏联。沙俄通过不平等条约侵占的中国土地，超过一百五十万平方公里。十月革命后也还有侵害中国的事情”，特别是“第二次世界大战接近胜利时，美、英、苏三国在雅尔塔签订秘密协定，划分势力范围，极大地损害了中国的利益”，而从20世纪60年代起中苏关系“真正的实质问题是不平等，中国人感到受屈辱”；[2] 另一方面，自20世纪20年代国民党改组和中国共产党的建立，中国历史发展的道路就受到了俄罗斯的深刻影响，不仅从苏联那里接受了马克思列宁主义的意识形态，而且在新中国成立后一度推行了向苏联“一边倒”的对外政策并几乎全盘接受了苏式政治、经济和文化体制。

---

1 Россия-Китай-США: отношения в стратегическом треугольнике, https://wciom.ru/index.php?id=236&uid=116055.

2 邓小平：《结束过去，开辟未来》，《邓小平文选》，人民出版社，2001年版，第293—295页。

可以说，俄罗斯对中国的影响是全面、深刻而复杂的，这也导致了中国人对俄罗斯的认知是纠结而矛盾的：有的把俄罗斯视为天然的伙伴与盟友，有的则视俄为作恶多端的“恶邻”。毫无疑问，如何全面、客观、理性、深入地认识俄罗斯，如何准确定位俄罗斯在中国国家战略和对外战略中的地位和作用，如何在坚持“世代友好、永不为敌”和“不结盟、不对抗、不针对第三方”的原则基础上更积极主动地引领中俄关系平稳、健康、可持续的发展，是未来中国必须完成的重大课题。

历史经验表明：中俄两国只能友好，不能对立；中俄双方合则两利，斗则两伤；中俄关系只能搞好，不能搞坏。

历史经验表明：中俄两国只能友好，不能对立；中俄双方合则两利，斗则两伤；中俄关系只能搞好，不能搞坏。但同时需要明确的是，中俄关系不是在“真空”，而是在具体的国际环境中存在、运转，它不仅会对国际局势的发展变化产生影响，同样也受到国际环境的诸多制约并进而作用于中国的外部环境。特别是在世界处于剧变之际，对中俄关系多做一些细致深入的思考，无论是对中俄关系的可持续发展、对中俄各自的国家利益而言，还是对国际秩序的平稳、顺利转型而言，都是必要的。

一是应客观评估中俄关系的国际战略边际效用。在国际大变局的背景下，中俄两国都不乏以结盟或以紧密的军事、安全协作来应对美国压力的观点。这种传统的大国关系“均势论”忽视了当下国际关系日益复杂的现实，也忽视了中俄两国在国家利益、国际身份和国际战略取向等方面的差异。首先，当下的国际关系早已不像冷战时期那样仅仅是单纯的地缘政治，经济融合、人文联系、文化接触、共同应对全球性挑战的需求使今天的中美关系与当年的美苏关系不可同日而语，以结成军事同盟的方式与美国形成全面的竞争与敌对关系不符合中国的国家利益。其次，尽管俄美关系处于冷战结束以来的冰点，但俄罗斯从主观愿望上是希望与美改善关系，出兵叙利亚的重要目标就是试图“逼和”美国，迫使其恢复与俄罗斯的合作。对于俄罗斯战略界来说，促使其他国家成为美国的最大对手是转移自乌克兰危机以来美国对俄压力、摆脱当前困境的最好方式。因此，对俄与华形成紧密关系以对抗美国的主观可靠度是存疑的。2016年12月1日，普京总统批准2016年版《俄罗斯对外政策构想》，对发展与欧美的关系做出了全方位阐述，相形之下对“向东转”并未着墨太多。[1] 可以肯定，2018年俄罗斯总统选举之后，俄罗斯外交的重点将放在调整和改善自乌克兰危机以来不断恶化的对美欧关系上来。最后，尽管自2014年以来，俄罗斯以武力夺取克里米亚、强势出兵叙利亚的行动令世人瞠目，但俄罗斯的综合国力存在诸多短板，参与全球治理的

1 Концепция внешней политики Российской Федерации, Утверждена Указом Российской Федерации от 30 ноября 2016, №640. http://www.kremlin.ru/acts/news/53384.

能力与影响力日渐匮乏，未来还将面临经济增长模式畸形、人口结构恶化、创新能力不足等诸多挑战，其抗衡体系变化和内外压力的阈值值得观察。在中美俄力量对比发生历史性变化、而国际关系已远非如冷战时仅是地缘政治的情况下，俄罗斯很难像中美苏三角关系中的中国一样发挥“四两拨千斤”的作用。总体而言，今天的中美俄关系已不像冷战时期的中美苏大三角一样互动紧密，中美、中俄、俄美三组双边关系各有各的价值、各有各的逻辑，简单的“二对一”对抗方式不符合中国的利益。

二是中俄关系的经济成本与收益如何权衡。苏联解体25年来，中俄两国的经济合作取得了突飞猛进的发展，双边贸易额实现了几十倍的增长，近年来相互投资也进入了一个快速发展阶段。近来，两国在实现丝绸之路经济带与欧亚经济联盟对接方面达成了政治共识，并开始就具体路径和方式进行谈判，两国甚至商讨建立“大欧亚经济合作关系”。但不容忽视的是，无论中俄经济合作如何密切，鉴于俄罗斯的经济体量与经济结构，中俄经济合作对于中国经济发展特别是转型升级的拉动作用都将是有限的。中俄当然应该努力挖掘两国间的经济互补性以实现“共同发展”，但不宜对双边经济合作对各自经济发展和世界经济走向的影响期待过多。更何况，迄今为止双方还在探索如何实现“共同发展”的路径和方式。以地区合作为例，尽管双方在2009年签署了有关“东北振兴与远东开发相互对接”的协议，在其中罗列了200多个项目，但受制于多重因素的影响，该协议基本上没有落实。

三是如何把握中俄关系与中国其他对外关系的平衡。中国正在日益接近世界舞台的中心，中国的利益范围和影响波段是越来越广的，这就要求中国应该更坚决地奉行独立自主的外交政策和方针，要将中俄关系置于中国的外交全局中加以考虑，既要稳步推进中俄关系的可持续发展，也要注意其可能造成的广泛国际战略影响。

在国际大变局下，中国需要充分运用自身的实力、影响和智慧主动引导和塑造中俄关系的发展，对于议事日程的设定要更加主动并具前瞻性，对中俄合作的范围、深度和节奏要有更加清醒的把握。

专题：新时期的中国外交

新政治周期下的中俄关系

——俄罗斯专家的视角

［俄］伊戈尔·杰尼索夫

内容提要：本文旨在分析俄罗斯专家对中共十九大召开和俄罗斯总统大选后新的政治周期下中俄关系发展的讨论。在分析官方文件和专家评论基础上，指出了2018—2024年俄罗斯对外政策优先事项总体特征，兼及其对中俄关系可能产生的影响。作者主张对俄罗斯专家群体依照其对实施“转向亚洲”政策和推进中俄关系等问题的看法加以分类。在文章结语部分，建议开展中俄“二轨外交”式对话。

关键词：俄罗斯　对外政策　中俄关系　专家共同体　政治周期

导　语

本文作者把新的政治周期与俄罗斯和中国在2017到2018年间发生的政治事件关联起来。2017年10月召开的中共十九大确定了中国新的发展规划，不止中期，且是长期的规划。按照党的文件表述，即中国特色社会主义的新时代，这是一个相当长的时期。党的代表大会组建了新的领导集体。2018年3月18日，第十三届全国人民代表大会选举习近平为中华人民共和国主席和中央军委主席。

重要的宪法修正案得以通过，现任中国领导人在对外政策方面的主要思想在其中也得以体现，浓缩表述就是建设“人类命运共同体”的提法。中共十九大

［俄］伊戈尔·杰尼索夫　俄罗斯外交部莫斯科国际关系学院（МГИМО）东亚与上海合作组织研究中心高级研究员，俄罗斯科学院远东研究所东北亚战略问题研究中心高级研究员。

修改了党的章程，其中提到“一带一路”倡议，该倡议不仅成为习近平全方位外交的“名片”，也是中国对外开放政策的进一步发展。2017年在中国首次举办了“一带一路”国际合作高峰论坛，习近平发表了重要讲话。俄罗斯总统弗拉基米尔·普京出席论坛并在开幕式上致辞，强调了中俄合作保障欧亚大陆可持续发展的重要性。普京致辞中关于全球经济和技术空间碎片化的担忧，与习近平主席在2017年1月达沃斯世界经济论坛上讲话中的主要提法相互呼应。因此，两国在反对国际关系碎片化和逆全球化方面秉持了相近的立场，主张开放思维、自由贸易、国际机制作用优先。

2018年问世的中国政府机关的新架构，以提升国家治理质量为宗旨，这不仅是基于深化经济改革的任务，也是面对当今瞬息万变国际局势带来的挑战时，探索有力回应所必需的。

在俄罗斯发生的事件，也有类似的意义和深远影响。2018年3月18日，普京再次当选为俄罗斯联邦总统。整个2017年的普京竞选活动进程中，专家们的热烈讨论涉及国家社会经济发展和体制改革的重大问题。在普京总统授意下，斯托雷平俱乐部[1]（代表俱乐部呈递纲要的是俄罗斯联邦总统企业家权益保护事务全权代表、全俄社会组织“实业俄罗斯”共同主席鲍里斯·季托夫）和战略研究中心（“战略研究中心”基金会理事会主席是2000年至2011年任俄罗斯财政部长的阿列克谢·库德林）[2] 都拿出了自己的方案。俄罗斯联邦政府也起草了2025年以前俄罗斯经济发展的综合规划。

由于外部风险、威胁加大和俄罗斯与西方关系的恶化，俄罗斯领导人一方面在面对制裁的条件下实现了进口替代、技术现代化和提高俄罗斯经济发展稳定性的任务；另一方面，也曾致力于找到外交层面的应对之策。因此，莫斯科不得不一直探寻在主要世界大国玩家之间保持平衡关系的支点，包括运用所有可能的手段，从强硬的（如弗拉基米尔·普京在2018年3月1日致联邦会议国情咨文的军事部分所展现的），到相对温和乃至和解式的（如在弗·普京胜选后旋即与美国总统唐·特朗普举行的电话交谈，其间，在建设性的基调下探讨了双方开展经济合作，及在诸如朝鲜半岛、叙利亚、乌克兰危机等重大国际问题上相互协作等议题，甚至指出了为举办峰会铺平道路的重要性）。[3]

跟在中国一样，俄罗斯政治领导层把提高国家治理质量看成是保障长远发展的主要因素。在反腐败斗争框架下，一系列高级官员被抓，如，萨哈林州州长亚历山大·霍洛沙文、科米共和国行政长官维切斯拉夫·盖杰尔、基洛夫州州长

1 http://stolypin.institute/o-nas/（俄文网站）

2 Предложения по стратегии развития России будут сведены в объединенную программу. ТАСС: http://tass.ru/ekonomika/4294984

3 http://kremlin.ru/events/president/news/57100（俄文网站）

尼基塔·别雷、经济发展部部长阿列克谢·乌柳卡耶夫。在中国和俄罗斯近年来风声鹤唳的反腐调查要案及随之而来的一系列高官的去职，表明了如同在已过去的中俄两国政治周期一样，在2023年（中国）—2024年（俄罗斯）以前的新一轮政治周期里，两国领导人在国内政治领域将要解决相似的问题。新的政治周期将因进一步的高层人事变动而引人注目。在中国，这一进程始于中共十九大召开前夕，在俄罗斯，也是在2018年总统大选以前（权力部门和地方权力机关换将，显然在总统就职仪式以后还会继续）。

从上述情况看，虽然在国内议程上有某些明显差别、在经济实力上显得不对称、与世界大国的关系发展状况不大一致，中国和俄罗斯在新的政治周期里所面对的是一系列相同的任务，因此，客观上可能深化共同利益。

可以想象，在两个伟大邻国命运将发生历史性转折的关头，认真地相互研究和各层级开诚布公的对话，不仅可以为中俄双方经贸、科技和人文合作找到新的增长点，也能在世界经济发展不稳定、全球竞争日趋激烈的条件下，让两国在国际上能占据更有利的位置。

本文着眼于在中共十九大召开后、俄罗斯总统大选以后中俄专家对话持续发展做出些许贡献。文章分三个部分。

在第一部分里，基于对俄罗斯官方文件和专家发表文章的分析，对过去的一个政治周期里的俄罗斯外交政策做出总结，勾勒出弗拉基米尔·普京在新的总统任期里将确定的对外政策优先事项，以及尝试对中国在当今俄罗斯对外政策中的位置做出评判。

在第二部分里，作者力求证明，俄罗斯“向东转”的政策，虽以强化对华关系为有机的、优先的组成部分，却依然是俄罗斯学者和专家之间争吵不休的话题。因此，作者想要对讨论“向东转”问题时俄罗斯专家表达的意见进行分类。

在第三部分里，作者会列举出一些发展中俄专家对话的建议。

“普京外交”与总统新一任期的对外政策优先选项

弗拉基米尔·普京的每一个总统任期，都因决定了俄罗斯对外政策基本优先选项和内容的国内外挑战的特殊组合而各有千秋，与此同时，普京治下的所有时期，发展对华关系一直是俄罗斯外交最稳定和最可预见的要素，俄罗斯与西方的关系则是最变幻无常和不稳定的。

在第一个总统任期里（2000—2004），普京做到了与欧美关系的加强，发展了与北约的合作。俄罗斯联邦的总统，与美国的小布什总统、英国的布莱尔首相、德国的施罗德总理确立了良好关系。2001年纽约的9·11恐怖事件发生后，普京支持了美国领导人打击恐怖主义的立场，2002年5月，两国总统在莫斯科签署了《关于削减进攻性战略力量条约》（Strategic Offensive Reductions Treaty,

SORT）。反恐议题的迫切性在普京的第一个总统任期里被强化的原因在于，当时俄罗斯军队正在高加索地区执行着打击恐怖主义武装力量的任务，按普京的话讲，这些武装是俄罗斯领土完整的首要威胁。[1]

在第二个总统任期里，在对外政策领域，俄罗斯与西方关系呈现出恶化势头。2007年2月10日，普京在慕尼黑安全会议上发言时，猛烈抨击了美国的对外政策及其单极世界思想。普京坚决反对北约东扩计划和在东欧部署美国的反导设施。[2]

第三个总统任期，是在被动地解决地缘政治任务、应付主要因慕尼黑讲话而引发的关系破裂和危机的艰难条件下度过的。乌克兰事件和收复克里米亚，不过是强化了已有的对抗局面，让俄罗斯与西方关系的危机变得更严峻了。2014年，美国、欧盟及另外一些国家，对俄罗斯采取了第一轮制裁措施。在打击恐怖主义斗争方面俄罗斯出现了重大的转折，从第一个总统任期开始，该斗争就是“普京路线”的重要部分。基于当代恐怖主义带来的威胁，普京从消灭有限的俄罗斯境内的恐怖主义分子转向与之展开国际化斗争。为此，俄罗斯参与到了叙利亚局势的调节进程，在俄空天部队的帮助下，从伊斯兰国恐怖分子和其他极端主义组织手中解放了一些叙利亚阿拉伯共和国的城镇。2017年12月，普京宣布，在叙利亚领土上将保留并长期运行两处俄罗斯军事基地赫梅米姆机场和塔尔图斯港口。普京强调，“这是捍卫俄罗斯国家利益、在一个首要的和战略性方向上保障俄罗斯安全的重要因素”[3]。在俄罗斯的积极参与下，伊朗核问题得以解决，在2015年签署了相关协定。[4] 普京不止一次表明，莫斯科将积极地支持这一协定。虽然由于俄罗斯轰炸机苏–24被击落，俄土关系激化到了极点，局势在2016年内就得以扭转。在叙利亚确立向政治调节过渡的条件，主要是莫斯科、安卡拉和德黑兰共同努力的结果。这一案例表明，“普京外交”并非只有强硬和旋风，在某些特定情形下也有灵活性和达成妥协的艺术。诚然，鉴于俄西关系的急剧恶化，这种妥协的边界和施展空间被大幅压缩了。

2016年6月30日，在驻外使节和常驻代表会议上的讲话中，普京指出了俄罗斯对外政策的基本方针和外交部工作中务须重视的国际问题。[5] 因为这是西方发起制裁以后的首次使节会议，普京表示，“一小撮华盛顿的精英自以为可决定在哪些问题上与我们合作、在哪些问题上对我们施加各种压力，包括制裁”，莫

1 http://kremlin.ru/events/president/transcripts/24562; http://kremlin.ru/events/president/transcripts/23261

2 http://kremlin.ru/events/president/transcripts/24034

3 http://kremlin.ru/events/president/news/56516

4 http://kremlin.ru/events/president/news/19685

5 驻外使节和常驻代表会议的传统始于普京第一任期，自2002年始该会议每两年举办一次。2016年6月30日至7月1日在莫斯科举办了第8次俄罗斯联邦驻外使节和常驻代表会议。

斯科“不买他们的账”。[1] 对美关系的唯一基础，用总统的话讲，是“在乎相互利益的平等伙伴关系”。说到中俄关系，俄罗斯领导人将其看成平等和利益的相互考量之关系准则的体现。在2016年的使节会上，普京强调说，中俄之间的合作与信任关系达到了前所未有的高水平。

2012年总统大选前，普京发表了《俄罗斯与变化中的世界》一文，[2] 与之不同的是，2018年总统大选前普京没有发表类似专门阐述对外政策的公开文献，也没公布关于内政问题的竞选纲领（2012年1—2月，在3月4日大选日到来之前，普京撰写并发表了七篇文章[3]）。

普京为何用传统的在联邦会议发表国情咨文的方式，替换了已经尝试过的、借助纲领性文章与选民对话的模式呢？

第一种说法，是与政治技巧有关：最大限度接近投票日的一次演说（况且是仅有此次才使用的方式——第一回不是在克里姆林宫的格奥尔基耶夫大厅发表演讲，而是在马涅什广场）可确保引起国内和国外听众的关注。另一种解释是某些专家的说法，这与普京在政治体制中的角色变化、自由主义反对派的竞选活动事实上的破产有关——现任总统在选举日来临时，不仅是一位重量级政治家，且已拥有了“全民领袖”的形象。亲普京选民的高度团结一致是西方施压的结果（因斯克里帕尔中毒事件俄英对立升级），这种支持在中期前景看来的确有可能会动摇，特别是在经济改革没有取得进展的情况下。与此同时，还有一个原因说明为什么普京没有发表指导性纲领，是因为权力精英内部就一系列重要的内政问题未能达成妥协。许多早已箭在弦上的经济决定，如果在紧挨大选的节点发布，或许会对选民心理产生不良影响。下列问题都处于潜在的冲突地带，如，增加居民税收负担、养老金改革、改变财政政策的优先安排次序、国防支出问题、扩大或缩小国家对经济的干预，等等。

于是，总统致联邦会议的咨文，可以被视为竞选文件，标示出来的仅仅是有关下一个政治周期内由政治精英达成妥协的范畴。关于有争议问题的决定，估计很可能会在2018年至2019年拍板。

有三种可能的发展脚本：（1）靠国家和国有企业投资来刺激经济和加工部门的优先发展；（2）经济的自由化、保障有质量的增长，其中，要达到降低国有经

1 http://kremlin.ru/events/president/news/52298

2 Владимир Путин. Россия и меняющийся мир // «Московские новости», 27 февраля 2012 г.

3 Россия сосредотачивается — вызовы, на которые мы должны ответить // «Известия»,16 января2012 года; Россия: национальный вопрос// «Независимая газета», 23 января .2012 года; О наших экономических задачах // «Ведомости», 30января2012 года; Демократия и качество государства // «Коммерсант»,6 февраля .2012 года; Строительство справедливости. Социальная политика для России// «Комсомольская правда», 13февраля 2012; Быть сильными: гарантии национальной безопасности для России // «Российская газета», 20 февраля 2012 года; Россия и меняющийся мир // «Московские новости», 27 февраля 2012 года.

济在经济中的比重；（3）经济的军事化（加大国防工业发展力度、提升对军工研发的资助水平，强化反制裁措施，深化进口替代政策）。只有第三种脚本可能导致对外政策方针的实质性调整，滑向与西方“冷战”的情境。

本文作者认为，第一种和第二种脚本组合的可能性很高，虽然改革的具体方针、内容和深度将取决于同西方关系的演进，以及政权的整合（总统办公厅、政府和强力系统的人事变动）。对中俄关系而言，第一种和第二种脚本提高了双方合作的可能性，并且，第二种脚本对中国在俄投资机会是最住的。

与此同时，在大多数俄罗斯专家看来，2018年3月1日咨文中提出的对国防问题的侧重，不意味着偏向经济的军事化脚本的选择是最终的和不可逆的，或者说，它仅仅是相对于其他选项而言有一定优先性。普京对联邦会议成员的演讲并不意味着莫斯科在向不可控的军备竞赛下注，更多是提醒深思，技术进步如何改变着全球安全局面，让许多军事系统（例如，反导系统）变得毫无用处。总统演讲的基本思想在于，美国通过发展反导系统和其他新一代武器相谋求对俄罗斯的决定性军事优势的战略，已经破产。

按弗拉基米尔·巴拉诺夫斯基院士的观点，莫斯科传递的信号，不仅仅有对抗的成分，也有合作的潜能。[1] 另一位俄罗斯的分析家瓦西里·卡申也认为，弗拉基米尔·普京的演讲包含着对新一轮军控谈判的要求，仰仗已取得的军事技术成就，莫斯科出于实力希望能够进行军控谈判。在卡申看来，俄罗斯总统的意思是，俄罗斯已经成功克服了美国反导技术发展对俄罗斯安全的负面影响，并呼吁就国际安全开始新的谈判。

“总体来看，普京的演讲表明，俄罗斯在不断发展的全球军事技术竞赛中占据着坚实地位，尽管比美国和中国参与竞赛的项目要少。这为战略稳定，或是各个领域的技术伙伴关系等问题的未来交易的谈判奠定了好的基础”，[2] 瓦西里·卡申如此总结。尽管对美国和西方言辞严厉，普京在国情咨文中表达了面对全人类的全球威胁俄罗斯与西方能够合作的希望。

卡内基莫斯科中心主任德米特里·特列宁认为，俄罗斯未来几年对外政策的关键优先事项是巩固俄罗斯在后苏联空间范围内的大国地位，缓解国家政治孤立的状况。[3] 在他看来，决定俄罗斯国际环境的最主要原因是与美国之间激化的冲突和与欧盟国家的进一步疏远。与大多数俄罗斯领军专家一样，德米特里·特列宁不认为在亚洲这边存在类似的激烈冲突与威胁。

按特列宁的观点，莫斯科在处理与北京关系上的行动逻辑由以下因素决定：

（1）与西方关系的危机提升了非西方伙伴、包括中国对于莫斯科的意义。

1 http://www.globalaffairs.ru/global-processes/Idu-na-vy--v-ramkakh-obyazatelstv-19401.

2 http://www.globalaffairs.ru/global-processes/Poslanie-prezidenta-Rossii-zayavka-na-uchastie-19402.

3 https://carnegie.ru/commentary/75892.

（2）主要任务是要与中国建成更富有成效的关系，中国正成长为世界大国、最大经济体，并且不会参加反俄制裁。

（3）中俄接近也有限度，这是由于俄罗斯倾向于避免在经济上依附于过于强大的伙伴，也因为总体上两国的利益与战略不总一致。

（4）维持友好关系无疑是优先事项，但是充当与北京联盟中的小伙伴不是克里姆林宫的计划。

经验丰富的外交官、前外交部部长（1998—2004年）、俄罗斯国际事务委员会主席伊戈尔·伊万诺夫认为，如果俄罗斯真正做到多方位，对外政策将会产生成效。他认为，俄罗斯的外交近年来在东方取得了很多成绩。然而，用他的话说，俄罗斯目前只是刚刚开始真正熟悉亚洲，直至今日也不是所有人都认为俄罗斯是亚洲必不可分的一部分。[1]

根据俄罗斯专家的评估，在中期的一段时间内、亚洲方向上，俄中关系将会相对可预测，并且成为积极因素。

因此，根据俄罗斯专家的评估，在中期的一段时间内、亚洲方向上，俄中关系将会相对可预测，并且成为积极因素。此外，专家们也在更大的环境下审视俄中关系的发展，即在俄罗斯与西方关系恶化，以及俄罗斯在亚洲方向试图使外交政策多样化的背景下考察俄中关系。

当前关于俄罗斯“向东转”与俄中关系的争论。专家意见分类。

本文作者同意著名政治学者、国际关系理论家安德烈·齐甘科夫的观点，不应将俄罗斯的政治体制简单化。[2] 根据齐甘科夫的看法，将俄罗斯体制简单化的主要错误在于忽视了体制的发展，当今既不能把俄罗斯称为成熟的民主，也不能称为纯粹的威权。当然，俄罗斯对外政策也在经历转型，因此对外政策也不应被简单看待。安德烈·齐甘科夫以西方为例令人信服地指出，历史上俄罗斯与西方关系并不存在单一的明确轨迹，而可能是与西方合作、对西方防御或强硬几种政策之一。在接受这一观点的基础上，本文作者想指出，需要对俄罗斯的对外政策专家群体进行更为复杂的分类，专家们深刻、客观的分析可以使国外观察者们更好地理解俄罗斯国内的争论。

在俄罗斯专家圈子中，就俄罗斯亚洲方向上的政策形成了两大主要的方向[3]。根据对待“向东转”成功与否、未来前景的态度，可以将专家中两大方向的代表人物称为“乐观派”和“怀疑派”。根据对待这一问题的各种观点，这两派是核

1 https://rg.ru/2018/03/23/ivanov-vneshniaia-politika-rf-budet-effektivnoj-tolko-mnogovektornoj.html.

2 http://www.globalaffairs.ru/number/Ekspansionizm-ne-dogma-15592.

3 作者感谢战略研究中心（Центр стратегических разработок）的专家安东·茨韦托夫提供涉及本节相关问题的材料与讨论。

心路线，而其他方法可以认为是边缘的。尽管其他专家群体在公共空间也拥有一定受众，但是大体上这些受众不属于专业的外交圈子。“乐观派”和“怀疑派”既有明确立场，又有对国家机关和媒体的影响力，并能将两者结合起来进行对比，才得以在政治界被严肃对待。

最重要的两派对待“亚洲维度”的立场是建立在研究俄罗斯对外政策、国际关系趋势等更宏观问题的方法之上的。关于与中国关系的理想状态、俄罗斯在亚洲的目标、东方政策的功能等问题的表述存在差异，是因为在两个根本问题上有不同答案，即：俄西关系未来的性质是什么？中美关系未来的性质是什么？而且，在第一个问题上，通常不是指抽象的西方，而指的是作为西方世界领袖与化身的美国。我们认为，专家们对这两个问题的回答刚好决定了他在俄罗斯东方（亚洲）政策上的关键问题的立场。下面我们将呈现这两派关于当今国际形势的主要观点，以及如何影响了俄罗斯专家对俄罗斯亚洲政策的争论。

“乐观派”

乐观看待“向东转”的结果与前景的思想派别代表来自高等经济大学世界政治系、瓦尔代俱乐部、俄罗斯外交与国防政策委员会，他们同时在两个甚至三个上述机构供职。

这一派研究者所依据的观点是，乌克兰危机后，俄罗斯与西方关系大不如前。在上一轮制裁升级、谴责干涉美国大选、斯克里帕尔案件等一系列事件之后，关系倒退的不可逆转在许多人看来已经非常明显。这一派专家认为，是西方首先破坏了现状，拒绝遵守欧洲空间原有的游戏规则。俄罗斯在拥有足够资源的条件下，对自身安全的客观威胁采取了坚决的回应。

乐观派专家认为，俄西关系构建新的范式的阻碍主要来源于美国遏制俄罗斯的长期企图，华盛顿无论如何也不会允许俄罗斯与西方国家接近，或是建立俄罗斯—欧盟全面伙伴关系。欧洲一致思想的崩溃，其典型表现是英国脱欧，使得继续遵循俄罗斯的“欧洲命运”变得完全无益。一些研究者指出欧洲已无法自立，已经完全丧失了主体性，沦为“华盛顿的影子”。

乐观派专家认为，处于类似被遏制对象的还有中国。中国实力的增长正威胁到美国的全球领导地位，尤其是在经济领域。因此美国极力在中国周边建立战略包围，想在亚太地区巩固自身地位，巩固联盟体系，建立排除中俄的封闭经济组织。美国正在建立新的联盟与伙伴关系（与越南、印度），意在遏制中国。长期来看，中美的军事—政治冲突不可避免，尽管经济上的高度互相依赖在很长一段时间内还将继续。

在这样的条件下，在经济领域俄中扩大合作对于俄罗斯来说不可避免且非常有益，因为美国将继续遏制俄罗斯，俄罗斯进入“自由世界”的任何尝试都将化为乌有。中国作为大国可能与美国抗衡，被看作是俄罗斯渴望的盟友。俄中在军事领域的相互关系自然而然会向着类似军事同盟性质的关系发展，但未必获得正式的形式。然而，哪怕是这种准同盟也将会是非西方世界影响增长、俄罗斯在安全领域利益保障的关键政治因素。为证明中国方面对于这一方案也持乐观态度，专家们列举了一些中国专家代表的观点，他们主张改变中国对外政策的不结盟性质。部分俄罗斯学者认为，军事—政治同盟的一些要素业已存在，摆在莫斯科和北京面前的是将俄中关系转变为正式的军事同盟这一迫切任务。

总之，乐观派积极看待近年来俄罗斯东方政策的成绩，尤其是俄中关系。实际上他们说，转向已经发生，中国对俄投资额增加。乐观派专家在评估中引用了不甚可靠的俄罗斯数据，运用了中国投资的统计数字，还引用了中方政府的口头表述（约330亿美元）。总而言之，在这一方面乐观派夸大了俄罗斯在对外经济方面的成就，还将数不胜数的《关于某某事的备忘录》也算进“成功”案例，殊不知哪一方也不会实现这些《备忘录》。

乐观派认为，俄罗斯参与中国的丝绸之路经济带倡议以及其与欧亚经济联盟对接，具有很大的机遇，还把自己视为对接的倡导者。中俄领导人关于对接所签署的宣言被认为是“向东转”所取得的最重要成就之一，是弥合俄中在中亚利益分歧的手段，还是欧亚经济联盟取得国际合法性的重要一步。开始在公共领域推广“大欧亚”思想之后，乐观派把对接看作形成非西方的大陆伙伴关系的一步，俄中将在其中扮演决定性的角色。

在各个颇具前景的倡议之中，乐观派尤为重视大欧亚伙伴关系，认为它应该成为把尽量多欧亚各国整合进俄中影响力的共同轨道之中的主要机制。在经济层面，第一步应该是欧亚经济联盟—中国之间，或是俄罗斯—中国之间的经济伙伴关系条约，如果文件签订的时间比参与的广度更重要，则更有可能是后者。这项日程对于俄罗斯经济发展也非常重要。

“怀疑派”

专家主流中的怀疑派没有明显的隶属机构，而是主要由俄罗斯外交部莫斯科国际关系学院、卡内基莫斯科中心、科学院各所、俄罗斯大型企业的个别专家构成。

怀疑派的代表承认俄罗斯与西方之间存在敌对利益，然而将目前关系破裂的主要原因归结于相互认知中的错误，以及冲突双方决策者错误的情境判断。如此一来，通过互相让步，辅以加深互信的措施，就能够使俄西关系重回建设性的轨道，尽管已经无法回到危机前的状态。

与“向东转”的乐观派不同，“怀疑派”认为，中美关系中合作的因素被低估了，并且就在不远的未来，两国就能够控制在亚洲竞争的程度。经济上高度的相互依赖，以及中国并未准备在东亚独自担负政治领导，给怀疑派提供了论据。因此，在某种条件下，维持美国在该地区的影响对于中国可能是有利的。

出于这一点，俄罗斯并没有必要与中国在政治上一体化，政治一体化会导致过分依附。许多怀疑派现实地评估了在乌克兰、克里米亚问题（中国的态度）和南海问题（俄罗斯的态度）上支持的程度。在上述问题中，两国都采取了中立立场。如此一来，在乐观派看来具有坚实基础、颠扑不破的反西方联盟的组合便破碎了。中国（既包括政府、又包括企业）在对俄制裁中的表现也得到了现实的评估。

怀疑派指出，尽管与中国经济关系的深化能够使俄罗斯借力最大实现经济增长，但更重要的是与中国合作要能够有助于俄罗斯经济多样化，而不是固化俄罗斯对油气的依赖。与中国结成军事同盟，运用现实主义范式推演的话，可能会给俄西关系带来更多摩擦，最终恶化俄罗斯的国际地位。由于怀疑派比乐观派中有更多的中国专家，他们更清醒地评估中国的意图，指出中国最高政治领导层没有建立军事同盟的类似计划。

怀疑派的代表倾向于最小限度地把俄中关系看作目的本身，最大限度地看作对外经济多样化的手段。怀疑派还指出了外交资源过于集中于中国的危险性，注意到有必要与印度、日本、韩国以及东盟国家充分展开合作。

怀疑派思想的显著特征是，对于俄罗斯“向东转”的有效性和战略特征持怀疑态度。目前取得的成就不具有根本性和不可逆的特征，而可能会迅速向反方向变化。以下思想逻辑可以充当论据：假设俄西关系突然回到危机前状态。在这种条件下，怀疑派认为，俄罗斯精英不会如同此前一样积极研究发展对外政策东部方向的问题。其结果就是，转向是不得已的，因此转向的成功也得不到保证。

怀疑派专家对于一带一路倡议本身，以及俄罗斯参与这一倡议的可能性也持有一定怀疑态度。中国倡议的模糊性使专家们对其前景表示怀疑，而俄罗斯缺乏诱惑力的商业环境也决定了，除了对于两国领导人而言具有美好前景和重要意义的项目以外，大型基础设施和投资项目的实现希望渺茫。怀疑派在俄罗斯与亚洲经济合作中的其他难题上的立场，这一逻辑也适用：在他们看来，俄罗斯经济的结构性缺陷盖过了“向东转”的积极政治动力。

怀疑派经常关注的另一个问题是，亚洲对俄罗斯的兴趣不足，相关官员专业化程度低，专家学者匮乏。这些因素也是“向东转”成效不足、未来不明的原因之一。相对乐观派，怀疑派中的亚洲问题专家比重更高，对于俄罗斯与亚洲大规模增进联系的必要性的呼声也比乐观派高。

其他派

以俄罗斯外交部莫斯科国际关系学院、俄罗斯科学院远东研究所、俄罗斯科学院东方学研究所、俄罗斯战略研究所、俄罗斯科学院世界经济与国际关系研究所的大部分研究者为代表的学术界主流都坚持最大限度采取中立立场，回避直接回答关于俄罗斯“向东转”中的复杂问题。官方学术机构只是对国家表述的补充，提供了对双边关系总体趋势的观察，并通过一些官方渠道和公共外交机构得以实现，例如俄罗斯国际事务委员会。

另一派人数较少，是“狂热派”（或称“超乐观派”），他们极为正面地对待“向东转”政策。亚洲伙伴在他们眼中被理想化了。亚洲伙伴的立场在他们看来很积极，而俄罗斯的回应不够积极。这一派包括一些记者、政论家、社会活动家（例如，活跃在伊兹博尔斯克俱乐部、《明日报》周围的人），他们能够接触公共领域，然而对于决策无法施加任何实质影响。这一派之中有一些狂热分子，认为他们的潜能未能得到运用，是因为政府中自由派不作为。

在所有专家中，狂热派具有最明显的意识形态特征、对反对者的评价最为激烈，反对西方这一要素又使他们与“乐观派”合流。在狂热派一篇典型文章中写道，俄罗斯国内有些势力向公众灌输中国有侵略性的想法，并把俄罗斯复兴的机会全都寄托在西方身上。[1] 乐观派也经常在文章中写道，俄罗斯好像形成了亲西方的游说团体，他们反对与中国发展关系，总体上反对向东转。[2] 狂热派和乐观派认为这些结论很明显站不住脚，文章中还说，俄中为了反美在政治领域的接近的想法无疑是有限度的、有害的。

“乐观派”说法中的投机取巧还说明了一个事实，在另一篇文章中同一作者得出结论，俄罗斯以自身的军事力量自给自足，将成为能够制约美国和中国走向争霸世界主导权的冲突的唯一力量。[3] “乐观派”搞不清自己的身份认同——到底是亲西方、还是反西方，亲华、还是反华——“乐观派”拿起政治和意识形态标签给反对者贴上，只是为了吸引别人关注自己对俄罗斯亚洲政策的见解。实际上，“怀疑派”属于政治主流，无法称他们的立场是反华的，或是亲西方的。此外，“怀疑派”认为，与中国发展睦邻与建设性的合作关系，对于俄罗斯是无可替代、自然而然的选择。两大主要流派的全部争论可以归纳为：值不值得建立“莫斯科—北京”反西方轴心。“怀疑派”的反对意见并非要试图阻止“向东转”，而是他们认为这一转向没有意识形态与反西方的基础。并且，怀疑派更为现实地看待俄罗斯对外政策中亚洲日程的独立性，因为他们不试图给这一日程加上特殊属性，认为与世界上其他力量中心开展对话也同样重要。

通常，带有对俄罗斯亚洲政策极为热情评价的、最鲜明的政治宣言，来自于只管理商业利益的一些人。对于他们来说，营造俄罗斯“向东转”的狂热氛围有助于他们隶属的具体公司进行利益游说。然而这一专家群体并不具备实质的政治影响力。

---

1 http://www.ruchina.org/china-article/china/241.html.

2 例如，参见 http://ru.valdaiclub.com/a/highlights/kitay-i-rossiya-ishchut-otvety-na-obshchie-vyzovy/.

3 http://ru.valdaiclub.com/a/highlights/mir-balans-sil/.

虽说专家意见五花八门，但有关“向东转”政策的争论主要还是在乐观派和怀疑派这两个最知情且离决策过程最近的群体之间展开的。他们之间主要的立场之争，也可映射出俄罗斯对外政策中基石性问题的争论。在表格1里，笔者归纳了两派的主要区别。

表1　针对俄罗斯向东看政策乐观派和怀疑派的主要区别

	专家群	
话题	乐观派	怀疑派
俄西关系	对抗具有系统性性质。必须议定游戏规则，但原有关系水平不可能恢复	对抗是双方政治上的失算和认知问题所致。尽快修复关系才是正常的东方政策所必需的。
中美关系	军事政治竞争增强在所难免。集团对抗场景可能再现。台湾问题和南海局势被视为最可能的冲突导火索。	中美合作面不亚于对抗面。下一步中美关系发展场景会有多种，可能有冲突，但非必然。最可能的是可控竞争，也未必达到激烈程度。
2014年以后“向东看”的成效	“转向”事实上已完成。俄罗斯外交不可逆地被重塑为以和亚洲国家接近为目标。	俄罗斯外交政策优先事项没变。亚洲政策是与西方关系的副产品，转向的成效是不确定的和可逆的。
中俄军事同盟	军事领域合作的加强是可能的和可取的。可确立与西方平等交往的潜力。	力量均衡的军事同盟或准同盟会让西方更专注于遏制中俄。这对俄而言是不可取的。
“一带一路”与俄罗斯的参与	“一带一路”与欧亚经济联盟的对接，可能成为中俄“聚集”欧亚国家的轴心。大欧亚计划的实施会给俄带来可观的经济收益。不过，更可观的是政治上的胜算，即可能在欧亚地区确立新的游戏规则。	“一带一路”是过于模糊的倡议，其前景并不确定。对华关系中经济因素的消极面远大于政治关系的积极面。

结语：如何推进中俄专家对话？

本文作者此前不止一次提过要推进中俄国际关系专家、双边合作问题专家的对话。[1] 表面上看，近年来中俄专家交往规模有实质性扩大，定期举办中俄关系问题研讨会和圆桌会，领军的科研中心和智库之间也建立了联系，中俄友好、和平与发展委员会框架下的专家理事会也在运行。2017年2月，经中国社会科学院

1 Игорь Денисов. Встреча на рейде. В отношениях России и Китая начинается новый этап. https://lenta.ru/articles/2014/05/21/putinchina/; Игорь Денисов. Москва и Пекин слушают друг друга. Как укрепить взаимное доверие в российско-китайских отношениях. https://lenta.ru/articles/2015/06/03/moscowbeijin/

提议，以俄罗斯东欧中亚研究所为依托，在北京成立了中俄战略协作高端合作智库。[1] 俄罗斯国际事务理事会也在定期举办中俄关系研讨会。

可是，中俄关系的高水平与日渐复杂化的外部环境，要求有更系统的中俄战略伙伴关系专家的工作。这一工作是政府间交往的补充，应着眼于发现问题、提出解决办法，能确定推进经贸和人文领域合作的优先事项，可就重大的地区和国际问题交换看法。

虽然中俄学术交流够频密，但笔者认为，两国之间缺少真正的“二轨外交”机制。类似机制缺失的原因之一，似乎是因为“二轨外交”在专家圈子和职能部门被看成是解决冲突的工具。在美国外交官和学者约瑟夫·蒙特维尔（Joseph V. Montville）20世纪80年代初首次使用“二轨外交”术语时正是这么界定的。按他的界定，“二轨就是政治冲突中的敌手之间非正式的建设性互动”。[2]

中俄应借助“二轨外交”机制解决一些问题。

中俄没有国家间冲突，是两国人民看不出有什么可替代睦邻和伙伴关系，但不意味着不存在能够且应该借助“二轨外交”机制解决的问题。因此要弄明白的是，学术交流与“二轨外交”的内容和目标无法相提并论。主要区别是，“二轨外交”针对的是伙伴之间存在的具体问题，而不是交流学术信息。第二个要点，如蒙特维尔所说，是互动的建设性。作为互动成果，一定要制定出解决问题的具体建议，或者共同行动的倡议，还要送达决策者。民间外交旨在更广泛的相互了解，也不能当成真正的“二轨外交”，后者要求参与者够专业，要闭门谈以便讨论细节、高效解决敏感问题。

高度政治互信的说法没错，但有时却错误地被解释成莫斯科和北京在某一领域完全一致，或者不愿意就双边关系中的问题搞任何公开争论。在笔者看来，现有中俄专家对话的主要不足是：互动的实际产出低、参与对话的人员范围窄、议题单一或几乎仅限于双边关系。广泛的接触基本上局限在中国的俄罗斯问题专家和俄罗斯的中国问题专家之间。这些人士对强化中俄关系而言是重要的，他们与直接负责确定两国合作主要优先事项的政府部门联系紧密。与此同时，不断提升的两国内政共性和在国际舞台上相互协作的新任务，都要求拓展对话内涵，并吸纳新的人员和机构参与对话。对话议程应拓宽，以涵盖世界经济的发展问题、全球治理机制的转型、数字经济和互联网管控、反恐问题、欧亚一体化方案进展问题、生态问题等。应当强化两国均很重视的区域问题（美国、欧盟、朝鲜半岛、中东、中亚）专家之间的联系。建立有退役的高级军官和情报官员参与的对话机制，或也有其益处。

1《中俄战略协作高端合作智库在中国社科院俄欧亚所成立》，中国日报网，2017年2月28日，http://world.chinadaily.com.cn/2017-02/28/content_28382215.htm。

2 Montville J. V. Track Two Diplomacy: The Work of Healing History // Whitehead Journal of Diplomacy and International Relations. - Vol. 17, No. 2, Summer/Fall 2006. - P. 15.

在新的政治周期里，两国要面对诸多巩固和发展战略伙伴关系的课题。国家关系的建设性发展，应基于专家们精准和及时的评估、信任、必要的沟通渠道及对话平台的效率。

专题：新时期的中国外交

中日关系可望走上正常发展轨道

张沱生

内容提要：2017年以来，中日两国关系的气氛发生了较大变化，双边关系总体趋稳向好。争取在2018年恢复两国领导人互访与正式对话，使中日关系重回正常发展轨道，已成为双方共同努力的方向。中日关系出现积极变化是由主客观多重因素决定的，双方的主观努力发挥了主要作用。然而，两国间的分歧、矛盾与战略互疑仍然比较严重，改善关系的程度也仍然有限。要使中日关系继续前进，既需要双方领导人的战略眼光、政治智慧与政治决断，也需要两国职能部门、广大民众一步一个脚印地在诸多领域共同做出新的努力。中日关系重回正常发展轨道将是两国朝着“互为合作伙伴，互不构成威胁”正确方向迈出的重要而关键的一步。

关键词：中日关系　中国外交　地区安全　分歧与危机管控

2017年的中日关系趋稳向好，2016年秋二十国集团领导人杭州峰会后两国关系稳定改善的趋势得以持续，两国关系的气氛发生了较大的变化。进入2018年，两国关系又有一个良好的开端。以《中日和平友好条约》签订40周年为契机，争取实现两国领导人互访与正式对话，使中日关系早日回到正常发展的轨道上来，已成为两国舆论的共同呼声。然而，中日两国间的分歧、矛盾与战略互疑依然严重，两国关系改善的程度也相当有限。在此形势下，要使两国关系稳定地获得进一步改善，重返正常发展轨道，需要中日双方共同着眼长远，脚踏实地做出新的、更大的努力。

张沱生　中国国际战略研究基金会对外政策研究中心主任，北京大学国际战略研究院理事。

一、中日关系出现趋稳向好势头

2012年秋，由于日本政府非法“购岛”，中日爆发钓鱼岛危机，两国关系一度走到军事冲突的边缘。在中日关系高度紧张的形势下，2013年底安倍首相又不顾中国的强烈反对参拜靖国神社，这不仅使当时两国稳定改善关系的初步尝试付诸东流，而且使双方的对话交流全部停滞，中日关系进一步恶化，跌入了恢复邦交正常化以来的谷底。

2014年年底，经过双方艰苦努力，中日两国在亚太经合组织（APEC）第二十二次领导人非正式会议（北京峰会）前夕达成四点原则共识。这是中日关系的一个转折点。两国关系停下了滑入对抗与冲突的步伐，开始了趋稳改善的进程。

2015年年中日关系跨过几道“坎”，[1] 没有出现大的震动，双方对话交流逐步恢复。然而，2016年中日摩擦再次上升，除在东海多次发生海空摩擦险情外，南海争端成为两国间一个新的严重摩擦点。在此形势下，双方的对话交流一度再次停滞。

2016年9月，习近平主席与安倍首相在二十国集团领导人杭州峰会期间实现非正式会面。这是双方稳定两国关系的一次新的重大努力。习主席在会面时指出：中日关系正处于爬坡过坎、不进则退的阶段，双方应减少绊脚石。双方领导人一致同意，应抓住中日邦交正常化45周年和两国签订和平友好条约40周年的契机改善中日关系，并应尽快启动中日海空联络机制。

在此次领导人会面之后，双方一度停滞或推迟的对话较快地得到了恢复，两国关系再次趋向改善。这为2017年两国关系趋稳向好创造了条件。

2017年中日关系出现的积极变化主要体现在以下六个方面：

一是海上争端形势有所趋缓。与2016年中日涉海摩擦一度大幅度上升的形势相比，两国在东海的态势相对平稳，尽管双方的博弈仍在持续，但双方行为都比较克制，未再险情迭出；两国围绕南海问题的摩擦则明显下降。

二是历史问题相对平静。2016年，不顾中国政府的事前警告，包括防卫大臣稻田朋美在内的多名日本内阁成员仍参拜了靖国神社。2017年情况有所改变，日本内阁仅在春祭时有一名大臣参拜靖国神社。安倍首相则连续4年未再参拜靖国神社（但仍以个人名义向靖国神社奉送了祭品）。

三是台湾问题上的摩擦较快得到了控制。2016年蔡英文上台后两岸关系趋向恶化，台湾问题给中日关系带来困扰的可能性上升。2017年初日本曾在台湾问题

---

1 2015年发生的一系列重大事件包括：日本首相安倍发表战后70周年历史谈话、中国举行纪念中国人民抗日战争暨世界反法西斯战争胜利70周年阅兵、日美出台新防卫指针、日本出台新安保法、日本再次争取“入常”（成为联合国安理会常任理事国）。

上采取某些小动作[1]，但经中方严正交涉，日方做出承诺，行为有所收敛，未再在台湾问题上挑起新的事端。

四是经贸关系明显回暖。在2016年扭转多年持续下跌趋势的基础上，2017年年中日货物贸易额达到2972.8亿美元，比上年增长9.9%。其中，日本对华出口1328.6亿美元，增长16.7%。[2] 2017年，日本对华直接投资也扭转2012年以来连续下降的趋势，首次出现增长，达到32.61亿美元，比上年增长5.3%。其中，日本对华制造业直接投资更是翻倍增长。[3] 此外，以自民党干事长二阶俊博参加2017年5月在北京举办的“一带一路”国际合作高峰论坛为标志，在半年多的时间里，安倍首相及日本政府对中国提出的“一带一路”倡议的态度发生了很大转变[4]（日本经济、企业界对这一倡议则持更为积极的态度）。[5] 这为未来中日经贸合作的进一步加强带来了希望。

五是双方较好地保持与开展了对话。在2017年，中日两国自2014年年底以来陆续恢复、开展的政治、外交、安全、政党、议会、财政、金融、海洋事务等多种双边对话都得以举行（有些对话是两年来首次举行）。习近平主席、李克强总理与安倍晋三首相在国际场合的会面增加，双方多次在较好的气氛中举行了座谈。在座谈中，双方领导人不仅对两国关系的评价更为积极、正面，而且对进一步稳定改善两国关系、加强国际合作、促使中日关系早日回到健康稳定发展轨道达成了许多重要共识。

六是两国人文交流恢复发展，两国民众好感度出现改善趋势。2017年中国赴日游客达到约735.6万人次，再次刷新历史纪录。双方举办或进行的各种学术、民间论坛与互访明显增加，内容涉及经济、能源与环境、科技、教育、文化（包括媒体、音乐、电影、曲艺）、体育、青少年交流等各个方面。根据2017年12月第十三届“北京—东京论坛”进行的中日关系舆论调查，中国受访者对日本整体印象持“非常好”和“比较好”态度的比例为31.5%，比2016年的21.7%上升9.8个百分点；日本受访者对中国整体印象持“非常好”和“比较好”态度的比

1 2017年3月27日，日本总务副大臣赤间二郎参加在台北市举办的“多彩日本”活动开幕式并发表演讲。这是自1972年日台“断交”以来，首次有日本高层级现任官员以公职身份访问台湾地区。

2《2017年12月日本贸易简讯》，中国商务部网站。

3 值得注意的是，2017年在主要发达经济体中，新加坡、美国、韩国、英国及德国对华直接投资均出现下降或较大下降，唯独日本对华直接投资上升。参见全球数据库CEIC的数据。

4 此前，日本政府对此倡议一直持批评与质疑态度。而在2017年年中，日本领导人先是表示如果条件成熟愿意就此开展合作；后又提出“一带一路”“对全球是有利的”，两国“可以大力合作”。到2017年年底，日本领导人更提出自由开放的印太战略应与“一带一路”构想联系起来加以推进，并提出具体建议，声称愿在日本提供资金支持的非洲援助项目上与中国展开合作。

5 2017年11月21日，李克强总理在人民大会堂会见日本经济团体联合会会长榊原定征、日中经济协会会长宗冈正二、日本商工会议所会长三村明夫率领的日本经济界代表访华团并同他们座谈。这个由250人组成的日本经济界代表团被日本媒体称为“日本史上最大规模经济界访华团”，“一带一路”成为日本代表团此行热门话题之一。

例为11.5%，比上年的8%上升3.5个百分点。人文交流促使中日双方都在重新发现与认识对方。

进入2018年后，两国关系基本保持了2017年发展的势头，气氛继续向好。日本领导人表示了更强烈的改善中日关系的愿望，明确提出希望在2018年推动两国关系向新阶段发展，使今年成为日中两国国民都能感受到日中关系大有改善的一年。[1] 虽然1月初发生了双方军舰进入钓鱼岛毗连区的摩擦，但并未改变两国稳定改善关系的气氛与进程。1月底日本外相河野太郎成功访华（据日方报道其主要任务是为实现两国领导人在今年进行互访铺路），给中日关系在2018年继续改善发展，回到正常发展轨道带来了更大的希望。

二、中日关系发生积极变化的动因

中日关系出现积极变化是由主客观多种因素决定的，其中双方的主观努力是最重要的因素。这些动因主要包括：

第一，在经过两国关系4年来的严重恶化和有限缓和之后，中日双方对两国“和则两利，斗则俱损”的历史经验教训有了更深刻的感受，都希望抓住两国邦交正常化45周年（2017年）和《中日和平友好条约》签订40周年（2018年）的契机进一步稳定改善关系。在此共识的基础上，双方举办各种各样的纪念交流活动，为改善关系创造了较好的舆论环境。其中，2017年8月，“纪念中日邦交正常化45周年中日大学生千人交流大会”在北京大学举行。同年9月，由中国人民对外友好协会、中国日本友好协会主办，中日两国各界人士300余人出席的中日邦交正常化45周年纪念招待会在北京举行。10月1日，安倍首相带部分阁员参加中国使馆国庆及邦交正常化45周年招待会。[2] 正是在这次招待会上，安倍首相明确提出了在2018年通过“三步走”恢复两国领导人互访的建议。[3]

经历数年关系恶化，中日双方更深刻地感受到“和则两利，斗则俱损”。

第二，为在2017年顺利召开中共十九大，成功举办“一带一路”国际合作高峰论坛与“金砖国家”领导人厦门峰会，中国采取了一系列积极措施稳定周边环境，其中也包括努力改善与发展中日关系。而从更深、更广的背景看，早在2015年中国就提出了要坚持“统筹维权和维稳两个大局”的原则，力求保持“维护国家领土主权和海洋权益”与“维护周边安全稳定”的平衡。[4] 2017年1月，

1 参见安倍首相2018年1月23日在日本众院的施政演说，2月16日安倍首相对在日各界华人、华侨的春节致辞。

2 这是安倍执政以来首次出席中国使馆的国庆招待会，也是日本首相时隔15年再次出席该类活动。

3 建议提出的第一步是尽早召开日中韩峰会，迎接李总理莅临日本；第二步是安倍首相访华；第三步是邀请习主席访日。近年来，安倍曾多次提出恢复两国领导人互访的建议，但此次建议更具体也更迫切。

4 参见中国国防白皮书《中国的军事战略》，2015年5月。

中国发表《中国的亚太安全合作政策》白皮书，提出“2015年以来，中日关系总体延续2014年底形成的改善势头”，并将日本列入亚太地区主要国家行列之中。[1] 2017年10月，中共十九大的成功召开和提出新时代的中国外交政策，为继续稳定改善中日关系提供了新的、更强大的动力。[2]

第三，2017年1月特朗普政权上台后，虽然中美两国在台湾与经贸问题上的摩擦逐步上升，但两国在亚太其他安全热点上的摩擦有所缓和，中美关系仍保持了基本稳定。与此同时，中美力量对比继续发生变化：中共十九大成功召开，提出建设社会主义现代化强国的新目标、新纲领，国际影响进一步上升；美国却内政外交乱象连连，与盟国、伙伴国的关系麻烦不断。上述情况使日本开始对其近年来采取的经济上对华恶性竞争、安全上联美制华的政策有所反思，进行必要的调整。

第四，面对世界上“去全球化”思潮、民粹主义及贸易保护主义的发展，特别是面对新上台的特朗普政府强调“美国第一”、抛弃多边主义、宣布退出巴黎气候协议、对他国征收高额关税以施加经济压力的种种错误做法，在维护全球化、坚持贸易自由与多边主义、共同应对气候与环境变化等问题上，中日两国拥有重大共同利益，双方协调合作的愿望明显加强。

第五，在2017年朝核危机进一步升级、成为地区和平稳定最紧迫挑战的形势下，中日两国虽然在应对朝核危机的途径、手段上存在分歧，但在实现朝鲜半岛无核化和维护半岛和平稳定上拥有重大共同利益，双方都有开展合作的需求与愿望。此外，2017年以来日本已越来越多地出现了这样的声音：日本若希望、要求中国在解决朝核问题中发挥更大作用，就必须改善日中关系。

第六，面对2016年中日东海争端与海空摩擦的再次升温，为避免双方舰机频繁相遇发生突发事件，两国在东海都采取了一些预防与加强危机管控的实际行动，并明显加快了建立中日海空联络机制的接触与磋商。2017年12月，中日第八轮海洋事务高级别磋商就建立与启动双边海空联络机制取得积极进展。[3] 在南

---

1 在钓鱼岛危机爆发后较长一段时间内，中国领导人及官方文件在谈到大国关系时不再提到日本。新发表的《中国的亚太安全合作政策》白皮书用“主要国家”取代“大国关系”的提法，日本被列入“主要国家”之中。这一提法表达了中国在新形势下对日本国际地位的必要的肯定和对改善中日关系的重视。

2 高举和平、发展、合作、共赢的旗帜，建设新型国际关系；推动构建人类命运共同体；坚持以对话解决争端、以协商化解分歧；扩大同各国的利益交汇点，推进大国协调和合作，构建总体稳定、均衡发展的大国关系框架；按照亲诚惠容理念和与邻为善、以邻为伴周边外交方针深化同周边国家的关系，中共十九大提出的这些理念和倡议为未来中日关系的发展指出了更明确的方向。

3 据《日本经济新闻》2017年12月7日报道，此前日中双方在该机制的适用范围上存在较大分歧，致使谈判陷入僵局。此次双方达成共识，其背景原因在于若目前的紧张持续下去，冲突或具有现实意味，双方对此都抱有危机感。此外，放任冲突风险存在，就无法应对朝鲜核与导弹问题这一新的威胁，这种共识为双方相互靠拢提供了支持。两国政府并未透露“进展”的具体内容，但双方就适用范围似乎确认“将朝着不划定‘领海’内外明确界限的方向进行协调”。

海方向，随着解决争端的努力，中日双方重返双边对话与多边磋商，南海争端的形势在2017年明显降温趋缓，在客观上为缓和中日双方的摩擦创造了条件。[1]

第七，对于中日两国来说，推动改革、发展经济都是重大任务，而且两国经济处于不同发展阶段，双方互补性强，合作潜力巨大。随着两国政治关系趋稳，世界经济回暖与恢复增长，以及中国加快经济转型，[2] 双方都更加重视经济合作可能给本国经济发展带来的机遇，开始探索新的经贸合作模式，寻求在第三方开展经济合作的可能性。这为双方加强经贸合作带来了新的强大动力。与两国政府相比，两国企业界积极性更高，是加强双方经贸合作的主要推动力。

此外，2014年以来双方对话交流逐步恢复的累积效应，以及两国长期执政的领导人对中日关系长远发展的更多关注，显然也对2017年以来两国关系的趋稳向好起到了促进作用。

三、中日关系仍然存在严重分歧与困难

虽然中日关系自2017年以来出现了难得的趋稳向好势头，但双方必须清醒地认识到，两国间的分歧与矛盾仍然存在，两国关系尚未回到正常发展状态，要继续前行仍须克服重重障碍。

中日之间的三大基本问题将长期存在，要彻底解决难度极大。

第一，中日之间的三大基本问题——历史问题、台湾问题、钓鱼岛争议[3] 将长期存在，彻底解决这三大问题的难度极大。即使是在中日关系的“蜜月期”（1972—1992年），历史问题也曾给两国关系带来过较大困扰。冷战结束后，双方在三大问题上的摩擦交替上升，对两国关系的发展形成了越来越大的阻力。中日之间围绕三大问题的摩擦加剧有着深刻的国际、国内背景，包括美对华政策的重大调整、美日同盟的持续强化、日本国内政治的总体保守化、台湾岛内“台独”势力的急剧发展、海洋及海洋权益的重要性的快速提升及各国海洋竞争的日益加剧等。而近年来东亚地区中日之间的权力转移[4] 则是更深刻的原因。面对此巨大变化，中日双方都不适应，而日本尤甚，对中国的超越

1 2017年中菲关系明显改善及中国与东盟就南海行为准则磋商取得重要进展，使曾大力支持所谓南海仲裁的日本失去了介入南海争端的抓手。

2 中国正在由“世界工厂”向“世界市场”转变，中国经济发展将从传统增长向创新增长转变，从高速增长阶段向高质量发展阶段转变。

3 钓鱼岛争议现已扩展为两国东海争端，包括钓鱼岛争议、东海划界争议、双方防空识别区部分重叠以及中国海空军通过日本列岛的国际通道进入西太平洋与日本海空自卫队日益增加的摩擦。

4 随着双方力量对比发生巨大变化，虽然日本仍在不少方面保持优势，但中国的综合国力已经超越日本。其中，中国的国内生产总值(GDP)在2010年首次超过日本，到2017年已大约为日本GDP的2.5倍，中国的国防开支在2007年超过日本，到2017年已为日本军费开支的3倍多，但人均军费水平一直大大低于日本。

充满了危机感，以至两国间的对立、摩擦一度直线上升。可以预言：在未来相当长的时期内，这三大问题，特别是台湾问题与东海争端仍将不时给中日关系带来较大的困扰，管控、处理好这三大摩擦点将是两国长期而艰巨的任务。

第二，钓鱼岛危机爆发后，在冷战结束后中日之间逐渐发展起来的战略互疑，即日本流行的“中国军事威胁论”和中国对日本“走老路”“恢复军国主义”的担心，都达到了历史最高点。[1] 虽然这种相互威胁认知并不准确、客观，但却有着十分复杂的政治上、历史上和心理上的原因，并且因两国间接连发生危机事件而被迅速放大了。2017年中日两国民间好感度的有限改善[2] 远未达到使双方建立起互信的程度，战略互疑的严重存在仍是未来中日改善与发展关系的重大障碍。

第三，钓鱼岛危机爆发后，中日两国在战后于东海首次形成了军事对峙；而日本则走得更远，在新制定的国家安全保障战略和新出台的防卫大纲等文件中，均已明确把中国作为主要军事安全防范对象。近年来，日本在全力加强日美军事同盟的同时，已将军事防卫重心由东北转向西南，并不断加快其在西南诸岛的作战指挥体系建设和力量部署。历史经验表明，两国军事对峙一经形成将难以在短期内改变。中日关系若要继续改善发展，必须逐步减缓军事对峙态势，这将是十分艰巨的任务。

第四，中日爆发钓鱼岛危机的深刻教训之一是两国之间缺乏危机管控机制。在2014年达成的四点原则共识中，双方明确提出“建立危机管控机制，避免发生不测事态”。然而，三年多来，与东海争端的发展变化与风险积累相比，双方危机管控机制建设的进展明显缓慢、不足，与中美、日俄之间相比，中日之间的危机管控机制建设仍处于严重滞后的状态。[3]

第五，在中日达成四项原则共识后双方对话逐步恢复，但某些因钓鱼岛危机爆发而停止的十分重要而关键的对话机制却至今仍未恢复，如中日高层经济对话

---

1 根据2013年的中国日报与日本言论NPO共同进行的“中日关系舆论调查”结果，当时中国民众认为日本对华构成威胁的达到53.9%，日本民众认为中国对日本存在威胁的达到61.8%，都远高于爆发危机前的2011年的比例。中国民众认为中日将爆发军事冲突的比例则高于日本，达到52.9%。人民网，2013年8月5日。

2 根据日本内阁府大臣官房广报室发布的平成28年度(2016年3月公布)《外交相关世论调查》，在20世纪80年代，日本民众对中国抱有亲近感的比率一直保持在70%多。根据2009年（中日发生钓鱼岛撞船事件前一年）中国日报与日本言论NPO共同进行的“中日关系舆论调查”结果，中国大学生对日本印象持“很好”与“较好”的比例达45.3%，市民的比例达32.6%；对中国的印象持相应观点的日本居民比例达到26.6%。2017年中日民间好感度的改善不仅远未达到20世纪80年代的水平，即使与2009年相比也仍有较大的距离。

3 中美之间已建立首脑热线、国防部热线，两国国防部之间有“重大军事行动相互通报机制”和“海空相遇安全行为准则”两个信任措施备忘录，两军联合参谋部的对话中设有危机管控议题，两国海军之间有海上军事安全磋商机制（MMCA）。日俄之间在1993年就已签订两国“防止海上事故协定”（INCSEA），双方建立起热线、现场联络机制及定期磋商机制。

（副总理级，2007年启动）、中日防务安全磋商（副部级，1997年启动）、中日东海磋商（2004年启动，曾于2008年取得重要进展，就东海问题达成原则共识）等；而两国领导人的会面也仍限于多边国际场合。近一段时间以来，虽然两国领导人在2018年开展正式对话的可能性上升，但人们仍可以明显感觉到在此问题上双方态度上的温差。

第六，2017年中日经贸合作在连续多年弱化之后出现了转折，但这一转折仍很脆弱，双方贸易额还远未恢复到2011年3449亿美元的历史最高水平。日本对华直接投资（实际到位金额）也远低于2012年73.8亿美元的峰值。此外，在加强地区自贸区建设方面，双方努力的方向与标准也有较大不同。[1]

最后还应特别指出的是，虽然2017年以来日本各界对改善与发展中日关系采取了更为积极的态度，但与此同时安倍内阁仍不遗余力地推行所谓“自由开放的印太战略”，推动“日美澳印”战略安全合作，加强日美军事同盟，推动国内修宪以全面解禁集体自卫权。这清楚地表明，日本对华实行的仍然是两面下注的对冲战略，其对华政策的调整是有限的。在未来，这一对冲战略能否朝着逐步加强对华协调合作、减少对华防范制衡的方向发展，仍然具有很大的不确定性。

四、共同努力促使中日关系重返正常发展轨道

综上所述，在双方的共同努力下，中日关系在2017年出现了难得的趋稳向好势头，进入2018年后又有一个良好的开端。但是，两国之间的重大分歧与战略互疑仍然存在，双方关系的改善与发展仍是初步的、脆弱的，东海争端的安全风险还在积累与增加之中。

在此形势下，要使中日关系保持过去一年来的改善、发展势头，继续前进，首要目标应是争取在2018年使其全面回到正常发展的轨道上来，基本做到：第一，两国间的分歧、摩擦与安全风险得到较好的管控；第二，双方的对话磋商机制、包括两国领导人之间的正式对话得以全面恢复；第三，在有共同利益的领域，双方的合作得以普遍恢复与开展。

为实现这一目标，既需要中日两国领导人的战略眼光、政治智慧与政治决断，又需要双方外交、安全、经济等各个部门采取积极有效的措施，还需要两国的专家学者、各界人士、企业家、广大民众，一步一个脚印地在众多领域共同为之做出贡献。

1 在2017年的大部分时间里，面对美国宣布退出《跨太平洋伙伴关系协定》（TPP），日本牵头力推就新版 TPP 达成共识并在2018年取得决定性进展：2018年3月8日，日本等11国在智利首都圣地亚哥签署《全面与进步跨太平洋伙伴关系协定》（CPTPP）。与此相对照的是，日本对《区域全面经济伙伴关系协定》（RCEP）谈判开始并不那么积极；随后，日本对 RCEP 的态度趋向积极，但却要求实现高水平的自由化，这一立场与争取早日达成务实协定的中国存在较大分歧。

2018年，双方应共同做出的具体努力主要包括：

第一，通过强有力的高层政治决断，迅速启动中日海空联络机制，并以此为新起点，把开展防务部门危机管控对话、建立防务部门热线、制订中日海空行为准则及重大军事行动相互通报机制等及早提上日程。只有建立起完善、有效的危机管控机制，中日双方才可能在海上争端长期存在的形势下，避免发生不测事态与突发事件，守住两国不冲突、不对抗的底线，切实稳定东海形势，并为双方恢复海上划界与共同开发磋商谈判创造必要的条件。

第二，以启动海空联络机制为契机，重启中日防务安全对话，全面、稳步地恢复与加强两国防务交流。[1] 这方面的努力取得进展，不仅对于双方（中国人民解放军与日本自卫队）加强安全分歧与风险管控，推进信心、信任措施建设及广泛开展非传统安全合作具有重要意义，而且对于减缓以至改变双方在东海的军事对峙态势、减少两国的战略互疑将发挥重要作用。

第三，利用南海形势明显缓和之机，在国际法，特别是《联合国海洋法公约》的基础上，中日就海洋秩序、自由航行权、国际海洋法等议题开展对话，努力缩小分歧，增加共识。双方应争取首先就南海争端达成共识：日方支持中方提出，并得到东盟支持的解决南海争端、维护南海稳定的“双轨思路”，中方支持包括日本在内的有关各国共同维护南海海上通道的自由、通畅与安全。双方还应把近两年来双方已达成或有意开展的海洋领域的合作，包括海上搜救、防灾救灾、海洋生态和海洋环境保护、海运政策对话、海洋科技调查等，努力落到实处或推向前进。

第四，早日重启中日经济高层对话，进一步加强中日维护全球化和贸易自由化的合作，促进双方的经济改革与转型。其中最重要的是要保持两国经贸、投资合作的增长势头；加强双方新经济、新产业、新技术合作；通过两国企业在具体项目上的成功合作，将双方在“一带一路”建设上的合作意愿转化为中日经济、金融合作的新动力；共同推动中日韩三国自由贸易区和区域全面经济伙伴关系（RCEP）协议的谈判取得积极进展。

第五，在2017年两国人文交流呈现良好发展势头的基础上，加大对中日恢复邦交正常化、签订和平友好条约、发展长期睦邻友好合作关系的战略意义的宣传，进一步扩大与加强两国民间交流和公共外交，加强两国民众的相互了解和对对方国家的全面了解，逐步减少双方在相互认知上严重存在的各种误解，[2] 努力培育有利于中日关系健康稳定发展的民意与舆论环境。

第六，除继续加强海上争端管控外，双方要重点管控、处理好历史问题和台

1 近年来，与其他领域关系的逐步改善与发展相比，中日防务交流的恢复明显缓慢、滞后。

2 除了“中国军事威胁论”与“日本恢复军国主义”这一最大的错误认知外，近年来，双方在对方的国际地位、国民性等问题上也出现了严重的错误认知，其突出表现是以偏概全，以讹传讹，看对方弊病、短处多，看对方优点、长处少。

湾问题两大敏感问题，不要让这两个问题上的摩擦再次冒头，给两国关系的改善态势带来新的困扰。为此，日本政府谨言慎行，不搞小动作、不生大事端将至关重要。在历史问题与台湾问题上，双方共同维护四个政治文件确定的相关原则，是两国关系继续向前发展的根本保证。

第七，利用《中日和平友好条约》签订40周年之机，重启双方领导人的互访与正式对话。这将是两国关系恢复正常的最重要的标志。[1] 随互访成功启动，两国签订中日第五个政治文件的准备工作应及时提上日程。第五个政治文件须以两国现有四个政治文件为基础，并根据国际形势、两国国内形势及双方关系出现的重大变化，为中日关系的未来发展指明方向，推动中日关系进入一个新的发展时期。

总之，在近期两国关系明显趋稳向好的形势下，如果上述共同努力能够取得实际进展，中日关系可望在2018年重回正常发展轨道。虽然这与两国关系重返健康稳定发展、特别是与两国实现“互为合作伙伴，互不构成威胁”“相互支持对方的和平发展”以及“实现和平共处、世代友好、互利合作、共同发展的崇高目标”[2] 仍有很大的距离，但这却是朝着正确方向迈出的重要而关键的一步。对于经历了长期危机和严重困扰的中日关系来说，这将是一个来之不易、充满了希望的新的起点。

1 李克强总理在2018年3月20日明确表示：中日两国领导人互访有利于让中日关系回归正常轨道，但更重要的是要夯实中日关系的基础，不搞“一锤子买卖”，要让中日关系持续向好。《李克强总理会见采访两会的中外记者并回答提问》，《人民日报》，2018年3月21日，第2版。

2 参见《中日关于全面推进战略互惠关系的联合声明》，2008年5月7日。

专题：新时期的中国外交

莫迪执政以来的中印关系：战略动能与发展趋势

宋德星

内容提要：作为崛起中的大国，印度外交的强人强势色彩在莫迪政府时期体现得尤为鲜明，这不仅是其国内政治生态变化的产物，也与国际战略形势的发展紧密相关。在“领导型大国”范式的催生下，印度莫迪政府的对华外交既有传承的一面，也有显著变化的一面，其核心在于追求中印之间的力量均势，以及为印度追求世界一流大国地位创造有利的外部条件。

关键词：印度　莫迪　中印关系

作为崛起中的大国，当今印度的外交体现出了强烈的权势政治色彩。这种色彩既有其历史的逻辑，又有其现实的基础。就历史而言，经久的现实主义思想传统一直在印度激荡，并被现当代的印度领袖们所阐释和演绎，与时俱进地用以指导其对外战略行为；就现实来说，印度的崛起已是不争的事实，其强势外交传统终于有了坚实的力量基础。结果，大国权势和安全利益共求，便成了当今印度对外战略的一条主线。用历史的眼光看，尽管印度政府不断更迭，其外交话语推陈出新，其战略视野渐次扩大，但这条主线却始终未变。换言之，在印度外交决策者中，一个广泛的共识是：基于“有声有色的大国”这一历史宿命，坚持不懈地致力于将印度建成“领导型大国”（a leading power），并据此塑造于己有利的战略环境。当然，在追求世界一流大国地位的过程中，印度清醒地认识到，其关键一环在于促使南亚地区国家和域外国家（特别是大国）接受印度的地区主导地位，尤其是其在地区安全事务上的决断权。所以，在大国博弈和扩展外交两大方面，印度表现出了特有的积极、进取和强势。毫无疑问，印度特质的大外交不可避免

宋德星　国防科技大学国际关系学院国际关系与战略系主任、教授、博士生导师。

地影响了中印关系。正因为如此，对于有着长远重大意义的中印关系而言，中国不仅需要根据新型大国关系的逻辑来认识崛起的印度，而且需要进行富有耐心和远见的战略塑造，确保稳定进而较大地促进中印关系向前发展。

一、“领导型大国”——莫迪外交的新范式

作为一个有着悠久的现实主义思想传统的国家，印度像其他大国一样有着强烈的“天定命运”意识。就像一位战略评论家所指出的，印度人的等级社会观成为他们认识世界的基础。他们相信，在一个以财富和权势为基础的等级制国家阶梯结构中，“印度应居于世界权势等级结构的最高层——一种婆罗门世界观”。[1]所以，自独立以来，无论是国大党政府领导人，还是印度人民党政府领袖，始终坚信并坚称印度是一个伟大的民族，作为一个正在崛起中的大国，其在21世纪必将扮演一个伟大的角色。[2] 用印度前国防部长K.C.潘特的话说，在追求大国目标问题上，“印度需要的仅仅是等待其他国家对印度大国地位的理解和认同。我们意识到，这种态度上的改变不可能在一夜之间就能做到。然而，我们乐观地认为（它们）注定要发生”。[3]

为了追求世界一流大国地位，独立后印度的政治领袖特别是尼赫鲁总理为此做出了不懈的努力。一是较为成功地帮助印度树立了“有声有色的大国”这一印度国际政治宿命，即世界大国追求是印度的不二选择；二是通过实施不结盟政策抢占国际政治的道义高地，使印度在战后的国际体系中获得了远高于自身实力所能支撑的重要地位和国际影响；三是在经济建设和国力发展上获得了来自两大阵营的实实在在的好处。以至于尼赫鲁自豪地宣布：印度受到国际社会如此的重视，“这是一件了不起的事情”。[4] 之后的印度历届政府，同样把目标锁定为“有声有色的大国”。而21世纪印度实力的强劲崛起，更是使得将印度视为理所当然的大国成为一种普遍共识。正是在这种大背景下，莫迪政府开始用“领导型大国”一词来描绘印度在世界政治中的伟大前程。

结果我们发现，在回归印度外交传统思维的过程中，今天的莫迪政府像其印度人民党瓦杰帕伊政府一样，遵循并演绎着古印度考底利耶的“曼陀罗”地缘政

---

1 George Tanham, “India’s Strategic Culture,” *The Washington Quarterly*, Winter 1992, p.130.

2 Jaswant Singh, *National Security: An Outline of Our Concerns*, New Delhi: Lancers Publishers & Distributors, 1996, p.19.

3 K. C. Pant, “Philosophy of Indian Defense,” address to the Massachusetts Institute of Technology, July 1, 1989. Reprinted in *Strategic Analysis*, Vol.12, August 6, 1989, p.486.

4［澳］内维尔·马尔斯维尔：《印度对华战争》，生活·读书·新知三联书店，1971年版，第145页。

治思想，用以追求印度的安全、利益和大国地位。[1] 在大国外交中，印度莫迪政府始终注意以下几点：时刻凸显印度的大国身份和战略自主性，强调其崛起的伟大前景和大国责任的国际意义；不忘以“最大的民主国家”定位自己，力求稳定和扩展与美国为首的西方发达国家间的关系；着力推行经济外交，以之助力国内经济发展。一句话，莫迪政府通过寻求与主要大国间的战略与利益的契合，来推动印度的崛起。[2]

莫迪政府通过寻求与主要大国间的战略与利益的契合，来推动印度的崛起。

应当指出，“领导型大国”意味着某种程度的外交范式转变。[3] 用印度外交秘书苏杰生的话说：“在更大的国际政治范畴中，印度欢迎逐渐变为现实的多极世界，也欢迎一个同样多极的亚洲。”[4] 当然，印度强调：未来的多极世界应建立在大国间稳定的平衡之上。理由很简单：“稳定的平衡在于实现一个合作的多极化世界，因为它能满足所有各极及整个世界的希望与利益。这才是印度致力于实现的世界。”[5] 毫无疑问，在印度看来，首要的追求便是中印之间所谓的“稳定的平衡”。但印度同时也认识到，“印度的崛起不仅有赖于印度的行动，而且有赖于世界其他国家对此进展的反应，以及今后几十年的客观环境”。[6]

故莫迪主政印度后，印度的外交政策展现出了一系列的变化：第一个重大变化是在制定外交政策时，从以往的强调政治转变为将经济置于与政治同等重要的地位；第二个重大变化，就是现实主义色彩较之其前任政府更加明显，核心是鼓吹印度有权崛起为世界大国，并据此行动；第三个重大变化，是从强调不结盟多边外交的重要性到鼓吹大国外交的重要性；第四个重大变化是进一步抛弃国内政

---

1 Rajiv Bhatia, *The Arthashastra in Modi's India*, Gateway House, 7 December 2016. http://www.gatewayhouse.in/the-arthashastra-in-modis-india/，2018年3月8日登录。

2 Niranjan Sahoo, "*Decoding Modi's Foreign Policy*," Carnnegie Endowment for International Peace, Sept. 23, 2014. http://carnegieendowment.org/2014/09/23/decoding-modi-s-foreign-policy，2018年3月8日登录。

3 Neelam Deo, *"Indian foreign policy: a paradigm shift?"* Gateway House, 14 December 2016. http://www.gatewayhouse.in/indian-foreign-policy-a-paradigm-shift/，2018年3月8日登录。尽管印度开国总理尼赫鲁早年提出过“有声有色的大国”政治主张，但这主要是基于安全诉求和建立在不结盟外交之上；21世纪，特别是莫迪政府时期，印度的大国追求主要是基于权势欲求和崛起大国的实力之上。在这个意义上，莫迪的“领导型大国”政治主张意味着某种程度的外交范式转变。见宋德星：“印度国际政治思想刍议”，《南亚研究》，2006年第2期，第12页。

4 Ashley J. Tellis, *"India as a Leading Power,"* Carnnegie Endowment for International Peace, April 30, 2016, http://carnegieendowment.org/2016/04/04/india-as-leading-power/iwlr，2018年3月8日登录。

5［印］瓦杰帕伊：《未来印度——建设一个印度世纪》，印度驻华大使馆《今日印度》，2004年第3期。

6［印］亚施旺特·辛哈：《地缘政治：成为世界强国的条件》，印度驻华大使馆《今日印度》，2004年第3期。

治中固有的“反美”政治动机，[1] 大肆鼓吹印美“天然盟友”关系和战略合作关系；第五个重大变化是认为中国对印度来说至关重要。[2] 上述变化既是现实情势使然，也是印度世纪性崛起不可避免这一宏大战略愿景有力牵引的结果。

二、莫迪政府对华外交的内生逻辑

自2014年上台执政至2018年，印度莫迪政府以“强人强势”形象展示在印度和世界面前。可以说，莫迪政府是印度自冷战结束以来执政基础最牢固、威望最高的一届政府，在印度人民院543个议席中，其所在的印度人民党占了334席，加上印度民众对莫迪从政地方时所做出的经济贡献的肯定与新的期望，使得莫迪总理拥有了较为雄厚的政治资本。此外，印度人民党相较于国大党有着尤为明显的教派民族主义特征，这意味着它会更加强调国家尊严和民族自豪感，因而也就意味着在对外事务中会更加的强势。莫迪总理本人的出身和政治经验也使得强势外交成为其青睐的一种策略手段。莫迪总理来自印度低级种姓，相比于国大党的婆罗门精英，他需要更大的政绩来争取普通民众的支持，从而弥补其在印度等级森严的社会中合法性不足的问题。可以说，强势一直是莫迪的作风之一，这一作风在政治领域就是“更加果断地坚持基于印度利益的实用主义”。[3]

2017年3月，印度人民党再次在印度地方选举中取得压倒性胜利：印度人民党赢得了印度第一大邦——北方邦邦议会403席中的312席和北阿坎德邦的绝大多数席位，并在曼尼普尔邦和果阿邦组成联合政府执政。五邦选举后，印度人民党执政的邦增加到13个，由于联邦院议席是由各邦议会按照政党所获席位的比例间接选举产生，这就意味着邦议会政治格局的总和将左右着联邦院格局。经过五邦选举后，印度人民党已经取代国大党成为联邦院的第一大党，这为莫迪备战2019年大选奠定了坚实的基础。[4] 莫迪总理国内执政基础的稳固，为其重塑对外关系特别是对华关系创造了有利条件。

---

1 所谓“反美”政治动机，主要指的是印度从固有的不结盟观念出发，主张在发展对美关系的同时，将保证自己的战略自主性放在首要地位，自觉和不自觉地抵制美国强加的霸权。换言之，印度对于美国主导下的国际体系的许多价值观念、规则规范甚至运作机制并不认可，并力图以自己独特的方式减轻甚至消除这一体系施加的种种制约。见宋德星、时殷弘：“世界政治中印度和平崛起的现实与前景”，《南亚研究》，2010年第1期，第23页。

2 Sudha Ramachandran, “Indian Foreign Policy under Narendra Modi,” *The Diplomat,* May 6, 2014. http://thediplomat.com/2014/05/indian-foreign-policy-under-narendra-modi/，2018年3月8日登录；“Modi's fication of foreign policy,” *Rediff News*, October 25, 2013. http://www.rediff.com/news/column/modification-of-foreign-policy/20131025.htm，2018年3月8日登录。

3 Harsh V. Pant, “Out with Non-Alignment, in with a ‘Modi Doctrine’,” *The Diplomat*, Nov.13, 2014

4 苑基荣：《印度地方选举折射民众改革诉求》，《人民日报》，2017年3月22日。

莫迪政府作为冷战后印度政坛极为罕见的“强势政府”，其基于强大民意之上的国内自信，使得莫迪的外交政策引领作用堪比当年的开国总理兼外长尼赫鲁。在此背景下，面对世界体系的持续变革趋势和印太地缘政治大变动，印度主动投身于世界大国的战略角逐，其外交战略运作视角也从陆地走向海洋，从周边地区走向印太板块，从关注四邻小国到积极塑造大国关系网络。

当然，像其前任政府一样，莫迪政府的对华外交也深受国际权力构架的束缚。毫无疑问，在国际政治中，中印两国各自近乎大洲的领土面积、十多亿的人口规模、持续快速发展的经济以及核武装，还有意欲成为世界一流强国的民族抱负，足以使这两个新兴大国与美国一起，在21世纪前期作为主要角色影响和塑造亚洲乃至“印太”地区的国际事态。其中，印度作为三角关系中权势地位较弱的一方，始终将维护自身的战略自主作为对外政策的首要选项。[1] 这意味着，在与具有全球重大影响力的大国展开接触的同时，不与其中任何一国结成事实上的同盟关系符合印度目前的政策取向。在印度看来，中美两国在战略上的过度契合或对抗，均不符合印度的国家利益。因此，最有利于印度的政策选项是同时与中美两国展开接触，特别是通过与美国开展战略协作的方式增强印度自身实力。[2]

最有利于印度的政策选项是同时与中美两国展开接触，特别是通过与美国开展战略协作的方式增强印度自身实力。

结果我们发现，在变化的同时，印度外交战略布局始终保持清晰与一贯。印度强调，其获得世界大国地位，首先有赖于“地区核心国家”身份的确立，表现在南亚地区就是印度坚决反对印巴均势、极力维持印度的南亚霸权领导地位。其次，在亚洲区域范围，印度致力于推行对华均势政策。最后，在国际体系层次上，印度注重发展与体系领导者美国的关系，采取搭车与制衡并用的战略，助力印度的顺利崛起。虽然印度在南亚、亚洲和国际体系三个不同层次的外交战略区隔明显，但其根本目标追求却是一致的，即实现“领导型大国”这一根本战略目标。

为此，莫迪政府主要从“泛印度洋视角”来勾画其外交蓝图。首先，在“扩展的邻居”外交方面，莫迪政府首先把印度自20世纪90年代施行的“向东看”

1 宋德星、时殷弘：“世界政治中印度和平崛起的现实与前景”，《南亚研究》，2010年第1期，第23—24页；关于中美印三角关系，参见宋德星：“地缘政治、弹性均势与中美印三角关系”，《世界经济与政治论坛》，2004年第4期，第42—47页。

2 C. Raja Mohan, “Samudra Manthan: Sino-Indian Rivalry in the Indo-Pacific”, *Carnegie Endowment for International Peace*, October 24, 2012, United Book Press, 2012, p.245.

政策改为“东向行动”政策，[1] 不仅把范围从东盟扩大至中日韩等太平洋西岸国家，以及不断加强与澳大利亚和新西兰等大洋洲国家的关系，更是把合作样式从以经济为重点扩大为政治经济安全并重。与此同时，“西行”外交也如火如荼地展开，通过扩大与以色列、伊朗等中东国家以及与中亚国家的关系，为自身的大国追求拓展国际战略空间。“南下”方面，印度与非洲、特别是印度洋沿岸非洲的关系有了新的提升，其目的在于增进其在印度洋地区的战略优势，为印度的经济发展吸纳不可或缺的国际资源。其次，积极呼应美国的“印太战略”主张，重视印太架构下的印美战略伙伴关系及其对于印度大国地位的提振作用。2017年6月底莫迪总理访问美国；8月，特朗普政府公布新南亚战略，提升了印度在美国对外战略中的地位和价值；9月，美国国防部长马蒂斯访问印度，进一步拓展了两国防务合作关系；10月，时任美国国务卿雷斯克·蒂勒森访问印度，呼吁印度在亚洲担当更大的安全角色；11月，特朗普总统的女儿伊万卡访问印度。通过这些高层互访，印度不仅稳定了印美关系框架，而且获得了来自美国高层的对印战略期许，显著提升了莫迪政府的外交成就。

应当看到，在印太外交中，莫迪政府的一个重要考虑就是平衡中国。[2] 对于2017年5月14—15日中国政府在北京举办的“一带一路”国际合作高峰论坛，莫迪政府明确采取抵制立场；6月18日至8月28日的洞朗对峙事件，则充分暴露出莫迪政府的机会主义外交的冒险性；之后在11月12日东盟峰会期间，印度与美国、日本和澳大利亚举行首次“印度洋—太平洋+”会议，其通过打造国际联合阵线牵制中国的意味不言自明。[3] 对此，新加坡学者马凯硕（Kishore Mahbubani）指出，印度的外交气质是“任性的”，其在国际关系中的相对不成熟，是其年轻的产物。[4] 当然，印度也清晰地认识到，自己作为新兴大国同时也

---

1 2014年8月，莫迪政府外交部部长苏诗玛·斯瓦拉吉在首访越南时提出，“如今不再是仅仅向东看，该是到了行动的时候了。”这标志着印度“东向行动”政策的出台。见“*Time to Change ‘Look East Policy’ to ‘Act East Policy’: Sushma Swaraj*”, NDTV, August 27, 2016. http://www.ndtv.com/india-news/time-to-change-look-east-policy-to-act-east-policy-sushma-swaraj-653063，2018年3月8日登录。莫迪总理2015年在韩国发表演讲时也声称：“我们的‘东向政策’一直是在‘看’东亚，我们已经看够了，重要的是要行动”。见 Sampa Kundu, “*India's ASEAN Approach: Acting East*”, *The Diplomat*, April 8, 2016. http://thediplomat.com/2016/04/indias-asean-approach-acting-east/，2018年3月8日登录。

2 印度中国问题专家拉贾·莫汉（C. Raja Mohan）就指出：“印度对于平衡中国这一点，从来不需要征得美国的同意”。见 C. Raja Mohan, “Remarks at Council on Foreign Relations,” http://www.cfr.org/publication/11013/will_india_become_a_global_power_transcript_federal_news_service_inc.html, 2006-6-19/2016-6-3，2018年3月8日登录。

3 在印度，就有学者鼓吹应在四边会谈基础上成立“印太安全组织”。见 Subhash kapila, “Indo Pacific treaty Organisation Emerges Asia Security Imperative in end-2017” http://www.southasiaanalysis.org/node/2234. Dated 05-Dec-2017，2018年3月8日登录。

4 戈拉弗·达尔米亚：《“70岁”的印度仍在经历“成长的烦恼”》。FT 中文网，2017年8月16日，http://www.ftchinese.com/story/001073852#adchannelID=5000，2018年3月8日登录。

需要与美国拉开一定的距离，因为一个明显的实事是：作为美国战略棋子的印度将得不偿失。

三、理性认识新时期的中印关系

尽管莫迪时期印度的强势外交在国际舞台上表现得异常抢眼，但国内和国际环境的强制性作用也同样明显，并将直接影响着中印关系的发展进程。首先，全球化时代国际经济大环境使得印度必须把经济外交置于优先地位。特别是随着莫迪政府对外开放程度的日益提升，其与全球其他经济体的联系愈发密切。例如，2017年，莫迪政府为走出经济困境，推出了高达9万亿卢比的一揽子经济刺激计划，而重振经济的另一项关键措施是计划未来5年内斥资6.92万亿卢比用于道路和桥梁等基础设施项目建设。[1] 经济优先的基本国策决定了印度必然把维护良好的周边环境作为一项基本国策，这也就意味着中印在未来依然有着较为广阔的合作空间。

其次，莫迪上台后以大刀阔斧式的改革著称，目的旨在破除阻碍印度全面发展的体制性障碍，涉及领域大大超出印度上一轮经济自由化进程，这必然会触动不同利益集团的根本利益，进而产生程度不等的阻力。实际上，莫迪总理的国内高人气是印度人民对此前国大党政府的不满情绪和对未来的求变心理累积叠加的结果，这自然包含了很强的期待成分。一旦这种期待出现巨大落差，就很容易滑向反对的一面。正因为如此，民族主义也就成为了莫迪政府外交政策中的应有之义，这无疑也会不同程度地映射到中印关系之上。

最后，印度不仅在国际体系中还远不是真正意义上的主导型大国，其在印度洋地区也不是主导型秩序塑造者，甚至在南亚次大陆也无法实现有效的霸权控制。所有这些无不说明：宏大的战略抱负和较为有限的战略资源这两者间的不匹配，是制约莫迪政府外交施为的根本原因所在。换言之，避免过早与中国发生战略性对抗，对于印度的崛起意义重大。

上述战略态势决定了中印关系的发展逻辑。毫无疑问，莫迪政府的对华政策兼具传承与变革色彩。所谓传承，是指莫迪总理像其前任一样，重视发展对华关系，这不仅是基于现实利益考量，还基于战略谋划。实际上，印度早已认识到，中国作为世界上最大的发展中国家，其战略目标是要成长为世界性大国，而同印度打交道是这个战略的重要部分，故中国的崛起对于印度来说既是机遇又是挑战。所以，在印度看来，至少在亚洲，其外交政策的首要追求便是塑造中印之间稳定的平衡关系。为此，印度需要与中国一道，推动两国关系同国际大势相结合，增进双方战略互信，妥善管控分歧，维护好共同利益，以便推动建立平等互

1 苑基荣：《印度期盼走出经济困境》。《人民日报》，2017年10月27日。

信、包容互鉴、合作共赢的国家间关系。印度政治精英们普遍认识到，如今的中印关系已经超越了双边范畴，具有全球和战略意义，需要从战略的高度来长远谋划。正是基于这样的战略理念，莫迪政府自信，建设务实与基础广泛的中印双边关系，不仅是国家利益的需要，而且必将加强亚洲的稳定、进步和繁荣，进而必将有助于增强中印两国在全球体系中的地位和影响力。

所谓变革的一面，主要表现为莫迪政府在对华外交审慎务实的同时，也展现出了强硬和机会主义的一面。这尤为突出地表现在地区和全球两大层面上对华博弈思维。在南亚次大陆地区，印度外交的核心一直是力图排挤域外力量对南亚外交安全事务的影响，同时加大对其他南亚小国的外交控制和内政干涉。这一外交目标的实现，不仅要减少中美俄欧势力对南亚事务的"发言权"，而且要以软硬两手警示南亚小国尊重印度在该地区的独大地位。故莫迪执政以来，一直将"邻国优先"（Neighbour First）作为外交政策基石。[1] 显然，在南亚区域外交方面，印度把中国视为最主要的威胁，理由是：中国不仅与南亚国家地理上临近，而且正在凭借自身的实力优势和战略主动，成为南亚地区又一个具有吸引力的力量中心，这显然将弱化印度的地区影响力。

在一些具有重大现实和象征意义的多边组织架构问题上，中印间也存在着矛盾和分歧。第一，在联合国安理会改革问题上，印度认为中国对其争当安理会常任理事国一事不给予明确的支持，是中印关系并非基于相互尊重的一大标志；第二，中国否决印度加入核供应国集团（NSG）的请求[2]，说明印度加入NSG还有很长的路要走。[3] 第三，联合国安全理事会1267委员会涉恐列名问题[4]，尽管中国同时与印度和巴基斯坦两国保持着密切的沟通，一直在劝和促谈，希望双方通

---

1 S. D. Muni, "A disappointing SAARC summit", Al Jazeera, Nov. 28, 2014. http://www.aljazeera.com/indepth/opinion/2014/11/disappointing-saarc-summit-2014112885157300755.html，2018年3月8日登录。

2 作为"非《不扩散核武器条约》缔约国"，印度希望加入核供应国集团（NSG）。对此，中方支持核供应国集团本着协商一致的原则，通过公开透明的政府间进程，以"两步走"的思路处理有关问题。即最重要的是先达成非歧视性、适用于所有"非《不扩散核武器条约》缔约国"的解决方案，然后在此基础上再讨论具体的"非《不扩散核武器条约》缔约国"的加入申请。见《外交部发言人就核供应国集团扩员相关问题答记者问》，《人民日报》，2016年6月13日。

3 白纯："中国与印度就核供应国集团扩员问题进行磋商"，新华网，2016年9月13日。http://www.xinhuanet.com/world/2016-09/13/c_1119561236.htm，2018年3月8日登录。

4 1267委员会全称为"制裁基地组织和塔利班委员会"，是联合国安全理事会下属机构，是根据1267号决议成立的，目的是应对恐怖主义，对恐怖组织和个人列名。在该委员会，印度提出将生活在巴控克什米尔地区的马苏德（Masood Azhar）列为恐怖分子。对于印度提出的列名申请，1267委员会的成员存在不同看法。对此，中方曾提出技术性搁置，目的是给委员会审议以及有关各方进一步协商留出时间、创造条件。中方在1267委员会采取相关行动，目的是维护委员会列名的权威性和有效性，符合安理会决议和委员会议事规则，这也是负责任的态度。见"2017年1月5日外交部发言人耿爽主持例行记者会"。中国外交部网 站，2017年1月5日。http://www.fmprc.gov.cn/web/wjdt_674879/fyrbt_674889/t1428502.shtml，2018年3月8日登录。

过对话协商解决分歧，[1] 但在印度，显然有人将之视为中巴联手对印的又一例证。

鉴于目前印度在大国地位渴望与战略耐心之间较之中国有更大的落差，[2] 连同其和平崛起战略的较短历史和民族主义的更大影响，中国对于有着长远重大意义的中印关系不仅不能掉以轻心，而且还应从战略的高度，根据新型大国关系的逻辑，确保稳定进而较大地促进中印关系的向前发展，同时努力和耐心地争取消减中印间那些过头的战略猜疑、历史宿怨和战略或经济竞争可能性。与此同时，中国应争取分别发展与美国和印度的双边关系，同时重视“印太”视角下的美印关系态势，特别是对其联合制华的国际政治意图保持必要的战略警觉，并予以妥善应对。

就推进新时期的中印关系而言，尤其需要发挥好高层互动的把关定向和积极引领功能。

就推进新时期的中印关系而言，尤其需要发挥好高层互动的把关定向和积极引领功能。鉴于最高领导人对双边关系大局和基本定位有着深刻理解，对双边关系中敏感问题的消极影响有着深切感知，对双边关系互动中的战略期许有着较为现实的把握，因而高层的常态性互动有助于稳定两国关系，进而为两国关系的发展营造积极氛围。尽管高层互动难以消除印度某些政治精英头脑中根深蒂固的对华战略猜疑，但即便是像边界争端这类问题上，印度政府也清晰地知道，边界问题只是整个中印关系中较为敏感的一部分，而中印关系的全球战略意义需要双方超越在这一问题上的分歧。不仅如此，推动中印关系的稳步发展，将最终有助于边界问题的早日解决。正是基于这样的认识，在洞朗对峙之后，中印两国领导人在厦门会晤时同意两国领导人之间应保持密切沟通，为两国关系发展发挥引领作用，以确保两国关系稳定发展。[3]

总之，就推进新时期的中印关系而言，我们一方面需要清晰认识莫迪政府对华外交的固有逻辑，另一方面需要富有耐心和远见的战略塑造，确保中印关系行稳致远。

---

1 “新华社专访中国驻印度大使罗照辉：应脚踏实地推动中印关系稳步向前发展”，中华人民共和国驻印度大使馆网站，2016年12月31日，http://www.fmprc.gov.cn/ce/cein/chn/gdxw/t1427747.htm，2018年3月8日登录。

2 关于印度的中国观及其战略关切，见宋德星：“21世纪的中印关系：印度的根本战略关切及其逻辑起点”，《南亚研究》，2007年第2期，第3—8页。

3 “习近平会见印度总理莫迪”，《人民日报》，2017年9月6日。

专题：新时期的中国外交

共同利益增大推动中欧扩大合作

冯仲平

内容提要：本文认为，中欧关系在十九大后中国大国外交中将保持优先地位。中欧经贸关系的重要性将得以保持，同时中欧相互认知正在发生变化，支持国际多边主义成为双方新的共同利益，中国的“一带一路”倡议也得到了欧洲国家的支持。中欧合作正迎来新的机遇。尽管英国“脱欧”对欧盟的打击并没有当初人们所担心的那样大，但英欧新型关系未定，其对未来中欧关系的影响还需要持续跟踪研究。此外，也要清醒地看到，虽然中欧关系具有很大发展潜力，但未来相互关系将会遭受不少干扰，矛盾和摩擦也会不时出现。只有双方加强沟通，减少猜忌，增加互信，中欧合作才能结出利于地区和世界和平稳定发展的硕果。

关键词：中欧关系　全球治理　“一带一路”　英国“脱欧”

受近年来中国与欧盟自身变化，以及当下大国关系的大幅调整和国际格局随之出现的深刻变动，中国与欧盟及其成员国的共同利益呈现增大之势。中欧之间无疑存在着一些难以消除的分歧，争吵和摩擦也不时发生，但只要双方不断沟通、减少猜忌、扩大共识、增大互信，中欧关系将面临新的发展机遇。

一、经贸合作占据中欧关系的主导地位

长期以来，中国与欧盟及其成员国的关系一直以经贸往来为主，十九大之后经贸合作将继续占据中欧关系的主导地位。2018年是中国改革开放40周年。在过去的40年中，将中欧紧紧吸引在一起的主要是市场、投资和技术。随着中国

冯仲平　中国现代国际关系研究院副院长、研究员、博士生导师。

经济的快速发展和欧盟一体化的扩大和深化，中国与欧盟已分别成为世界最大经济体和贸易体，相互经济依赖也日益加深。2008年国际金融危机及之后欧债危机的爆发使得欧洲不少国家陷入严重的经济衰退，中国对欧洲的重要性进一步增大。根据中国海关最新统计，2017年中欧贸易额为6169.2亿美元。[1] 欧盟已连续十余年保持中国第一大贸易伙伴的地位，而中国则是欧盟的第二大贸易伙伴。近年来，中欧高层互访不断，中国国家主席习近平自2013年担任国家主席以来先后对荷兰、法国、德国、比利时、英国、波兰、捷克、芬兰等欧盟成员国进行了访问。值得一提的是，2014年习近平主席对欧盟总部的访问，是有史以来中国国家元首对欧盟总部的首次访问。欧盟国家领导人同样保持了很高的访华频率。以默克尔为例，从2005年担任德国总理至今到访中国达十次之多，几乎每年一次。2016年对于中德关系来说具有特别的意义，据德国联邦统计局数据，当年中德贸易额达到1882亿美元，中国首次取代美国成为德国的最大贸易伙伴；2017年，双边贸易额增至2112亿美元，中国蝉联德国第一大贸易伙伴。[2] 除双边交往外，自1998年以来中国与欧盟还一直保持着年度峰会的机制安排。中欧高层密切会晤的核心议题主要是经贸关系。

中欧高层密切会晤的核心议题主要是经贸关系。

中欧形成紧密的经济伙伴，主要在于双方经济具有很强的互补性。中欧关系以经贸合作为主这一特点在未来还会保持下去。今后中欧经贸关系的重点除现有的制造业外，还将包括服务业和数字经济。2013年11月第十六次中欧峰会宣布启动中欧投资协定谈判，将为中欧服务业合作提供更大机遇。此次峰会同时发布的《中欧关系2020战略规划》强调，该投资协定将涵盖双方各自关心的问题，包括投资保护和市场准入，推动逐步提升投资自由化水平并为双方投资者进入各自市场消除投资限制，通过确保双方长期可预见性的市场准入，为双方投资者提供更为简单、安全的法律环境，并为投资者及其投资提供有力保护。[3] 欧方对达成这样一项全面投资协议充满期待，并视其为欧盟对华政策的重要任务。[4] 欧盟认为，该协定一旦签订将有助于推动中国的改革朝着实现经济自由化和创造公平

---

1 “2017年12月进出口商品主要国别（地区）总值表”，海关信息网，http://www.haiguan.info/newdata/ndata7825.aspx，2018年2月28日登录。

2 德国联邦统计局网站：https://www-genesis.destatis.de;《2016年中国超美法，首次成为德国第一大贸易伙伴》，商务部网站，2017年2月25日，http://www.mofcom.gov.cn/article/i/jyjl/m/201802/20180202714177.shtml;《2017年中国蝉联德国第一大贸易伙伴》，商务部网站，2018年2月23日，http://www.mofcom.gov.cn/article/i/jyjl/m/201802/20180202714177.shtml，2018年2月28日登录。

3《中欧合作2020战略规划》，新华网，北京，2013年11月23日电。

4 “Commission proposes to open negotiations for an investment agreement with China”,European Commission Press release IP/13/458 ,Brussels, May 23, 2013.

经商环境的方向取得进展，进而为欧洲企业进军中国服务业市场提供新机会。[1]此外，随着中国迅速迈向知识型和创新驱动型经济，并成为这一领域的世界领先者，欧盟希望与中国合作，以实现欧盟与数字单一市场战略相一致的目标。[2]

二、十九大以来中欧关系面临新的发展机遇

十九大以来中欧关系面临新的发展机遇，未来双方有可能加大全球治理合作力度，携手提供有利于稳定和增长的国际公共产品。中欧双方一直有在国际舞台上相互借重的需求，特别是2003年双方宣布建立全面战略伙伴关系后。随着近年来中国参与国际事务主动性增大，以及欧盟自国际金融危机和欧债危机以来国际影响力受到削弱，这种需求可谓有增无减。习近平在2014年首次以国家主席身份访欧期间提出，中欧应打造“和平、增长、改革、文明”四大合作伙伴。[3]同年4月中国发布的对欧盟政策文件，详细阐述了中方希望与欧盟加强国际事务协调和配合的设想。[4]欧盟2016年6月出台的对华新战略文件也指出，中欧应明确“有关外交政策和安全的共同利益”。[5]但总体上来说，虽然过去十多年中欧都有意推动双方关系“超越简单买卖生意关系”，[6]双方的国际战略协调和合作还是说得多、做得少。布鲁塞尔当代中国研究所乔纳森·霍斯拉格曾于2011年撰文指出，中欧关系仍以经济为主，战略伙伴虚多实少。[7]然而，随着2016年底特朗普当选美国总统，中欧在合作应对全球性挑战方面开始迈出了一些具有实际意义的步伐。

特朗普坚持“美国优先”的主张与欧洲的一体化理念格格不入。而特朗普不断威胁开启贸易战也让中国忧心忡忡。但深层次真正使中欧担忧的是，特朗普上

1 这在欧洲议会2013年10月通过的相关决议上有所体现，见：*European Parliament resolution of 9 October 2013 on the EU-China negotiations for a bilateral investment agreement* (2013/2674(RSP), http://www.europarl.europa.eu/sides/getDoc.do?type=TA&language=EN&reference=P7-TA-2013-411，2018年2月28日登录。

2 2016年欧委会发布的对华政策文件中专门提及技术合作，称“中国正快速转向基于知识的、创新驱动的经济。欧盟，作为该领域的世界领导者，有强烈的兴趣与中国合作，以达成单一数字市场战略中制定的目标”。见：European Commission, *Elements for a new EU strategy on China*, June 22, 2016, http://eeas.europa.eu/china/docs/joint_communication_to_the_european_parliament_and_the_council_-_elements_for_a_new_eu_strategy_on_china.pdf，2018年2月28日登录。

3《习近平同欧洲理事会主席范龙佩举行会谈》，中新社布鲁塞尔2014年3月31日电。

4《深化互利共赢的中欧全面战略伙伴关系——中国对欧盟政策文件》，《人民日报》，2014年4月3日。

5 European Commission, *Elements for a new EU strategy on China*, 22.6.2016, http://eeas.europa.eu/china/docs/joint_communication_to_the_european_parliament_and_the_council_-_elements_for_a_new_eu_strategy_on_china.pdf，2018年2月28日登录。

6《习近平在德国〈法兰克福汇报〉发表署名文章》，《人民日报》，2014年3月29日。

7 Jonathan Holslag,“The Elusive Axis: Assessing the EU–China Strategic Partnership”, *Journal of Common Market Studies*, January 1, 2011.

台以来实施一系列“退出”政策举措对战后形成的国际多边秩序构成了挑战。首先，中国和欧盟均为国际自由贸易的受益者。中欧之间本身虽然存在贸易摩擦，但均支持经济全球化和二战后形成的世界贸易体系。其次，在全球气候变化问题上，中欧日益重视彼此的立场和作用。最后，中欧认为伊朗核协定是多边主义的重要成果，双方均十分重视其对维护国际核不扩散体系和中东和平稳定所发挥的重要作用。显然，支持国际多边主义已成为中欧新的共同利益。

欧盟“战略自主”的核心是推动自身防务一体化建设。

欧洲针对特朗普“美国优先”可以说内外并举，内部主要是加强凝聚力，增强所谓“战略自主”，外部主要是寻求与中国合作。欧盟“战略自主”的核心是推动自身防务一体化建设。2017年12月欧盟28国中25国就建立“永久结构性合作”（PESCO）达成一致意见，正是在“战略自主”思想指引下迄今欧盟在共同防务建设方面迈出的最重要一步，也可谓一体化“多速”模式在防务领域取得的重大突破。在与中国合作方面，可以看出欧洲对中国的认知开始超越经济，并视中国为可以携手捍卫国际自由贸易体系和多边主义的重要力量。正因为如此，习近平主席2017年1月在瑞士达沃斯世界经济论坛上力挺全球化的讲话在欧洲引起了热烈反响。在美国宣布退出《巴黎气候协定》后，中欧明显增大了相互国际战略协调和合作。事实上，在气候问题上法国、德国等欧洲国家已将中国视为核心合作伙伴。在维护伊朗核协议，以及推动2017年汉堡二十国集团峰会达成共识上，中欧的合作同样受到了国际社会广泛瞩目。2018年1月马克龙访华期间两国发表的《联合声明》基本上反映了中法和中欧在积极维护国际治理多边体系方面的共同立场。《联合声明》首先强调，中法将继续推动世界多极化进程，促进以国际法和公认的国际关系准则为基础的多边主义，携手构建相互尊重、公平正义、合作共赢的国际关系。关于经济全球化问题，声明指出，两国愿继续共同努力，建设开放型世界经济；反对一切形式的保护主义，努力确保公平竞争环境；推动实现更加开放、包容、平衡、互利共赢的经济全球化。为此，双方支持加强G20作为国际经济合作主论坛的作用，鼓励其在国际经济金融治理中扮演更积极角色。在气候问题上，两国重申愿深化和拓展双方在环境保护和应对气候变化领域的合作，采取切实行动，推动《巴黎协定》全面、有效和及时落实。关于伊朗核协议，两国重申坚持并维护2015年7月14日在维也纳达成的伊朗核问题全面协议，呼吁协议有关各方履行其承诺，全面遵守其国际义务。[1] 需要指出的是，欧盟与中国加强多边主义合作，共同应对全球性挑战不是权宜之计。尽管欧洲还将努力维护与美国的跨大西洋军事同盟，但维护国际多边机制作为欧盟的对外战略不会改变。2017年5月在与特朗普总统进行了两次面对面的会晤（七国集团和北约峰会）之后，默克尔在德国慕尼黑一次竞选集会上坦言，欧洲依赖别国的时

1《中华人民共和国和法兰西共和国联合声明》，《人民日报》，2018年1月10日。

代快要结束了，欧洲国家需要把命运掌握在自己手里。[1]

三、“一带一路”倡议与中欧关系

中国“一带一路”倡议得到欧洲国家的响应和参与，将为中欧关系未来发展注入新动力。2013年习近平主席选择在哈萨克斯坦和印尼分别首次提出“新丝路经济带”和“21世纪海上丝绸之路”具有很强的象征意义。作为中国近邻的中亚和东南亚毫无疑问是中国建设“一带一路”的优先合作对象。但如果说东亚是这一倡议的起点的话，欧洲则是其终点所在，或者说是联结欧亚的另一头。“一带一路”的目的正是希望通过互联互通将快速增长的东亚经济圈和成熟发达的欧洲经济圈更加紧密地联系起来。显然，对于中国来说，欧洲对于“一带一路”倡议的态度特别重要。

总体上，欧洲国家对于“一带一路”采取了支持的立场。中东欧国家的态度在欧洲国家中尤为积极。冷战结束后中东欧国家内政外交发生重大转变，大多数加入了北约和欧盟，但其经济发展水平与“老欧洲”国家一直具有较大差距。国际金融危机和欧债危机爆发以后，由于西欧国家深陷困境自身难保，中东欧国家便纷纷“向东看”，希望通过与中国加强经济关系特别是吸引中国投资来推动本国经济增长。在此背景下，中东欧16国（包括波兰、捷克、匈牙利等11个欧盟成员国以及塞尔维亚等5个欧盟候选国）与中国于2012年正式建立16+1合作机制。作为这一机制的一部分，16国与中国的政府首脑年度会晤也被确立下来。2013年中国提出“一带一路”倡议后，中东欧视该倡议为其改善基础设施、发挥欧亚枢纽作用的重大机遇。而16+1合作机制也成为16国参与“一带一路”建设的重要平台。迄今为止，匈牙利、波兰等多个中东欧国家与中国签署了《关于共同推进丝绸之路经济带和21世纪海上丝绸之路建设的谅解备忘录》，而改造和提升连接匈牙利首都布达佩斯和塞尔维亚首都贝尔格莱德的匈塞铁路则成为中欧合作建设“一带一路”的旗舰项目。

与中东欧国家相比，德国和法国等西欧大国以及欧盟机构对“一带一路”刚开始抱着观望态度，之后趋于积极，表现出有意愿利用这一倡议为欧洲带来经济好处。比如，当李克强总理2015年访欧期间提出共同开发“第三方市场”（尤其是“一带一路”沿线）设想后，法、德均给予积极回应。中法共同建设英国核电站也是这一设想的产物。欧盟委员会在2016年发表的对华新战略文件中指出，加强欧盟和中国之间的基础设施联系会促进有关各方的经济前景，并希望早日建成“中欧互联互通平台”，以使欧盟的政策和项目与中国的“一带一路”倡议以

1 Gideon Rachman, “Angela Merkel's blunder, Donald Trump and the end of the west”, *Financial Times*, May 29, 2017.

及各自的资金来源在交通运输和其他基础设施领域实现协同效应。[1] 目前，欧盟正讨论制定有关欧亚大陆互联互通的规划蓝图。欧盟驻华代表团团长史伟大使称，该规划将于2018年出台，以实现与“一带一路”倡议对接。[2]

但需要指出的是，无论是法国、德国还是欧盟委员会在愿意开展“一带一路”合作的同时，均还有一些担忧和疑虑。这些疑虑概括起来包括两方面：一是认为尽管中国提出倡议的动机主要是经济和社会发展，但倡议的实施不可避免地将会产生重大的地缘政治后果。实际上是担忧中国影响力将随着“一带一路”进一步扩大。二是担心中国不遵守国际通行规则，创建一套中国式的制度。2016年欧洲理事会在批准欧盟委员会对华新战略时，就“一带一路”所表述的立场反映了这一点。理事会首先指出，支持欧盟与中国就“一带一路”倡议展开合作。同时指出，“这种合作的基础是，中国实现其宣布的、使该倡议成为一个开放平台的目标，遵守市场规则、欧盟和国际要求及标准，对欧盟的政策和项目实现互补，以便为各方和倡议路线沿线的所有国家带来好处。”[3] 欧洲理事会由欧盟所有成员国首脑组成，其上述表态可以说代表了法、德等欧洲大国的立场。此外，在欧洲也有人担心中国通过“一带一路”拉拢中东欧国家，达到影响欧盟对华决策的目的。这一点在本文最后一部分还将提到。

四、英国“脱欧”对中欧关系的影响

英国“脱欧”对欧盟的影响，以及英欧“脱欧”谈判结果将会对中欧关系特别是经济关系产生较大影响。2016年6月通过公投做出脱离欧盟的决定之后，英国国内虽然一直存在这一决定能否改变或可否举行二次公投的争论，但综合来看现在英国最大的纠结已非“脱不脱”的问题，而是“如何脱”的问题。在“如何脱”的问题上，梅内阁已明确指向“硬脱欧”的方向，即英国将退出欧盟统一市场。然而，尽管英国去意已决，英国“脱欧”没有在其他27个欧盟国家产生连锁反应，对欧盟的打击并没有当初人们所担心的那样大。法国和德国是欧洲一体化的“双核”，2017年两国均举行了大选，反体制和反欧洲一体化的民粹主义政党均未取胜。即使与欧盟关系紧张的波兰、匈牙利等中东欧国家也没有形成要求步英国“脱欧”后尘的政治大气候。相反，随着马克龙当选法国总统，支持欧洲

1 European Commission, *Elements for a new EU strategy on China*. June 22, 2016, http://eeas.europa.eu/china/docs/joint_communication_to_the_european_parliament_and_the_council_-_elements_for_a_new_eu_strategy_on_china.pdf，2018年2月28日登录。

2 王晓真：《欧盟将推进对接“一带一路”倡议》，中国社会科学网，2018年1月16日，http://ex.cssn.cn/xspj/gjsy/201801/t20180116_3817051.shtml，2018年2月28日登录。

3 *EU Strategy on China:Council conclusions*, July 18, 2016, http://data.consilium.europa.eu/doc/document/ST-11252-2016-INIT/en/pdf，2018年2月28日登录。

一体化深化的社民党与默克尔领导的联盟党就组建新一届德国大联合政府达成一致，以及欧盟经济呈现强劲复苏势头、[1] 失业人口下降、难民危机趋缓，笼罩欧洲十余年的悲观气氛正逐渐退去。总之，英国“脱欧”后欧盟仍拥有27国组成的统一市场和19国组成的欧元区，世界最大经济体之一的地位仍很牢固。

按照规定，英国“脱欧”的时间将是2019年3月，但之后英国与欧盟的关系将进入一个过渡期，以使双方有更多时间就未来关系尤其是贸易关系进行谈判。在过渡期内英国将继续享受欧盟统一市场的好处，但无权参与欧盟的决策。目前英国和欧盟就过渡期的时间问题尚未达成一致意见，英国希望两年时间，而欧盟提出的时间是21个月。这意味着在未来3年内中英和中欧贸易基本不受影响。

长远来看，英国“脱欧”对中欧经济关系的影响主要体现在以下几方面：一是英国难以继续发挥中国产品或投资进入欧盟统一市场门户的作用。2014年中国将伦敦作为人民币结算和清算中心，截至2015年，英国占欧盟人民币离岸业务的大约三分之二。显然，英国在使欧洲参与人民币国际化方面发挥了重要的战略作用。[2] 二是英国“脱欧”后欧盟保护主义势力有可能增大。英国在欧盟内部一直是支持自由贸易的力量，在以往中欧经贸摩擦中对欧盟采取对华保护主义政策基本上持反对立场，同时英国也主张承认中国市场经济地位。三是英国“脱欧”之后，如果中英能够签署自由贸易协定，不仅可导致部分英欧贸易和欧中贸易转移到英中贸易，也可能对中欧达成自贸协定起到推动作用。

五、中欧关系的矛盾和摩擦会不时出现

尽管中欧关系具有发展潜力，但也要清醒地看到未来相互关系将会遭受不少干扰，矛盾和摩擦也会不时出现。只有双方加大沟通，减少猜忌，增加互信，中欧合作才能结出有利于地区和世界和平稳定发展的硕果。未来几年，中欧关系面临的主要挑战将来自经贸和政治两方面。长期以来欧盟在对华关系中最大的不满是贸易逆差问题，要求中方对欧企开放服务业市场。根据欧盟统计局2017年1—11月的统计数字，中欧贸易额为5233亿欧元，中国对欧贸易顺差达1619亿欧元。[3] 近年来很多欧洲国家对中国不断要求所谓“对等”（reciprocity），即欧企在

---

1 欧盟统计局2018年1月30日公布的预估数据显示，2017年欧元区国内生产总值增长2.5%，为2007年以来最快增速。引自新华社布鲁塞尔，2018年1月30日电。

2 Tim Summers, “Brexit: Implications for EU–China Relations”, May 11, 2017, https://www.chathamhouse.org/sites/files/chathamhouse/publications/research/2017-05-11-brexit-eu-china-summers-final.pdf，2018年2月28日登录。

3 EUROSTAT：“Euro Area International Trade in Goods Surplus €26.3 bn”, http://ec.europa.eu/eurostat/documents/2995521/8587705/6-15012018-AP-EN.pdf/f360551a-c4ca-4db7-a6b4-2696806e6e38，2018年2月28日登录。

中国需要享受到与中企在欧洲一样的市场开放。德国总理默克尔、法国总统马克龙以及英国首相特雷莎·梅在不同场合多次表达了与中国的经济关系必须是“对等开放”“互惠”以及“公平贸易”等。受民粹主义上升的刺激，目前欧洲贸易保护主义情绪抬头，未来数年中欧贸易和投资摩擦有可能加剧。

在贸易方面，欧盟在对中国产品进行反倾销调查中变相延续过时做法，引起中国不满。根据《中国加入世贸组织议定书》第15条规定，世贸组织成员在对中国出口产品的反倾销调查中使用“替代国”数据的做法应于2016年12月11日终止，但欧盟作为世贸组织成员并未如期履行。2017年12月，欧盟新的反倾销规定生效，以“市场严重扭曲”这一新的评判方式作为判定某种商品是否在欧洲市场构成倾销的基本依据。根据该修正案，如果确认欧盟进口产品的原产国存在“市场严重扭曲”情况，欧盟对其进行反倾销调查时，将参考国际市场价格或具有同等经济发展水平的第三国产品价格和成本来计算倾销幅度。中国外交部对此十分不满，表示欧盟的做法损人害己。中国商务部更直接表示，欧盟此举违法世贸组织规则，中方保留在世贸组织争端解决机制下的相关权力，将采取必要措施维护中方合法权益。[1]

在投资领域，2017年9月13日欧盟委员会主席容克在其年度《盟情咨文》中提出，将需要在欧盟层面建立对外国直接投资的审查框架，以加强对外国投资对欧盟成员国国家安全及公共秩序方面的审查。容克认为，“如果一个外国的国有企业想要购买欧洲的港口、欧洲的能源基础设施或者国防技术公司，这个过程必须透明，要有审查和辩论。”[2] 这一表态受到了德、法等国的支持，而且被广泛视为其矛头主要针对中国。

除经贸外，中欧还面临政治方面的挑战。长期以来，中国一直支持欧洲一体化，支持欧盟统一。这在世界大国中并不多见。但近年来欧洲不断出现所谓中国对欧进行“分而治之”的指责，并且主要拿中国与中东欧16国建立的16+1机制说事，经过中国的解释包括邀请欧盟机构以观察员身份出席16+1峰会，欧方态度有所缓和。但2017年以来指责中国分裂欧盟的声音在欧洲重新增大，一方面认为波兰、希腊等国阻挠欧盟出台不利于中国的政策，是由于得到了中国的好处；另一方面认为，由于与中国的紧密关系，欧盟内一些国家开始与欧盟讨价还价，甚至对抗欧盟领导。在中国与中东欧国家关系上，德国政界、媒体、智库对中国的疑虑尤为明显。这主要与中东欧地区为德国近邻、德国在该地区具有巨大的经济利益有直接关系。如，德国外长加布里尔在2017年8月访问法国时公开称，中国不要试图分化欧洲，而应遵守一个欧洲原则；德国总理默克尔2018年1

1 张琪：《欧盟反倾销调查手法翻新是否仍欲剑指中国》，财新网，2017年12月22日，http://international.caixin.com/2017-12-22/101188151.html，2018年2月28日登录。

2 Jean-ClaudeJuncker,*STATEOFTHEUNION2017*,https://ec.europa.eu/commission/sites/beta-political/files/state-union-2017-brochure_en.pdf，2018年2月28日登录。

月20日访问保加利亚时也公开发表讲话强调，欧盟各国必须以统一的立场对待中国。[1]

政治制度和意识形态差异是引发中欧关系不时出现冲突和矛盾的另一个重要因素。近一段时间欧洲不断渲染中国扩大对欧洲政治影响力，既表明了双方政治互信的严重不足，也反映了西方意识形态仍在其对华关系中作祟。如，2018年2月5日德国两家智库全球公共政策研究所和墨卡托中国研究中心发表报告称，中国采用大量隐秘或较为公开的手段影响欧洲政治，其对欧洲的渗透比俄罗斯更加有效。该报告认为，与俄罗斯相比，中国作为成功的社会经济模式，加强了中国在欧洲的影响力，未来“对欧洲价值观和利益构成长期严重挑战的恰恰是中国”。[2] 国际金融危机和欧债危机以来，欧洲各国政府总体上采取了较为务实的对华态度。正因为如此，目前欧洲出现的这一轮对华抵触、抗拒情绪应引起中国的重视。

政治制度和意识形态差异是引发中欧关系不时出现冲突和矛盾的另一个重要因素。

综上所述，随着近年来大国实力此消彼长以及大国之间相互博弈日益加剧，世界的不确定性显著增大。与其他大国关系相比，中欧在保持经贸关系和开展全球治理合作方面的意愿突出。这将为十九大以来中欧关系发展提供新方向、新动力，也将成为新时代中国大国外交的新特征。但中欧关系的发展不会一帆风顺，彼此不同的历史文化、发展水平以及政治制度均会对双方的合作产生干扰。这就要求中欧不断努力，排除干扰，携手合作，共同为地区和世界的和平稳定发展做出贡献。

1《默克尔：面对中国欧盟应当团结》，德国之声中文网，2018年1月21日，http://p.dw.com/p/2rFlV。

2 Thorsten Benner et al., *Authoritarian Advance: Responding to China's Growing Political Influence in Europe*, February 2018, https://www.merics.org/sites/default/files/2018-02/GPPi_MERICS_Authoritarian_Advance_2018_1.pdf.

专题：新时期的中国外交

中非合作论坛：效力与展望
——在21世纪推进中非合作

［加纳］奎西·普拉（Kwesi Kwaa Prah）

中非合作论坛机制

在后殖民时代，中非之间的联系与合作推动非洲地区实现了范围最为广泛的经济、贸易和基础设施变革，在非洲大陆一个又一个国家中，这种变革是显而易见的。大多数变革发生在最近20年里。2015年12月中国外交部发言人指出，中国帮助非洲国家建设了5675公里铁路、4507公里公路、18座桥梁、12个港口、14座机场和航站楼、64座电站、76个体育设施以及水利、通讯等基础设施、68所医院、200多所学校和23个农业技术示范中心。[1] 此外，自2000年起中国向非洲国家提供了5.5万个政府奖学金名额。除了中国，没有任何其他传统或者非传统的伙伴，能如此深入地与非洲大陆进行合作。美国和欧盟都曾对非洲做出了一些承诺，但是它们从来没有像中国一样，给非洲带来如此显著的影响。[2]

有评论指出，中国对当前西方对外援助的做法提供了可替代的方案，体现在以下四个意义重大的方面：西方经典的捐助国—受惠国的关系被中国倡导的平等伙伴关系所替代；中国关注的焦点在于构建互惠、双赢的援助安排；对受惠国的种种制约被中国坚持尊重他国主权和不干涉内政的原则所替代；多边主义和

［加纳］奎西·普拉（Kwesi Kwaa Prah）非洲社会高级研究中心（CASAS）创始人、主任。

1 Zhang Yunbi, "Spokeswoman: China's aid to Africa never offer blank promises," December 10, 2015, Accessed on February 25, 2016, http://www.chinadaily.com.cnworld/2015-12/10/content_ 22685397.htm. Quoted here from, Monika Krukowska, "China and Africa. Cooperation Outlook after the 6th FOCAC Summit in Johannesburg, South Africa," *Journal of Modern Science Tom,* 3/30/2016, S. 157-180. p.177.

2 Ibid.

援助方的集体谋划受到中国单独在重大外援项目上具有发言权的挑战。[1] 挪威学者哥洛斯达尔（Kjøllesdal）和BI挪威商学院教授安妮·韦勒–斯特兰德（Anne Welle-Strand）指出：首先，中国对外援助主要与经济利益挂钩，施援的前提是援助本身能够产生互惠、双赢的结果。这种做法与西方那种单纯为了帮助受援国的发展援助截然不同。其次，自20世纪50年代以来，中国坚持不干涉内政的原则。这意味着中国进行对外援助时，原则上不强制受援国进行国内民主改革，或者规定人权方面的一些限制条件。最后，在南南合作的大框架下，中国的对外援助被视为体现了类似的历史性路径和经验。[2]

中非合作论坛创立于2000年，它是中非之间对话、协商及合作的平台，每三年举办一次。中非合作论坛在创立伊始即被寄予厚望，意欲为中非之间的互惠努力提供高层次交流平台。在很多方面，中非合作论坛是南南合作的一种新颖的形式，它通过逐步累积、精心设计和实用的方式来应对发展问题，向世人展示了其独有的力量。自创建以来，中非合作论坛已举办了6次：

2000年，第一届中非合作论坛，北京，中国；

2003年，第二届中非合作论坛，亚的斯亚贝巴，埃塞俄比亚；

2006年，第三届中非合作论坛，北京，中国；

2009年，第四届中非合作论坛，沙姆沙伊赫，埃及；

2012年，第五届中非合作论坛，北京，中国；

2015年，第六届中非合作论坛，约翰内斯堡，南非。

中非合作论坛是中国当代对非洲大战略的基石。首届中非论坛会议于2000年10月10—12日在北京举行。此次会议为中国与非洲国家之间在平等和互惠基础上，发展全新、稳定和长期的伙伴关系指明了方向。会议通过了《中非经济社会合作纲领》和《中非合作论坛北京宣言》，由27个部委组成的中方后续行动委员会亦成立运行。[3]

第二届中非合作论坛部长级会议于2003年12月15—16日，在埃塞俄比亚首都亚的斯亚贝巴举行。来自中国和非洲44个国家的70多名外交与经济事务部长，以及来自国际和地区组织的代表出席了会议。中国政府与非洲国家签署了382个援助协定，开始对1.26万非洲专业人员进行培训。此次会议还落实了非洲部分最

---

1 Kristian Aamelfot Kjøllesdal and Anne Welle-Strand, “Foreign Aid Strategies: China Taking Over?” *Asian Social Science,* Vol. 6, No. 10, 2010, Canadian Center of Science and Education.

2 Ibid.

3 译者注：中方后续行动委员会成立之初由21个部委组成，现有27家成员单位，分别是：外交部、商务部、财政部、中共中央对外联络部、国家发展改革委员会、教育部、科学技术部、国土资源部、交通部、信息产业部、农业部、文化部、卫生部、中国人民银行、海关总署、国家税务总局、国家质检总局、国家环保总局、国家民航总局、国家广电总局、国家旅游局、国务院新闻办、共青团中央、中国国际贸易促进委员会、中国银行、中国进出口银行、北京市人民政府。

不发达国家部分对华出口商品免关税待遇，28个非洲国家享受190种输华产品的免关税待遇；给予17个非洲国家“中国公民自费出国旅游目的地”的地位。[1] 会议发表了《中非合作论坛——亚的斯亚贝巴行动计划（2004—2006年）》，确定了随后三年中非关系优先发展的领域。

2006年7月，中非合作论坛与非洲发展新伙伴计划（NEPAD）秘书处签订了谅解备忘录。同年11月，第三届中非合作论坛峰会于北京举行。48个非洲国家的元首、政府官员及各种代表团、负责经济合作的部长及外交部部长齐聚北京。北京峰会通过了《中非合作论坛——北京行动计划（2007—2009年）》。这个行动计划是一份综合性文件，内容涉及更高层次的经济与国际事务合作计划，包括在人力发展、基础设施建设及技术援助方面详细的措施。截至2006年中非合作论坛召开之时，已有26个非洲国家成为了“中国公民自费出国旅游目的地”。[2]

2009年11月，第四届中非合作论坛部长级会议于埃及海滨城市沙姆沙伊赫举行。来自中国及非洲49个国家的代表参加了此次会议，会议的主题为基础设施建设和农业 / 食品安全。早在2008年10月，于开罗召开的中非合作论坛高官会即对此次会议的主题进行了磋商。2009年1月到8月，安哥拉、刚果民主共和国、莫桑比克及乌干达的政府官员，陆续确认并同意：这个主题与许多非洲国家优先考虑的发展议题密切相关。2009年的沙姆沙伊赫会议关注于确认非洲地区发展的优先次序，主要涉及中国可给予支持的农业及基础设施建设。

第五届中非合作论坛部长级会议于2012年在北京召开。此次大会上，中方提出中非和平安全合作伙伴倡议，并寻求为非洲大陆培育和平与安全提供金融援助、能力建设及其他形式的制度化支持。时任联合国秘书长潘基文在论坛开幕式上发表的演讲称，中非合作论坛可在三个方面促进非洲的发展，即减贫，“增强非洲的能力”，以及促进绿色发展。[3]

第六届中非合作论坛峰会于2015年在南非首都约翰内斯堡召开。会议期间，非洲联盟成为了中非合作论坛机制的观察员。[4] 此次会议商讨了地区一体化、扩大和平与安全合作等问题，并通过了《中非合作论坛约翰内斯堡宣言》和《中非合作论坛——约翰内斯堡行动计划（2016—2018年）》。这两个文件阐明了发展和巩固中非关系的方案，确定了未来三年的合作领域。在2015年的政策文件中，

---

1 译者注：此次论坛新增8个非洲国家为“中国公民自费出国旅游目的地”。截至此次论坛，中国在非洲批准开放的旅游目的地国家增至17个。

2 译者注：此次论坛新增9个非洲国家为“中国公民自费出国旅游目的地”国家，中国在非洲批准开放的旅游目的地国家增至26个。

3 “UN Secretary General Ban Ki-moon’s Remarks to the Fifth Ministerial Conference of the FOCAC,” *CHINAFRICA Publication*, Beijing, July 19, 2012, accessed on Feb 8, 2018, http://www.chinafrica.cn/txt/2012-07/23/content_469936.htm.

4 Yu-Shan and Chris Alden, “China-Africa Factsheet,” South Africa Institute of International Affairs, Last Updated, February 2015.

中国提出中非合作将基于“非洲提出、非洲同意、非洲主导”的原则进行展开。中非双方同意将中非新型战略伙伴关系提升为全面战略合作伙伴关系，并提出了中非合作“五大支柱”的概念，即政治上平等互信；经济上合作共赢；文明上交流互鉴；安全上守望相助；国际事务中团结协作。人们期望通过这“五大支柱”巩固中非合作的基础，维系中非全面战略伙伴关系。另外，中方提出在未来三年同非方重点实施“十大合作计划”。[1] 为确保“十大合作计划”顺利实施，中方决定提供总额600亿美元的资金支持，包括提供50亿美元的无偿援助和无息贷款；提供350亿美元的优惠性质贷款及出口信贷额度，并提高优惠贷款优惠度；为中非发展基金和非洲中小企业发展专项贷款各增资50亿美元；设立首批资金100亿美元的“中非产能合作基金”。[2]

中国在非洲的外交和经济活动主要基于双边协定展开，并通过政府部门、国有企业、地方性机构和公司、跨国及私人公司以及个人实施。[3] 下一届中非合作论坛部长级会议将于2018年在北京召开。

在2016年7月召开的中非合作论坛约翰内斯堡峰会成果落实协调人会议上，时任南非外交部部长玛莎巴尼（Maite Nkoana Mashabane）评论到，“自2015年12月约翰内斯堡峰会以来，我们一直忙于推动各种具体的政策执行，这一点不同于以往的伙伴关系所来的结果——政策执行一般要花费很长的时间。我们将在2018年完成行动第一阶段的任务，非洲的普通人都将感受到中非合作伙伴关系所带来的成果。”[4] 此次会议也注意到，中非高层互访的增加有助于推动双方互惠合作、中非民众活动和文化交往的展开，以及双方在安全领域和国际舞台中的合作。随着非洲地区产业集结、技术转移和人力资本的发展，中非双方都表达了推动非洲地区产业升级和农业现代化的愿望。这次会议上中非双方达成一致，未来将秉持共同发展、集约发展、绿色发展、安全发展和开放发展的五大合作发展理念。[5]

中非合作的历史背景

在成立至今将近20年的时间里，中非合作论坛合作机制已经成为推动中非关系发展的驱动器。我们可以从两个历史背景出发，对中非合作论坛的经验进行审视，这些历史背景是当代中非互动的具体情境。

1 Tian Xuejun, “A New Era for China-Africa Relations,” *The Thinker*, Vol. 68, (2016), p.23.

2 Ibid.

3 Yu-Shan and Chris Alden, “China-Africa Factsheet,” South Africa Institute of International Affairs, Last Updated, February 2015.

4 “Africa and China meet to assess progress in the implementation of FOCAC Action Plan and Plan for the future,” *Press Release No. 268/2016*, Directorate of Information and Communication, African Union.

5 Ibid.

第一个历史背景是，中国令世人震惊的经济、贸易、科技地位的迅速上升，已经成为21世纪前20年来全球进步的重要标志。中国发展的规模、范围和速度，在人类历史上都是史无前例的。中国发展的直接起源根植于“四个现代化”的提出——农业、工业、国防和科技四个方面的现代化。周恩来于1963年正式提出“四个现代化”的战略目标。[1] 毛泽东去世后，华国锋开始实施这一战略。不过，正式推进“四个现代化”战略还是始于1978年邓小平提出的改革开放，从而触发了中国社会新变革时代的开端。“四个现代化”关注到实现2000年世界发展目标和增长水平，并确保到21世纪中国成为世界经济强国。现在看来，这些设想绝大部分都已经实现。当前，中国成为仅次于美国的第二经济大国。而且很有可能的是，在未来几年内，中国将成为世界上的头号经济大国。[2] 2014年，国际货币基金组织指出，中国已经成为世界上最大的经济体。国际货币基金组织预测，“到21世纪的第二个十年末期，中国经济总量将达到26.28万亿美元，比美国22.3万亿美元超出20%。”[3] 今天，中国正着力推进实现“两个一百年的目标”。第一个一百年是到中国共产党成立100周年时（2021年），全面建成小康社会；第二个一百年是到新中国成立100周年时（2049年），建成富强、民主、文明、和谐的社会主义现代化国家。[4]

第二个历史背景即非洲国家总体上从20世纪50年代中期开始逐步脱离旧的殖民秩序。贯穿20世纪60年代到70年代成为“非洲独立的十年”，在此期间，三分之二的非洲国家通过相对温和的方式，未经政治动乱就摆脱了殖民统治。只是在南部非洲发生了血腥的反殖民战争，最后终结了白人定居者的统治。摆脱殖民秩序的最后篇章是1994年种族隔离制度的终结。加纳政治家、首任加纳总统克瓦米·恩克鲁玛（Kwame Nkrumah）用新殖民主义来概括脱胎于殖民秩序的非洲国家的显著特点：“实际上，（非洲国家的）经济系统及其政治方面的政策都受制于外部操控。”[5] 新殖民主义通过一个阶级结构进行维系，在这个结构中存在着对帝国主义的严重妥协。因此，新殖民主义秩序隐含了国际帝国主义（核心）和

1 译者查询，在1964年底到1965年初召开的第三届全国人大第一次会议上，周恩来在政府工作报告中正式提出“四个现代化”的战略目标。

2 Joseph S. Nye suggests that; “Aside from the political uncertainties, China’s size and high rate of economic growth will almost certainly increase its strength in relation to the United States. But even when China becomes the world’s largest economy, it will lag decades behind the United States in per-capita income, which is a better measure of an economy’s sophistication.” American power in the 21st century will be defined by the ‘rise of the rest’. Joseph S. Nye Jr., *The Washington Post,* June 28, 2013, accessed on Feb 1, 2018, https://www.washingtonpost.com/ opinions/american-power-in-the-21st-century-will-be-defined-by-the-rise-of-the-rest/2013/06/28/f5169668-dced-11e2-9218-bc2ac7cd44e2_story.html?utm_term=.d0c3f95befba.

3 Ben Carter, “Is China’s economy really the largest in the world?” *BBC News Magazine,* December 16, 2014, accessed on Feb 9, 2018, http://www.bbc.com/news/magazine-30483762.

4 Tian Xuejun, “A New Era for …,” Op cit, p.22.

5 Kwame Nkrumah, *Introduction, Neo-Colonialism, the Last Stage of Imperialism*, London: Heinemann, 1965.

全球南方国家（边缘）——特别是非洲国家——在双方关系上结构性的不对称，这种不对称体现在经济、社会、文化及政治等方方面面。殖民地国家继续深受旧殖民主义力量的影响，当代非洲知识界的许多人将非洲的团结统一视为非洲解放和进步的唯一现实的路径。

在殖民时期及后来的年代，非洲地区的技术创新、公路、铁路、港口以及基础设施建设都主要掌握在西方殖民者的手中。中国作为一个经济和科技大国的出现，为后殖民时期的非洲国家在商品、资金和基础设施建设方面提供了另外一个可选方案，对于亚洲、中东、加勒比及拉美地区的国家亦是如此。西方的产业和资金投入迟缓、相对价格过高，或者带有附加条件；而中国秉持不干涉内政的原则，根据具体的经济价值来处理各种挑战和项目。中国人总体上回避了设置政治方面和社会方面的附加条件，他们专注于成本低廉但快速的生产制造。这意味着许多西方国家无法与中国在向发展中国家提供基础设施方面进行有效的竞争。

中国社会科学院非洲问题专家贺文萍认为，在当代国际关系史50—60年的时间跨度里，中非之间逐步建立了一种长期、稳定、合作的关系，这种关系被视为南南合作的典范。贺文萍指出，在20世纪60年代后期，尽管受到“文化大革命”的影响，但中非关系总的来说发展较好，并且在半个世纪的时间内成功经受了各种各样的考验。[1] 据贺文萍观察，总体来讲，五十年来中国的非洲政策可以分为三个阶段。由于国际环境和中国总体外交战略的发展变化，每个阶段的非洲政策都展现出不同的特点。第一个阶段（1949—1979年）是中华人民共和国成立后，中非关系建立、发展和巩固的阶段。面对美苏的外交孤立和战略遏制，中国政府转向包括非洲在内的“第三世界”。在这一时期，中国政府和人民表达了与非洲的紧密团结，并且对非洲人民争取实现和巩固独立的运动给予了有原则的且实质性的支持。这一时期的中非关系带有鲜明的意识形态色彩。周恩来20世纪60年代的非洲之行，以及著名的坦赞铁路是这一时期中非关系两个重要的代表。坦赞铁路的通车确实帮助赞比亚减少了对当时南方白人定居者殖民政权的依赖。[2] 第二个阶段是20世纪80年代，这一时期中国对非政策减少了意识形态方面的考虑，增加了经济收益上的考量。自中国实施改革开放政策以来，随着与西方关系的大幅改善，中国外交的指导原则从以意识形态划界转向实用的现实主义，从无条件支持国际主义转向优先考虑本国的国家利益。中非关系方面，中国从支持非洲反帝国主义和殖民主义的斗争，转向支持非洲国家在国家发展上做出自己

1 He Wenping, “The Evolution of China’s African Policy: All Weather Friend,” in Kwesi Kwaa Prah, ed., *Afro-Chinese relations; Past, Present and Future,* Cape Town: CASAS Book Series, No.45, 2007, pp.24-47.

2 Li Baoping, “Sino-Tanzanian Relations and Political Development,” in Kwesi Kwaa Prah, ed., *Afro-Chinese relations*; *Past, Present and Future,* Cape Town: CASAS Book Series, No.45, 2007, p.128. See also, K.D.L.S. Prah, *Ideology and Practice. Relations between China and Tanzania in Historical Perspective (1968 – 1985),* Trenton: Africa World Press, 2016, pp.65-66.

的选择。冷战结束后，中非关系进入了第三个阶段。这一时期，中国在与非洲国家的双边关系中，对政治和经济收益给予了同等的关注。[1]

中国的经济增长

在1979年改革开放之前，中国国内生产总值（GDP）年均增速估计为5.3%（从1960年到1978年）。1979—2010年，中国每年的经济增速平均为10.4%。2008年全球经济衰退将中国的经济增速从上一年的14.2%拉低至9.6%。[2] 自启动经济改革进程及实施对外开放政策以来，中国保持着引人瞩目的经济增速，中国的对外贸易保持着同等的增速。中国成功地从一个执行保护主义贸易政策的国家，转型为经济日益开放的外向型国家。在这个转型的过程中，中国与世界其他国家的贸易关系经历了从被孤立、到依赖苏联经济，再到对外开放的不同阶段。2001年中国加入世界贸易组织（WTO）是中国对外开放的关键一步，它为中国在全球多边贸易体系中参与世界贸易提供了机会。时任中国国家主席胡锦涛曾讲到，“中国加入世贸组织是中国改革开放的一个里程碑，它让我们步入了进一步扩大开放的新时代。决定加入世贸组织是基于对国内外环境全面分析，为推进中国的改革开放和社会主义现代化进程，而做出的重大战略决策。”[3]

中国经济增长的一个主要动力源自其成功地融入了全球经济。中国一些产业具备明显的比较优势，加之人力资源不断提升的技能和专业水平，为中国经济总量和就业增长做出了尤其重要的贡献。中国近些年来采取了出口导向型的经济政策，并且成为了世界市场中主要的贸易大国。国际贸易的快速增长也同样提升了国内一些产业的生产力并加速了技术进步。通过生产环节的技术投入，规模庞大的资本输入及中间产品的加工处理促进了生产力的提升。整个东亚地区仍受益于机器零件和一般附加价值商品进出口贸易的显著增长。事实上，过去的二十年见证了中国与世界贸易的显著增长，欧盟、美国、日本和经济合作组织（OECD）等经济体已经成为中国重要的贸易伙伴。拥有相对良好技能且低廉的劳动力资源进一步巩固了中国的竞争力。外国直接投资的流入加之低廉的劳动力成本和外国技术，改善了中国产业的效率和竞争优势。[4]

---

1 He Wenping, “The Evolution of China’s African Policy: All Weather Friend,” in Kwesi Kwaa Prah, ed., *Afro-Chinese relations; Past, Present and Future,* Cape Town: CASAS Book Series, No.45, 2007, pp.24-47.

2 “China GDP: how it has changed since 1980,” accessed, on Jan 10, 2018, https://www.theguardian.com/news/datablog/2012/mar/23/ china-gdp-since-1980.

3 “China in the WTO: Past, Present and Future Permanent Mission of China to the WTO,” Published for the 10th Anniversary of China’s Accession to the WTO, 2011, accessed on Feb 7, 2018, https://www.wto.org/english/thewto_e/acc_e/s7lu_e.pdf.

4 Guglielmo Maria Caporalea, Anamaria Sovab and Robert Sovac, “Trade flows and trade specialisation: The Case of China,” *China Economic Review,* Vol. 34, July 2015, pp.261-273.

截至2011年，根据国内生产总值这一指标衡量，中国已经成为世界上第二大经济体、第一大货物出口国、第二大货物进口国、第四大商业服务出口国、第三大商业服务进口国和发展中国家中外商直接投资的第一目标国。[1] 在国际贸易方面，2011年，中国成为澳大利亚、智利、日本、韩国、马来西亚、俄罗斯、巴西、南非和沙特阿拉伯的第一大贸易伙伴；阿根廷、加拿大、欧盟、印度、印度尼西亚、墨西哥、新西兰、新加坡和美国的第二大贸易伙伴；土耳其、德国和意大利的第三大贸易伙伴。[2]

2013年，中国是世界上第二大贸易顺差国，仅次于德国。美国同年的贸易逆差约7500亿美元，是全球第一大贸易逆差国。美国和欧盟都是中国重要的贸易伙伴。截至2013年，欧盟从中国的进口额是对华出口额的两倍，对华贸易逆差超过1300亿欧元。2013年欧盟对华贸易逆差最高的产品主要是制成品、机械和服装；基本上达成贸易平衡的产品是原材料和农产品。截至2014年，中国进口达1.96万亿美元；出口达2.3万亿美元。相比之下，中国的无形贸易赤字——通常用无形贸易差额来衡量服务业贸易和政府转移支付所造成的收支账户情况——在2013年底达到了900亿美元。中国提出的“一带一路”倡议预示着取得更显著的成就：它将触发一场遍及亚洲、欧洲和非洲广阔地理区域的经济大发展，这个区域居住着64% 的世界人口，经济总量占全球生产总值的30%。[3]

中非贸易的动力

非洲国家向中国出口的绝大部分产品是矿物、矿石及其他初级产品，其中对华出口的第一大物资是石油。我们需要从中国日益扩大的全球贸易链条的角度来审视中国和非洲不断扩张的贸易规模。在过去的16年间，中非双边贸易发展虽有轻微震荡，但总体稳步增长，并很快走出了2008年金融危机的阴影。不过自2014年以来，疲软的商品价格严重影响了非洲对华出口商品的价值；但非洲从中国进口商品的价格在很大程度上保持坚挺。2016年，非洲对华最大的出口国是安哥拉、南非和刚果共和国；中国对非洲出口的第一大国是南非，其次为埃及和尼日利亚。[4]

---

1 “China in the WTO: Past, Present and Future Permanent Mission of China to the WTO,” Published for the 10th Anniversary of China’s Accession to the WTO, 2011, accessed on Feb 7, 2018, https://www.wto.org/english/thewto_e/acc_e/s7lu_e.pdf.

2 Ibid.

3 Yiping Huang, “Understanding China’s Belt & Road Initiative: Motivation, Framework and Assessment,” *China Economic Review*, Vol. 40, September 2016, pp.314-321.

4 “Data, The China-Africa Research Initiative (CARI),” Johns Hopkins University School of Advanced International Studies (SAIS), http://www.sais-cari.org/data-china-africa-trade/.

在第三届和第四届中非合作论坛期间，中国政府取消了非洲33个国家的168笔将于2005年底到期的债务，扩大了同中国建立外交关系的31个非洲最不发达国家输华商品零关税待遇受惠商品的税目。这些举措在某种程度上促进了中非贸易额首次突破1000亿美元，达到1068亿美元。值得注意的是，非洲对华进口508亿美元，对华出口560亿美元，非洲是中非贸易中的盈余方。第三届中非合作论坛稳步推进了中国在公共卫生方面的对非援助。当时，中国政府着手在非建立30家医院，其中16家在第四届中非合作论坛召开的时候已建成。超过3亿人民币的抗疟疾药品捐赠已交付非洲国家，30个预防治疗疟疾的示范中心也已落成。中国向非洲派出了40多支医疗队以提供医疗卫生服务。在教育及人力资源方面，第二届中非合作论坛提出的种种承诺均已兑现。截至2009年末，中国承诺建设的100个乡村学校已经落成运转。中国向非洲国家提供的学生奖学金的数量，从2006—2007学年的2000人次，增加到2009—2010学年的4000人次。[1]

2016年，中非贸易额为1491亿美元。随着中非双边经济关系的迅速发展，2017年一季度，中非贸易额同比增长16.8%，达到388亿美元，这是自2015年以来中非贸易额的首次季度性上涨。其中，中国自非洲进口额为184亿美元，同比增长46%。中国商务部发言人孙继文在2017年5月11日例行新闻发布会上讲到，2017年前三个月，中国对非洲出口额205亿美元，同比下降1%，但跌幅较去年同期收窄18%；中国企业对非洲非金融类直接投资同比增长64%，金额超过7.5亿美元。孙继文认为，中非贸易的快速增长源于2015年约翰内斯堡峰会上提出的中非“十大合作计划”。孙继文指出，中非双方都期待推动经济合作迈向更高的水平。[2]

在过去的几十年间，中国的政府贷款惠及非洲多数国家，而且中国拥有一个规模可观且不断增长的发展金融计划。自进入新千年，中国的贷款金融不断增长，但是它并不像许多观察者预言的那样庞大。中非研究倡议（CARI）的研究者估计，从2000年到2015年，中国政府和银行向非洲政府及国有企业发放了944亿美元贷款。在这期间，安哥拉是接受中国贷款最多的国家，总计192亿美元，大约占中国对非贷款总额的五分之一。2015年，中国贷款前三大非洲流入国是乌干达、肯尼亚和塞内加尔。[3]

伊利诺伊大学政治科学系荣誉教授于子桥（George T.Yu）评论说，“中国新兴的全球角色和潜在影响力，或者说‘中国方案’，在中国与多元、广袤的非洲

1 Ian Taylor, *The Forum on China-Africa Cooperation (FOCAC)*, Oxford: Routledge, 2011, p.80.

2 “China-Africa trade surges in Q1. The State Council. The People’s Republic of China,” Xinhua, Updated, May 11, 2017, accessed on Jan 12, 2018, http://english.gov.cn/state_council/ministries/2017/05/11/content_281475652349490.htm.

3 “Data, The China-Africa Research Initiative (CARI),” Johns Hopkins University School of Advanced International Studies (SAIS), http://www.sais-cari.org/data-china-africa-trade/.

大陆的关系中已是显而易见。非洲大陆长期以来受制于西方和殖民的全球影响。自20世纪60年代起，非洲逐步接触到‘中国方案’，包括中国作为国际政治中的非传统力量、发展模式、对外援助、贸易和投资实践、不干涉他国内政的原则，人权政策及其他文化、经济、政治和社会方面的方式和政策。”[1] 于子桥论证到，“正如我们所知，全球化主要是由西方主导的进程，它首先发端于18—19世纪，由西欧国家主导；接着在20—21世纪由美国引领。这段时间通常被认为是‘由美欧主导的500年’”。[2] 通过硬权力和软权力并用，以及文化、经济、政治、技术和军事方面的征服，西方在连接多元广阔的世界的进程中占绝了主导地位——从欧洲到非洲、再到亚洲，从北美到南美。在这个过程中，西方特别是美国，由于自身强大的经济、技术及富有吸引力的流行文化，创造了一个西方世界导向的“世界”。在21世纪，由于自身经济和社会的发展，西方世界之外新兴大国的崛起或者旧的大国再次出现，已经预示着“另外一种形式的全球化”现象的出现，它们挑战或者至少减少了西方的全球影响，并且为现行的国际制度和实践提供了一种新的展现形式。“另一种形式的全球化”源于非西方的世界，特别是源于如中国和印度那些有着深厚的文化传统的发展中国家，它们向世界提供了发展模式、文化、经济、政治及其他方面的方案。[3]

问题及探讨

中非经贸关系的迅速增长已经引起全球竞争者——特别是西方国家——的不安和焦虑。特别是一些国家危言耸听的反应体现了西方对中国在非洲扩张态势的不安，这可能破坏和消除西方迄今为止在非洲经济和对外贸易中至高无上的地位。英国学者伊恩·泰勒（Ian Taylor）评论道：“许多对中非关系的兴趣围绕在判断中国在非投资及与非洲国家的关系构成了一种新型的帝国主义；这是否重要；为什么非洲的精英们似乎是最乐观的，并且对中国的参与持积极肯定的态度；以及更为关键的是，中国在非洲急速增长的存在对于西方在非洲的利益意味着什么，等等。此外，这种兴趣的产生大部分源于对西方竞争力下降的担忧……”西方竞争力衰退的现实不容否认或者低估，在这一现实的刺激下，西方产生了诸多对中国在非洲影响和对欧美冲击的评论。

在美国国会众议院对外事务委员会非洲、全球健康与人权小组委员会的一次会议上，主席克里斯托夫·史密斯（Christopher H. Smith）表达了这样的疑惑：

1 George T. Yu, “China, Africa, and Globalization: The “China Alternative.” *Asia Paper*, Sweden: Stockholm-Nacka, Institute for Security and Development Policy, June 2009, p.8, http://isdp.eu/content/uploads/publications/2009_yu_china-africa-and-globalization.pdf.

2 Ibid.

3 Ibid.

“中国是非洲的发展伙伴吗？2005年，中国国家发展银行建立了10亿美元的非洲贸易和投资基金，但是如果没有中方供应商的显著参与，贸易和投资的计划将无法开展。因为中国拒绝透露援助和投资流入具体国家的数目，我们难以对中国对非洲的发展援助进行量化评估，尽管我们确知中国在非投资估计超过100亿美元。由于贷款的细节并不公开，有担忧认为这些贷款可能会对非洲政府的债务可持续性构成威胁。”[1] 由于美国在非洲的贸易和投资被中国超越，克里斯托夫·史密斯提出了上述担忧。他进一步探究：“中国是不是非洲国家的经济竞争者？”[2] 他提出“许多人认为中国在非洲忙于短期的资源攫取，对当地的需求和关切——无论是发展方面、环境方面、还是像人权这样的问题，基本上都不予以考虑。基于上述情况，再加上中国制造业和贸易的高效率，非洲发展带来的收益即使没有被削弱，也正在受到来自中国竞争力的挑战。”[3] 克里斯托夫·史密斯视角中的种种关切实际上超出了对非洲环境、发展和人权的考虑，而是从宏观战略角度进行的判断。“中国日益将具有战略意义的矿产资源的供应锁定在非洲国家。中国目前是世界上稀土元素、稀土金属的主要生产国。稀土元素和稀土金属被广泛用于各种各样的工艺设备中，如超导体、电子抛光器、炼油催化剂和混合动力汽车的零部件。随着时间的推移，这些矿产将在21世纪经济中越发凸显其重要性。”[4] 克里斯托夫·史密斯进而提出了一个近来常被提及的观点，“中国是非洲新的殖民者吗？有人认为这一说法过于夸张了。不过，中国确实向非洲输送小企业和劳动力。据估计，大约有800家中国企业在非洲做生意，75万中国人长期在非洲工作或生活。当这些中国人完成最初的任务后，他们成为企业家，他们在非洲销售得到中国政府补贴的产品，以战胜他们的非洲对手。”[5] 日本贸易振兴机构的一份出版物指出，中非合作论坛“提供了管理中非关系的整体框架。中国石油企业已经成为中国外交插入非洲大陆的经济先锋，中非合作论坛将进一步巩固中国政府对石油企业的支持，并将这种支持进行制度化完善。”[6]

支持加深中非关系的非洲当地人也表达了一些担忧。尼日利亚前驻华大使、后出任尼日利亚—中国友好协会主席戚本杜（Victor N. Chibundu）曾经说过，“他们（中国人）在非洲大陆销售商品，开展贸易，却不在当地进行生产。”许多年

---

1 Christopher H. Smith “Assessing China’s Role and Influence in Africa,” Thursday, March 29, 2012, House of Representatives, Subcommittee on Africa, Global Health, and Human Rights, Committee on Foreign Affairs, Washington, DC., https://www.gpo.gov/fdsys/pkg/CHRG-112hhrg73538/pdf/CHRG-112hhrg73538.pdf.

2 Ibid.

3 Ibid.

4 Ibid.

5 Ibid.

6 “IDE-JETRO,” accessed on Jan 17, 2018, http://www.ide.go.jp/English/Data/Africa_file/Manualreport/ cia_04.html.

前，尼日利亚学者阿拉巴·奥根桑沃（Alaba Ogunsanwo）基于对中国的非洲政策及非洲的反应的深刻观察，表达了这样的观点："中国的非洲政策并不是在真空中执行的。新独立的非洲国家都有自己的雄心抱负，渴望经济发展、社会福利和政策稳定。各国领导人的方法因其态度和做法相异而有千秋，他们所必须面对的主客观因素也不尽相同。所以说，非洲国家对中国倡议的反应取决于以下几点：非洲国家的领导人认为在多大程度上其国家利益可以通过与中国打交道来实现；中国要求的让步是什么，这些让步在多大程度上与非洲国家自身的抱负兼容；他们如何理解中国向非洲提供经济和技术援助的'真实'利益；他们自己对发展的认知，以及对于把中国发展模式应用到本国适当与否的判断。"[1] 早在1971年，阿拉巴·奥根桑沃就做出了上述论断。在其后的47年中，很难说非洲政府对中国的态度较上述论断发生了巨大的变化。非洲政府向中国示好，恰恰是因为这样符合非洲的利益，至少从非洲占统治地位的团体看来是这样的。

2006年6月21日，中国总理温家宝在访问南非期间与南非总统塔博·姆贝基（Thabo Mbeki）会面，塔博·姆贝基总统指出："中国（一直）强调其在非洲大陆的参与将由非洲人民的需要来决定……我坚信中国将一贯地积极回应非洲大陆提到议事日程上的事务。"2006年11月10日，塔博·姆贝基在非洲人国民大会（African National Congress）网站上留言说，"世界上有些人对这个充满希望的信息及其展现的可能性表示担忧，也即全球化的进程使世界上的穷人受益……他们视中非伙伴关系的发展为对其私利的威胁。针对中非伙伴关系，这些人将尽其所能地颠倒黑白、混淆是非，使得急需'亲密的朋友、可信赖的伙伴及好兄弟'的我们，对那些提供真诚的友谊、伙伴关系和兄弟情谊的人民（国家）心存胆寒。"2006年11月第三届中非合作论坛结束后，埃塞俄比亚总理梅莱斯·泽纳维（Meles Zenawi）在返程的时候盛赞此次峰会，并承认更多的埃塞俄比亚农产品将免税进入中国。中国承诺在埃塞俄比亚开展价值5亿美元的各种发展项目。"中国对我们来说是一个巨大的鼓舞，中国向非洲展示的是确有可能扭转经济发展的方向。"在2006年11月第三届中非合作论坛的闭幕会议上，联合国副秘书长、非洲问题特别顾问勒格瓦伊拉（Joseph Legwaila）评论道，中非合作论坛为联合国增进非洲利益的事业增添了"强有力的声音"，包括援助、债务减免、市场准入和支持非洲抗击贫困的努力等。他还指出，无论非洲人对中非经济关系还心存多少顾虑，第三届中非合作论坛上非洲国家令人印象深刻的高出席率，"清楚地证明了中国已经成功赢得了非洲伙伴的信任。"[2]

中非贸易的主要内容是非洲向中国出口石油和其他原材料，同时从中国进口

---

1 Alaba Ogunsanwo, "China's Policy in Africa. 1958 – 1971," *International Studies*, Britain: Cambridge University Press, 1974, p.2.

2 Ernest Harsch, "Big leap in China-Africa ties: Beijing offers continent more aid, trade and business," *Africa Renewal,* Vol. 20, No. 4, January 2007, p.3.

工业制成品。廉价的中国纺织品和服装在非洲的许多市场上非常盛行。对于这样的趋势，尼日利亚《每日信报》（*Daily Trust*）的专栏作家查尔斯·奥努奈朱（Charles Onunaiju）警告说，除非采取措施改变这种贸易模式，“未来的中非关系将类似于欧美与非洲的关系，也就是说，这种关系对非洲来说是不平衡的、依赖的、甚至是有害的。”[1] 肯尼亚《国家》（*the Nation*）时任主编马查里亚·盖托（Macharia Gaitho）曾明智地建议，“只要中国愿意投资非洲，我们就绝不能错过这个慷慨的馈赠。但是我们必须在与中国打交道的时候睁大双眼。”[2] 加纳专栏作家阿莫斯·萨福（Amos Safo）提供了一个相似的观点，很显然，中国进入非洲对非洲来说有利有弊。他的担忧是，中国同之前的欧洲一样，榨取非洲的资源。而且即使到现在，欧洲仍在继续榨取非洲的资源。“事实上，中国的不公平贸易做法扼杀了当地的工业，因此，非洲不得不恰当地进行讨价还价……中非都应该是双边贸易的赢家。”[3] 重要的是，并不是所有人都认可中非贸易的快速发展对中非双方均是互惠的。政府赤字在非洲大量存在，所以必须注意避免非洲国家因债务负担过重而导致的不可持续性。另外，一些舆论认为，一些廉价的中国消费品抑制了非洲当地产业的发展，许多中国从非洲进口产品的供应链是由中国企业拥有、驱动和管理的。[4] 中非合作论坛应该为中非创办合资企业和非洲本地生产创造更多的可能性。

中非合作论坛应该为中非创办合资企业和非洲本地生产创造更多的可能性。

有一些声音表达了对中国企业对待非洲工人的担忧。2006年7月，赞比亚爆发了针对中资矿产企业虐待当地工人传闻的抗议；在纳米比亚、津巴布韦有诸多关于中国在非企业与当地工人存在劳资纠纷的报道。美国桥港大学公共与国际事务学院助理教授史蒂夫·赫斯（Steve Hess）和美国加州海岸大学政治系助理教授理查德·艾杜（Richard Aidoo）在一项名为“反华民粹主义”的研究中，关注了许多非洲国家，如赞比亚、加纳、南非、埃塞俄比亚和安哥拉等，他们通过一系列案例研究，提出“自2000年起，这些国家就同中国在援助投资和贸易方面建立了广泛的联系，每个国家中都出现了针对中国竞争行为明显可见的怨恨情绪，这些不满来自非洲国内的制造公司、小规模企业和工人。不过，只是在有限的几个非洲国家中，对中国不满的民意转向了更为负面的方向，并导致了反华情绪的政治化，比如赞比亚。在赞比亚的案例中，反对党候选人迈克尔·萨塔（Michael

1 Ernest Harsch, “Big leap in China-Africa ties: Beijing offers continent more aid, trade and business,” *Africa Renewal,* Vol. 20, No. 4, January 2007, p.3.

2 Ibid.

3 Amos Safo, Ghana, “Textile workers slam government,” *Public Agenda,* Ghana, February 26, 2007.

4 Kobus van der Wath and Dirk Kotze, “Africa and China. A Neglected Opportunity,” *African Analyst Quarterly*, issue 1, third Quarter, 2006, p.46.

Sata）利用国内反华的不满情绪，为赢得2011年总统选举奠定了成功的基础。”[1] 香港理工大学应用社会科学系助理教授严海蓉和香港科技大学社会科学系荣誉教授巴里・沙伯力（Barry Sautman）对赞比亚案例中危言耸听的言论提出了反驳：“首先，中国在赞比亚的存在被夸大了。西方媒体声称在赞比亚的中国人约有8万人，这一数据来源于赞比亚国内主要的反对党‘爱国者阵线’的主观想象。我们通过采访熟悉华人社区的中国人得到的在赞比亚的华人数目约为4000—6000人。因此，在赞比亚的华人是反对党出于政治方面的险恶用心而‘幻想出来的人口’。许多非洲国家的反对党都在使用这样的策略，他们将中国人归为统治精英，用以作为回应国内针对新自由主义对当地掠夺不满的挡箭牌……”[2] 在加纳，尽管中国廉价商品的涌入对本地制造带来了一些经济竞争，近期针对中国手工淘金者也出现了一些负面的反应，但整体上全国对与中国进行接触互动的支持率仍然很高。在南非，执政党非洲人国民大会（ANC）对与中国的接触总体上还是比较满意，不过也存在一些“对中国作为发展范本和经济伙伴的公开质疑。”[3] 香港大学语言学、非洲研究副教授亚当斯・博艾敦（Adams Bodomo）认为，如果非洲能够成功地以双边的方式，用非洲驱动的外国投资政策来调控所有的外国投资者，那么非洲将优化其巨大的自然资源的利益。在非洲投资的版图中保持透明和利己的投资选择，为非洲在21世纪实现经济复兴提供了最佳方案。[4]

结　论

总体而言，中国处理与非洲国家的方式及与非洲国家的联系正在对非洲经济产生积极的作用。而且，非洲政府对中非关系新篇章持绝对积极的态度。目前中非关系主要涉及贸易和经济事务，如果期盼未来的中非关系向着更加全面的方向发展，那么对一些明显不尽如人意的方面需要给予更多的关注。

北京大学非洲问题专家李安山强调，“中非相互深入了解有助于发展更好的双边关系。”[5] 为了更好地了解彼此，中非已经在有效推进文化领域和民众之间的

---

1 Steve Hess and Richard Aidoo, *Charting the Roots of Anti-Chinese Populism in Africa*, Heidelberg, New York: Springer, 2015, p.xviii.

2 Yan Hairong and Barry Sautman, “Chinese Activities in Zambia: More than Just Mining. Policy Watch,” *The China Monitor.* Stellenbosch: Centre for Chinese Studies, September 2009, p.4.

3 Steve Hess and Richard Aidoo, *Charting the Roots of Anti-Chinese Populism in Africa*, Heidelberg, New York: Springer, 2015, p.xviii.

4 Adams Bodomo, *The Globalization of Foreign Investment in Africa: The Role of Europe, China, and India,* Bingley: Emerald Publishing, 2017, p.136.

5 “China-Africa: Different People, Common Culture,” 2016/06/21, Lecture at Renmin University, Beijing on March 14, 2016, accessed on Feb 11, 2018, http://www.focac.org/eng/zxxx/t1373795.htm.

交流。非洲人正在加入学习中国普通话的行列。孔子学院是在全球推广普通话最重要的组织。未来需要进一步创造条件使得深化相互了解的研究和学习活动在中非双方同时展开。同时，也要向中国人提供在非洲学习非洲语言的机会，这可能需要在中非现有机构的帮助下开展，这些机构拥有人力资源和基础设施去满足这样的需求。同时，必须大力增加中非之间的学术和艺术交流，这样才能使双方高层的注意力集中到中非学术界和政府都关心的关乎共同利益的议题上来。为了中非共同的利益，还需要探索和发展联合研究项目。在艺术方面，需要鼓励中非之间更多不同类型的交流。我至今还清晰地记得，在20世纪70年代后期，一个中国的杂技团访问博茨瓦纳，他们在非洲民众中宣传中国的效果远远超过想象。通过中非合作论坛这一机构，中国需要有效地构建其在非洲的软权力路径，以便于加深中非基层民众的相互理解。[1]

当今世界正缓慢地向着多极地缘政治结构转型，非洲在这一世界秩序中的定位要求非洲朝着团结的方向发展。非洲人民必须摆脱新殖民主义的结构和陷阱。寻求解放的压力、激进的民主关切和地缘政治的问题都成为非洲团结的动力。正如世界已逐步接受“一个中国政策”的立场那样，随着时间的推移，世界也将不得不接受非洲团结的事实。非洲有句古谚：“人无法阻止天上下雨”。团结起来的非洲将需要一个关于发展、基础设施和贸易的综合方案。如果中非合作论坛能强化区域基础设施建设活动，那么它可成为各方均可获得经济收益的有效平台。非洲人永远不会忘记中国对统一非洲这一愿景的战略支持。中非关系的非洲观察者也不会忘记，中国对非洲联盟位于亚的斯亚贝巴总部大厦建设所给予的支持。

与中国发展有益的和卓有成效的关系符合非洲的战略利益，这对中国来说也是一样的道理。坚持公平、平等、坦诚的原则将有助于培育稳固而且不断发展的中非关系。中非关系的塑造将随着时间的推移不断演进。那种认为中非关系的发展将是毫不费力而且始终不存在问题的看法是危险和短视的。分歧和挑战将时不时地出现，如何解决并且成功克服这些分歧和挑战对中非双方都是挑战。就目前而言，中非关系的发展尚处于初期阶段，我们绝不允许中非关系发展的进程被“末日预言”（the prophets of doom）所破坏。我们可以为中非合作论坛提供施展能力的空间，使它在组织结构上更加完备，以便能够以开放和自由的方式应对各种挑战和争议，并获得问题的解决方案。在中非关系中，

我们可以为中非合作论坛提供施展能力的空间，使它在组织结构上更加完备，以便能够以开放和自由的方式应对各种挑战和争议，并获得问题的解决方案。

1 See Li Anshan and Funeka Yazini April eds., “Forum on China-Africa Cooperation the Politics of Human Resource Development,” Pretoria: Africa Institute of South Africa, 2013. See also, Li Mingjiang, “China Debates Soft Power,” *Chinese Journal of International Politics,* Vol. 2, 2008, pp.287-308.

最高层的会面、讨论和就中非关系大局所做决策的重要性毋庸置疑；但同等重要的是，中非合作论坛所属机构对来自基层民众的看法与误解、提问和回答应予以关注。

（崔志楠 译　徐彤武 校）

富豪民粹考验美国政治

朱文莉

内容提要：特朗普入主白宫是美国最高行政权力首次被民粹领袖掌握，他的成功代表着全球化时代的富豪民粹潮流。美国的富豪民粹组合是坚决维护既得利益的特朗普式富豪与相对剥夺感强烈的中年白人群体的结合。全球化进程带来的经济社会不平等是其背后推手，各种政治歧视手段是他们的纽带。在垄断性行业起家的富豪挑动伪民粹以压制真正的社会变革诉求。美国政治体制有应对民粹挑战的丰富历史经验，但未曾面对过富豪民粹形式。在政治体制受制于富豪民粹的时候，美国的社会力量能否发挥创制作用将成为未来演变的关键。

关键词：美国政治　富豪民粹　全球化　特朗普政府

冷战结束25年之后，世界政治突然彻底失去了方向感。一度高歌猛进的自由主义理念似乎已经无法再为全球时代确定基调。国际秩序的安全支柱被“9・11”恐怖袭击冲击，经济支柱在2008年金融海啸中经受考验，现在轮到其政治基础出现动摇，由此而来的不安全感和不确定性可能没有前两次危机之后那样直观、尖锐，但更加深刻，更不容易克服。

与安全和经济领域的危急时刻一样，美国在这场政治动荡中再次占据中心舞台。随着特朗普的胜选和执政，美国政府戏剧性地放弃了自由平等、开放多元旗手的角色，而转投民族主义和民粹政治的非理性阵营。世界政治辩论由此陷入混乱，美国政治体制则面临前所未有的挑战。一贯以成熟民主自居的美国政治到底出现了什么状况？困扰美国的政治乱象是经济、社会发展的必然结果，还是进步过程中出现的逆流？美国的传统政治资源和现实政治制度能否揭示未来变化的趋

朱文莉　北京大学国际关系学院教授。

势？这些问题的答案不仅将决定美国政治的走向，也必然会影响世界政治秩序的变革。

一、风行一时的富豪民粹

耐人寻味的是，尽管特朗普总统执政已经超过一年，很多美国人至今还是以缺乏政治经验来解释他行事怪异、不守常规、随心所欲的表现，或者把他颠覆传统的政治倾向当作个人性格问题。他们仍然没有意识到（也许是出于各种原因拒绝承认），特朗普入主白宫是美国最高行政权力首次被民粹领袖掌握，而他的所作所为几乎完全符合全球化时代最流行的民粹模式——富豪民粹。

特朗普的所作所为符合全球化时代最流行的民粹模式——富豪民粹。

历史上的民粹领袖通常出自以下背景：推崇武力与纪律的军官，长期致力基层组织动员的社会活动家，擅长阐释反体制意识形态立场的边缘政客。尽管出身和职业背景不同，但他们都喜欢以清廉、刻苦、与底层民众息息相通的形象示人，借此建立自己“人民代言人”的地位。20世纪90年代世界进入全球化时期以来，这一类传统民粹领袖仍然活跃在拉美地区，如委内瑞拉前总统查韦斯、玻利维亚现任总统莫拉莱斯等。但是在其他地区的政治舞台上，却开始出现一种新型的民粹领袖——亿万富豪。他们富可敌国，缺乏从政经历，其政策主张往往与主流理性相悖，但能够在短时间内吸引大量基层民众支持并顺利掌权。在东亚，有泰国的他信兄妹相继执政；在非洲，拉马福萨作为新南非“蜜蜂富豪”的代表挟金权执政柄；[1] 在东欧，季莫申科和波罗申科先后成为乌克兰领导人；在西欧，贝卢斯科尼前后四次出任意大利总理，至今还在该国政坛博弈中呼风唤雨。特朗普当选美国总统可以说是这一波富豪民粹潮流最新、最惊人的斩获，也是其登峰造极之作。

在特朗普胜选之前，很少有人相信富豪民粹现象能在美国政坛发威，而且做出这种判断的理由也相当充分。首先，民粹政治，包括其在全球时代的变种——富豪民粹，被认为是民主制度不成熟、多元社会基础不稳固的表现。在泰国、南非这样的发展中国家出现，可以解释为现代政治发展初期阶段，大众尚未经历充分的参与和动员，也没有累积足够的参政经验，是在民主学习过程中交的学费。在中东欧国家中出现类似现象，可以说成是苏联阵营国家政治转轨过程中的阵痛，是抗拒心理与怀旧情绪交织而成的阶段性反弹。即便是贝卢斯科尼崛起，也被视为意大利政治发展在欧美国家中相对滞后的结果，原因是该国在第二次世界

---

1 蜜蜂富豪指南非民主化改革之后，依靠“黑人经济赋权计划”（Black Economic Empowerment）发财致富的黑人权贵。因该计划的英文缩写为“BEE”，故也被意译为“蜜蜂计划”。参见秦晖，《新南非的启示》，江苏文艺出版社，2013年版，第580—582页。

大战后出于反共反苏和压制右翼法西斯势力的双重考虑，有意选择了多党并立、权力分散的议会民主体制，造成长期政治不稳定和庇护—腐败蔓延，有特定的历史偶然性。其他西方发达国家则被认定是成熟民主的代表，美国更是开启民主实验最早、制度最均衡、实践经验最丰富的样板之一。到达成熟阶段之后，不会再犯初学者的错误。

其次，美国政治过程中从来不乏商人从政的例子，但他们并未以反建制、反传统为号召。在特朗普入主白宫之前，行政职位最高的富商应是在福特政府内出任副总统的纳尔逊·洛克菲勒（Welson Aidnch Ro'ckefeller），但他是标准的温和派共和党人，以中立包容的政治立场著名，甚至被巴里·戈德华特（Barry Golduater）和里根（Ronald Reagan）指责为自由派倾向严重。进入全球化时代，美国商人出身的政客中最有代表性的是2012年共和党总统候选人罗姆尼（Willard Romney）和担任纽约市市长长达10年的布隆伯格（Michael Bloowberg）。他们的个人财富与资产规模很可能在特朗普之上，政策主张偏重实用改良而非颠覆传统，执政风格讲求效率而非挑起争议。罗姆尼在任马萨诸塞州州长期间完成的医保改革可以说是超越意识形态分歧、稳健施政路线的范例。即便是言辞犀利、政论大胆的罗斯·佩罗，[1] 也是在经贸和产业竞争问题上就事论事。他可能批评政治对手目光短浅、政策错误，但不会指责他们腐败卑劣、阴谋出卖美国人民。

最后，也是最关键的一点是，富豪与民粹之间的利益差异与立场矛盾似乎不言而喻，根据美国人以往的历史经验，双方联手是不可想象的组合。在传统民粹的意象里，政治对垒的战线是在草根大众与既得利益精英阶层之间延展，而富商肯定是被划到精英一边的。他们被指责通过剥削民众获取经济利益，应该是民粹再分配政策重点打击的对象。即便既往不咎、不触及富豪已获得的利益，民粹运动要求的制度改造也意在重建公正合理的竞争秩序，约束精英阶层的行为。对民粹运动者来说，经济巨头依然是被管束的目标，属于“他们”，而非“我们”。纵使愿意自我牺牲、自我革命，也很难设想亿万富豪摇身变为草根代言人和民粹运动的领导者。

二、全球化弊端催生的奇异联盟

曾经的不可想象之事毕竟已经成为美国政治的现实，那么经验判断到底哪里出现了问题？是什么样的变化促使富豪与民粹这对不可能的组合成为可能的呢？是特朗普并非富豪阶层的真正代表，还是支持他的并非真正的草根民粹阶层？抑

1 罗斯·佩罗（Ross Perot），美国电子业富商，1992年、1996年以第三党候选人身份参加总统大选，分别获得18.9%和8.4%的大众选票。

或是某些外部环境因素促成了双方的联盟？

可以肯定地说，特朗普不仅属于富豪阶层，而且以坚持传统方式忠实维护其阶层利益著称。就资产规模而言，特朗普是如假包换的亿万富豪。就出身经历而言，他成长于百万富翁之家，从没有过像布隆伯格那样基层打拼的历练，而是直接从纽约这个最繁华最活跃的经济都会起步，在全美国然后是全球商圈参与财富游戏。就社会关怀而言，特朗普在2015年参选之前从未以草根立场发声，没有对社会阶层固化、工薪收入增长停滞等问题表现出什么兴趣，甚至参与慈善活动都显得敷衍了事。大选获胜之后，他迅速组成了所谓亿万富翁团队，其内阁级官员的个人财富总和达到43亿美元，远超以往历届政府。[1] 其执政首年力推的两项重大立法，无论是医保改革还是减税法案，最大的获益者都是美国的极富人群。[2]

反观与特朗普联手的民粹群体，则会发现若干可疑之处。其一，无论就大选中特朗普获得的选民票数衡量，还是就他上台一年多来的民调支持率分析，其支持者始终居于少数，并不具备真正的广泛代表性。其二，美国最低收入的两个群体在大选中多数支持希拉里，特朗普则在家庭年收入高于5万美元的人群中获得优势（参见表1）。也就是说，以收入水平划分，真正的草根阶层并未站在特朗普一边。

表1　2016年美国大选总统投票选民收入分组结果　单位：%

家庭年收入	希拉里得票率	特朗普得票率	其他候选人得票率	本组人数占选民总数比例
30000美元以下	53	41	6	17
30000—49999美元	51	42	7	19
50000—99999美元	46	50	4	31
100000—199999美元	47	48	5	24

1 Nina Burleigh, "Meet The Billionaires Who Run Trump's Government," *Newsweek*, April 5, 2017, http://www.newsweek.com/2017/04/14/donald-trump-cabinet-billionaires-washington-579084.html，2018年3月1日登录。Chase Peterson-Withorn, "The $4.3 Billion Cabinet, "*Forbes*, Jul. 5, 2017, https://www.forbes.com/sites/chasewithorn/2017/07/05/the-4-3-billion-cabinet-see-what-each-top-trump-advisor-is-worth/#7fb1482b5dfc，2018年3月15日登录。作者注：本文使用网络资料除特殊注明者外，访问截止时间均为2018年3月15日。

2 Tim Fernholz, "The Republican health-care bill means windfall profits for Trump's billionaire cabinet and other rich people," *Quartz*, June 23, 2017, https://qz.com/1013436/senate-bcra-the-republican-health-care-bill-means-windfall-profits-for-donald-trumps-cabinet-of-billionaires/; Julia Conley, "As Predicted, Trump and His Billionaire Cabinet Poised to Save Many Millions Thanks to #GOP Tax Scam," *Common Dreams*, December 21, 2017, https://www.commondreams.org/news/2017/12/21/predicted-trump-and-his-billionaire-cabinet-poised-save-many-millions-thanks; Jacob Hacker, "Trump's tax cuts are worse than fiercest critics claim, *The Washington Post,*" January 30, 2018, https://www.washingtonpost.com/news/theworldpost/wp/2018/01/30/trump-tax-cuts/?utm_term=.b22ffa326a99.

续表

家庭年收入	希拉里得票率	特朗普得票率	其他候选人得票率	本组人数占选民总数比例
200,000–249,999美元	48	49	3	4
250,000美元以上	46	48	6	6

来源：CNN，2016美国总统大选选后民调。[1]

其三，抛开党派认同等主观分类，在以种族、性别、年龄、收入、教育程度、宗教信仰、居住社区规模等客观标准分类的选民组中，特朗普支持率领先优势最大的三组依次为：白人福音派基督徒（81%：16%）、大学学历以下白人（67%：28%）、45—65岁白人（62%：34%）。这三组人群的重合部分应该就是特朗普的核心支持者，而他们共享的白人身份认同是无法忽视的动员力量。[2]

坚守既得利益的超级富豪与相对剥夺感强烈的中年白人形成美国富豪民粹组合。

于是我们看到，美国的富豪民粹组合是坚决维护既得利益的特朗普式富豪与相对剥夺感强烈的中年白人群体的结合。前者空前自信自负，后者则表现出前所未有的焦虑与失落。双方力量与心态的反向变化来自一个共同的推动力量，即全球化进程带来的经济社会不平等。自20世纪90年代以来，意识形态对抗的平息推动政治藩篱的消失，信息技术革命带来自然边界的淡化，世界市场持续数百年的全球扩张梦想终于成为现实。这一方面促进了经济繁荣和财富积累，给众多的发展中国家提供相对获益的机会；但另一方面严重恶化了各国国内的财富分配结构，特别是在不同的经济要素持有者之间制造了规模空前的分配不均。简单地讲，其起因是各类经济要素在全球化时代跨边界流动的速度明显不同，资本要素流动速度最快，技术要素次之，资源要素再次之，劳动力要素则被远远抛在最后。结果造成全球化进程创造的巨额财富高度集中于资本要素所有者手中，而劳动力要素持有者获益最少，其中西方发达国家的劳动力获益甚至总体陷于停滞。依赖工薪的美国最低收入20%家庭的实际收入增长在45年时间里竟然只有1000美元（参见表2）。

表2 美国家庭收入分配差距（1966—2011年）[3]

收入分组	1966年收入	2011年收入	实际增长
顶端5%	15.4	31.3	15.9

1 exit polls，election2016 results, CNN, https://edition.cnn.com/election/2016/results/exit-polls.a.

2 同上。

3 根据迪顿“美国家庭收入的分配”图表总结。安格斯·迪顿著，崔传钢译，《逃离不平等》，中信出版社，2014年版，第154页。

续表

收入分组	1966年收入	2011年收入	实际增长
最高20%	10.0	18.7	8.7
60%—80%	5.9	9.2	3.3
40%—60%	4.4	6.0	1.6
20%—40%	3.1	3.7	0.6
最低20%	1.4	1.5	0.1

单位：万美元（按2010年价格水平调整）

依靠迅速累积的庞大财富，资本持有者开始左右技术进步，控制资源分配，使经济全球化沿着对自己更加有利的轨迹发展。如英国经济学者阿特金斯分析指出，技术进步并非天赐的独立外生要素，“技术变革是由经济和社会体系决定的”。重大的科学发现与技术发明似乎决定于个人灵感，但它所依赖的科技基础是公共政策所塑造，选择研究方向、预判实用价值反映着科学家、企业家、投资者、政府和消费者的共同决策。[1] 当资本力量日益占有压倒性优势的时候，它能够通过掌控决策过程来引导技术方向，使有利于资本的科技进步得到更多的研发机会，而劳动者和消费者的处境则更加不利。资源分配过程同样如此。

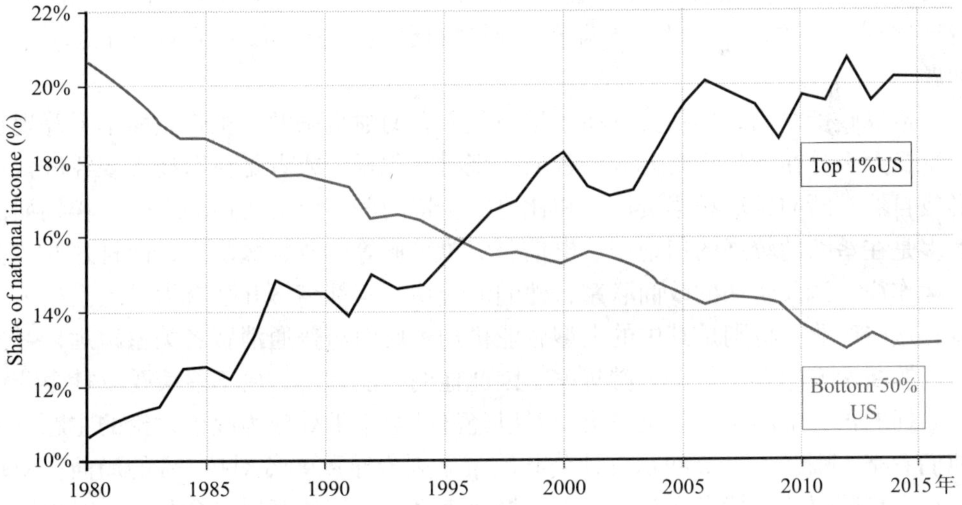

图1 美国最高收入1%与低收入50%占国民收入的比例（1980—2016年）[2]

1 安东尼·阿特金森著，《不平等，我们能做什么》，王海昉、曾鑫、刁琳琳译，中信出版社，2016年版，第83页。

2 Executive Summary, *World Inequality Report 2018*, p.8, http://wir2018.wid.world/.

根据图1可以看到，美国最高收入1%人群与低收入50%人群的实力对比在全球化启动后出现反转，1996年极富者的收入占比决定性地超越低收入者，并继续飙升，而低收入占比则一路下滑。这个自我强化的分配不均过程发展到金融危机前后，已经造成所谓“顶层收入尾部上翘”现象，在最富有的1%群体中收入梯度进一步向超级富豪倾斜，顶层劳动收入获得者与顶层资本收入获得者的重合度迅速上升。有研究认为，顶层0.001%人群的收入增长是最富1%收入增长的三倍以上，而2017年美国最富有的3个人的财富总和已经超过低收入50%人群的财富。[1]

也就是说，在全球化运行四分之一个世纪之后，富可敌国已经不再局限于发展中国家或中等经济体，在世界经济体量最大的美国也已经再次出现百年前的资产两极化趋势。正是在此背景下，才出现特朗普式超级富豪强势介入政治的宣言：“我一个人就能搞定。”（I alone can fix it.）

三、歧视政治护航不平等经济

应当指出，面对日益严重的收入分配不均与财富不平等，美国顶级收入阶层的态度并不一致。支持公正的再分配政策的富豪也在不断表明立场，如沃伦·巴菲特就一直赞同给最高收入者增税，布隆伯格等人公开反对特朗普政府倾向大资产阶层的减税法案，比尔·盖茨则通过自己的基金会致力于解决社会不平等问题。

造成政策立场差异的关键在于顶级收入者的财富来源。主张直面不平等现状的富豪大多是在竞争相对充分的领域实现财富积累，或者是在因技术或经济特点形成自然垄断的领域积累资产。相比之下，特朗普和前文所述的富豪民粹领袖们大多是在垄断性较强的房地产、电信、资源采掘等产业领域起家，而且这些产业的运作往往涉及密切的政商联系，他们的成功其实都离不开强有力的政治权力支持；这些产业，特别是其中的大型企业机构，反而与普通消费者关系疏远，习惯了以垄断卖方的姿态对待下游买家。因此他们不能理解、更不愿接受以社会公正为目标的再分配政策，甚至坚决反对以经济社会不平等成为政治讨论的主题。在他们看来，围绕不平等问题设计公共政策立刻会导致99%对抗1%的局面，使政府从富豪阶层的支持者变为监督者。换而言之，真正的底层民众联合反对顶层既得利益的民粹潮流其实是他们的心头大患，必须加以防范，必要时不惜亲自出面。

那么在经济社会不平等日益尖锐的情况下，如何破解99%多数威胁呢？参政富豪的撒手锏是以歧视政治挑动非理性对抗，分化大众群体，争取以伪民粹化

1 Oxfam, “Reward Work,” *Not Wealth*, Oxfam International, January 2018.

解真民粹。从这个意义上讲，特朗普的四处树敌与其说是他的性格使然，不如说是富豪民粹逻辑下的实用政治手段。通过在1%极富者之外树立攻击对象，可以成功地转移底层民众对经济不平等的关注，同时以政治对抗吸引支持者，以纵容歧视和攻击给他们带来力量感。

在美国政治语境中，最敏感也最有争议效果的歧视手段当然是种族歧视。也正因为如此，特朗普从鼓吹质疑奥巴马（Barack Obama）美国公民身份的出生地阴谋论（birther theory）入手打响政治知名度，在竞选过程中有意无意地展示白人极端主义者对自己的支持，入主白宫之后仍然不断挑起种族话题。在夏洛克维尔事件中，尽管承受来自企业界、社会团体乃至共和党内部的巨大压力，仍拒绝批评白人至上主义者。他使用的第二种歧视手段是性别歧视。对于希拉里·克林顿（Hillary Clinton）、伊丽莎白·沃伦（Elizabeth Warren）、克斯腾·吉利布兰德（Kirsten Gillibrand）等女性政治对手，甚至偶尔表露参政兴趣的奥普拉·温弗瑞（Oprah Winfrey），他在各种场合主动发起攻击，极尽嘲讽、羞辱之能事。在“我也是”“时候到了”运动方兴未艾的情况下，多次对中枪落马的男性权势人物表示同情，在处理白宫助理家暴丑闻时故意态度暧昧。第三种歧视手段是排外。从反对接纳难民、打击非法移民开始，扩展到全面收紧移民政策，指责贸易伙伴国家损害美国利益，指责欧亚盟国推卸安全防务负担。甚至在各种双边和多边外交场合故意冷落、怠慢外国领导人，利用国际讲坛宣扬“美国优先”，等等。第四种手段是反智。特朗普一直拒绝承认专业知识和专家咨商的重要，对各部门职业官僚更是疏远、轻视，借预算削减的机会强制缩减资深公务员队伍，遇到异议就指责“深度国家”（deep state）企图操纵他这个民选领袖。第五种手段是反制，即民粹运动中最常见的反建制、反体制诉求。特朗普设想的“我们”对抗“他们”的战场上不接受中立或独立专业机构的存在，如联邦调查局（FBI）为代表的情报机构、不持党派立场的国会预算局（CBO）、国内税收署（IRS）、美联储（The Fed）等等，只要可能出现不符合他心意的信息评估或政策举动，就会遭到公开抨击。一度有第四权力之称的新闻媒体更是他不遗余力持续打压的对象。做出对他不利裁决的法官、不支持他立法举措的国会议员都被指责为腐败的华盛顿圈内人，要被民众的怒火荡涤。

歧视政治手段是连接特朗普及其富豪民粹基础的桥梁。

这些歧视政治手段可以说是连接特朗普及其民粹基础的桥梁，对富豪民粹的兴起与巩固不可或缺。特别是对特朗普的核心支持者而言，它们唤起的认同感可以压倒一切，甚至促使他们无视特朗普政府的实际政策对自身利益的损害，坚定地站在他的身后。但是对美国的国民团结和社会共识而言，这些手段造成的伤害怎样估计都不过分。它们带来的政治分裂和政策空转，已经给美国的内政和外交制造不少难题。更关键的是，它们模糊了经济社会不平等这个真正的政策焦点，有可能导致美国失去结构调整的时机和空间。

四、美国应对民粹政治的历史经验

作为最早在较大范围内进行现代民主实验的国家之一，美国对民粹并不陌生。其建国时期的制度设计者对直接民主的危害普遍抱有警惕，因而建立了一系列间接选举、代议制和分权管理机制，以预防“民主政府在群情沸腾和出现重大危机的某些时刻可能变得暴虐和残忍”。[1] 在此次富豪民粹现象发生之前，美国政治至少经历过四次大规模的民粹冲击，但都得以成功化解。

美国经历的第一次民粹考验发生在19世纪三四十年代，即著名的杰克逊民主时期。当时随着美国的边疆向密西西比河与五大湖流域拓展，建国时期形成的南北方均衡被打破，边疆州感到自己的政治经济利益在既有的政治体系中得不到表达和维护，因而出现了反建制的呼声。在政治上要求更加普遍的选举权，在经济上主张取消中央银行、平等出售公地、建立保护性关税。来自田纳西州的战争英雄安德鲁·杰克逊（Andrew Jackson）在1928年成功当选总统，以草根姿态改造国家政治，推崇政治经济机会均等，主张在总统与人民之间建立直接联系。[2] 通过把选举权赋予所有白人男性、建立党代表大会推选总统候选人等改革，杰克逊成功地扩大了民主基础，使西部边疆农业利益获得参政渠道，在金融、关税、产业政策上重建国民共识。经过革新的政治体制重新获得普遍认同和支持。值得一提的是，托克维尔正是在此期间访问美国并完成其探讨美国政治经验的名著，在微观和宏观层面对美国民主的表现给予高度肯定。

第二次民粹考验发生在19世纪九十年代至20世纪初，即进步运动时期。事实上，现代政治中的民粹一词就是在这个时期的美国政治实践中首先出现的。在此前的镀金时代，垄断资本高歌猛进，攫取了工业化、现代化、城市化进程创造的大量财富，而基层民众的经济社会权利无法得到保障。1891年，威廉·詹宁斯·布赖恩（William Jennings Bryan）等人发起组建平民党（Populist Party），[3] 主张恢复金银复本位制度、征收累进所得税、国家政府接管铁路和电报电话公司。[4] 面对民粹运动的挑战，美国民主、共和两党先后改变了本党的传统立场，部分接纳平民党的主张，并将农业立场出发的平民党政纲扩展为包括城市劳工阶层和新兴中产阶级利益在内的全面改良政策。通过妇女参政、参议员直选等措施

1 托克维尔著，《论美国的民主》（下卷），董果良译，商务印书馆，1988年版，第868页。

2 西德尼·米尔奇斯与迈克尔·尼尔森著，《美国总统制：起源与发展（1776—2007）》，朱全红译，华东师范大学出版社，2008年版，第122—123页。

3 亦称人民党（People's Party），包含了之前的绿背纸币党（Greenback Party）和工联党（Union Labor Party）。

4 沃尔特·拉菲伯、理查德·波伦堡、南希·沃格奇著，《美国世纪》，黄磷译，海南出版社，2008年版，第17、22—23页。

进一步扩大和深化政治民主，通过所得税制度、反托拉斯立法、劳工权利保障等措施维护经济社会平等和自由竞争秩序，“完成了一次基本和平的转型”[1]。

第三次民粹浪潮出现在20世纪30年代，即美国的大萧条时期。此前，进步政治改良在20世纪20年代遭遇反弹，资本的力量推动美国政治“回复常态”，[2]经济两极分化和社会不平等再次恶化。大萧条爆发标志着美国政治陷入剑拔弩张的危险状态，以路易斯安那州州长休伊·朗（Huey Long）为代表的左翼民粹和以天主教神父查尔斯·库林格（Charles Coughlin，即Father Coughlin）为代表的右翼民粹同时对既得利益阶层和传统体制发起冲击。[3]朗提出的“财富分享计划”（Share Our Wealth）要求政府强力实施再分配政策，保证人人有学上、家家有房住、个人年收入不得超过百万美元、继承遗产不得超过500万美元。库林格则宣称共产党和犹太人正在阴谋操控政府，要求解散美联储，重回银本位，以“基督徒力量”甚至法西斯精神拯救国家。众所周知，富兰克林·罗斯福总统以新政巧妙地维护了美国的进步改良传统，通过政府积极干预帮助企业和市场站稳脚跟、重拾信心，通过建立社会安全网缓解底层痛苦、重塑国民团结。尤其重要的是，在民众情绪低落、世界战云密布的时刻，他高调地宣扬“四大自由理念”，明确了政治发展的方向感，为日后反法西斯联盟的战争胜利和战后秩序重建奠定了基调。

第四次民粹浪潮出现在20世纪六七十年代，即所谓美国反文化运动时期。反对种族隔离和种族歧视的民权运动节节胜利，引起美国右翼的强烈反弹。随后的反战（反对越南战争）运动和多元文化运动更使他们痛心疾首，誓言抵制。亚拉巴马州州长乔治·华莱士（George C. Wallace Jr.）成了右翼民粹情绪的早期鼓动者和代言人。他自称代表真正的美国——“伟大的盎格鲁－撒克逊南方”[4]，主张以“州权”抵抗联邦政府强制取消种族隔离的政策，激烈抨击各种“破坏传统道德”的社会运动，倡言重建“法律与秩序”。华莱士以独立党候选人身份参加1968年总统选举，并且得到极南部（deep south）5个州共46张选举人票，但未能如愿改变美国政治的方向。尼克松总统借用了他的南部战略，以白人工薪阶层反抗自由知识精英的姿态吸引右翼支持，但实际采取的经济、社会、外交政策却延续新政之后的开明进步趋势，以至于有民主党人公开表示：“保守主义得的是名，我们得的是实。”[5]

---

1 资中筠著，《20世纪的美国》，三联书店，2007年版，第53页。

2 弗雷德里克·刘易斯·艾伦著，《浮华时代—美国20世纪20年代简史》，汪晓莉、袁玲丽译，上海财经大学出版社，2008年版，第31页。

3 沃尔特·拉菲伯、理查德·波伦堡、南希·沃格奇著，《美国世纪》，黄磷译，海南出版社，2008年版，第194—198页。

4 Jan-Werner Muller，*What Is Populism?* University of Pennsylvania Press, 2016, p.23.

5 转引自约翰·米克尔思韦特与阿德里安·伍尔德里奇著，《右翼美国》，王传兴译，上海人民出版社，2008年版，第73页。

五、结论：美国富豪民粹的演化可能

回顾历史，可以说美国政治体制积累了相当丰富的经验来应对民粹挑战。第一，民粹浪潮代表的社会痛苦和经济诉求能够得到重视，很快成为政策讨论的焦点。第二，民粹运动提出的政治主张往往被区别对待，其中不符合经济理性、危及基本制度、违背社会共识的部分会被更合理的政策取代，其中切实可行的部分则能够成为政策创新的出发点。第三，民粹组织经常被两党吸纳，像平民党后来就并入民主党，威廉·詹宁斯·布赖恩还在威尔逊政府内出任国务卿。因此，历史上的美国民粹冲击能够转化为政治革新的动力，而非颠覆体制的乱源。

但是以往的经验不会自动提供现实的路径。美国目前面对的富豪民粹毕竟是过去没有出现过的民粹形式，其背后的推动力来自全球性的经济社会变化，也超出了美国一国能够掌控的范围。使情况更加复杂的是，如果说美国政治体制在应对前三次民粹冲击时都获得了成功，但它对上一次右翼民粹浪潮的反应却未能标本兼治，结果遗留的很多问题恰恰成为今日富豪民粹的助燃剂。华莱士创始的南部战略被美国右翼沿用，形成了美国各州红—蓝对决的僵持局面；他带入全国政坛的“愤怒的底层白人”意象，经过基督教福音派和右翼传媒的层层包装，已经成为挑动文化民粹情绪的神器，理性的政策讨论越来越没有开展的空间；他代表的“南部民主党人”转投共和党风潮促使美国两党党内趋同，党派体制的弹性和包容性日益下降。长期处于亚健康状态的政治体制，面对广度和深度空前的不平等问题，无力对民众的痛苦和愤怒做出有效的回应，于是给熟练掌握新媒体手段的另类富豪提供了发动民粹冲击的时机。分权制衡的制度设计也许可以防止最糟糕的政策后果，但在短期内实现自愈还是相当困难。

富豪民粹超出了美国一国能够掌控的范围。

在政治体制受制于富豪民粹的时候，美国的社会力量能否发挥创制作用是值得关注和期待的。只有真正的底层大众普遍动员和积极参与，社会经济不平等这个全球化时代的真正核心问题才有可能冲破种族、文化偏见的遮蔽，成为政策关注的焦点，也才有可能摆脱排外、歧视、贸易保护、强权政治等欺诈手段的干扰，找到维护民众利益的可行之道。理论上讲，真民粹应该是克服伪民粹最直接也最有效的办法。如果美国人能够做到这一点，他们就可以为打破民族与民粹力量的危险同盟[1] 做出关键贡献，在世界政治的发展过程中再次站到进步的一边。

1 概念来自于王缉思教授在北京大学文研论坛上的发言。王缉思，“世界政治进步了吗？”，北京大学文研论坛，2018年3月13日。

美国对叙利亚危机的政策

吴冰冰

内容提要：美国对叙利亚危机的政策大致分为三个阶段。从2011年叙利亚危机爆发到2013年6月直接武装叙利亚反对派是第一个阶段。美国与叙利亚的“再接触”政策因叙利亚危机的爆发而终止，奥巴马于2011年8月明确表示叙利亚总统必须下台。美国与俄罗斯围绕叙利亚出现外交上的对立，美国通过中情局逐渐加大对叙利亚自由军的支持力度。从2013年8月化武危机到2016年阿勒颇之战是第二个阶段。叙利亚化武危机的和平解决为美俄在叙利亚合作开启大门，联合国安理会通过2254号决议作为政治解决叙利亚危机的纲领性国际文件。随着极端主义武装在叙利亚的扩张，美国开始支持叙利亚库尔德武装，并从2015年11月在叙利亚部署地面部队。2017年以来是第三个阶段。美国借打击极端组织之机，在叙利亚建立起军事基地的网络，并以幼发拉底河为界与俄罗斯划分势力范围。美、俄在叙利亚的军事存在决定了叙利亚处于难以打破的僵局，这一局面严重制约了叙利亚危机政治结局的前景。

关键词：叙利亚　美国　俄罗斯　库尔德

2011年爆发的叙利亚危机延续至今已进入第8年。在叙利亚危机中，美国要处理三个层面的关系：在叙利亚内战中，形成了政府军、反对派武装和极端主义武装三足鼎立的局面，美国支持反对派武装作为可靠的地面盟友，既反对政府军、也打击极端主义武装；在地区层面，美国要协调其对伊朗、土耳其、沙特和以色列等国的政策；在大国关系层面，美国在叙利亚与俄罗斯既有合作，也有竞争和对立。美国在参与叙利亚政治进程的同时，其军事介入的程度也在不断加

吴冰冰 北京大学外国语学院阿拉伯语言文化系副教授，北京大学国际战略研究院特约研究员。

深，直至在叙利亚建立起美军军事基地的网络。尽管联合国安理会通过了2254号决议作为叙利亚危机政治解决的纲领性文件，但随着美、俄以幼发拉底河为界分别部署军事力量，叙利亚出现难以打破的僵局，政治解决进程前景堪忧。

一、从“再接触”到军援反对派

奥巴马政府对叙利亚危机的政策反映出其总体外交理念。奥巴马外交政策的一个观点是，美国传统上过度关注中东，但在任何情况下，就算美国全力以赴也不能改善该地区的状况，事实上，在某些情况下，甚至是使该地区更糟。奥巴马外交政策的另一个突出观点是，“特别是在中东地区，美国传统上过快地谋求以军事手段解决问题，而这些问题既不代表美国的核心国家安全利益，也不会因导弹打击而得到改善。”[1] 小布什政府时期美国对中东地区的过度关注及过度依赖军事手段，都是奥巴马要努力修正的。

奥巴马政府中东政策的核心是减少投入的同时保持并扩大影响力。

奥巴马政府中东政策的核心是减少投入的同时保持并扩大影响力。奥巴马上台伊始，不论是修复与伊斯兰世界的关系、努力推进伊朗核问题谈判，还是推动巴以和平进程和从伊拉克撤军，其目的都是要减少在中东地区的总体投入。但投入的减少并不意味着要削弱美国在中东地区的支配性主导地位。通过与伊朗的接触，美国可以发展与长期对手的关系并因此获得新的影响力，同时迫使沙特、以色列等传统盟友不得不加大对美国的依赖，尽管这也必然会引起后者对美国的强烈不满。奥巴马政府对2010年12月开始爆发的中东变局以及叙利亚危机的政策，也都是在这一外交政策的大框架下设计和实施的。

从2009年开始，奥巴马政府在“再接触”（reengagement）的政策指导下与叙利亚恢复关系，2010年中东变局的爆发打断了这一进程。从2011年叙利亚危机爆发到2013年6月美国决定直接武装叙利亚反对派，是奥巴马政府处理叙利亚危机的第一个阶段。在这个阶段，美国与俄罗斯围绕叙利亚危机在政治和外交上相互对立；同时，随着叙利亚国内出现政府军、反对派武装和伊斯兰主义武装三足鼎立的局面，美国逐渐加大对反对派武装的支持力度。

1944年美国与叙利亚建立外交关系，1967年至1974年双方曾一度断交。1979年之后，叙利亚就一直在美国“支持恐怖主义国家”的名单上。1990年至2001年双方曾有过比较密切的合作，2003年伊拉克战争之后又再度趋紧，美国指责叙利亚纵容武装分子从叙利亚一侧进入伊拉克。2005年的哈里里遇刺事件加剧了美国与叙利亚关系的紧张。2000年以色列军队撤出黎巴嫩南部之后，要求叙

1 Jeffery Goldberg, “The Obama Doctrine”, *The Atlantic*, April 7, 2017, in https://www.theatlantic.com/international/archive/2017/04/the-obama-doctrine-rip/522276/

利亚从黎巴嫩撤军的呼声越来越高。2004年9月2日，联合国安理会通过要求外国军队撤出黎巴嫩的1559号决议。黎巴嫩前总理拉菲克·哈里里（Rafiq Hariri）一直保持着与沙特的密切关系，成为黎巴嫩国内反叙利亚阵营的核心代表。2005年2月14日，哈里里遭到炸弹袭击身亡。美国于2月16日召回驻叙利亚大使玛格丽特·斯科比（Margaret Scobey）以示不满。4月7日，联合国安理会通过1595号决议，对哈里里遇刺事件展开调查，调查的矛头指向叙利亚军情部门和黎巴嫩真主党。迫于巨大的国际压力，叙利亚被迫于4月30日从黎巴嫩全部撤军。由于叙利亚与伊朗之间的密切关系，美国对于叙利亚有两种政策取向：拉拢叙利亚脱离伊朗的影响，如叙利亚拒绝拉拢则对其进行打压乃至谋求政权更迭。2006年，美国“伊拉克研究小组”（Iraq Study Group）提出与伊朗和叙利亚进行接触的建议；2007年，小布什政府明确拒绝了与叙利亚接触的建议。

2009年奥巴马上台后，开始推动与叙利亚的“再接触”。2010年2月16日，奥巴马提名罗伯特·福特（Robert Ford）为驻叙利亚大使；次日，美国负责政治事务的助理国务卿威廉·伯恩斯（William Burns）访问大马士革。2月24日，国务卿希拉里表示，叙利亚必须摆脱其与伊朗的关系；25日，叙利亚总统阿萨德与伊朗总统艾哈迈迪内贾德、真主党领袖纳斯鲁拉举行会面。很明显，叙利亚依然试图保持在伊朗、真主党与美国、以色列之间左右逢源的外交政策。2010年底，美国和叙利亚举行了秘密会谈。据美国国家安全委员会官员丹尼斯·罗斯（Dennis Ross）称：“叙利亚准备好远离伊朗，降低与真主党和哈马斯的关系，并与美国合作打击恐怖主义”。[1] 在美国政府斡旋人弗里德里克·C·霍夫（Frederic C. Hof）的努力下，以色列与叙利亚在2010年也举行了秘密会谈。以色列准备退出戈兰高地，以换取叙利亚切断与伊朗、真主党和哈马斯的关系。总统奥巴马、副总统拜登、国务卿希拉里·克林顿、国家安全事务助理多尼隆以及美国驻以色列大使沙皮罗（Dan Shapiro）和丹尼斯·罗斯都了解谈判的情况。叙利亚方面的谈判代表是外长穆阿里姆（Moallem）。但有关谈判在2011年1月因为中东变局的爆发而终止。[2]

2011年3月，随着游行示威的出现，叙利亚也受到中东变局的冲击。4月之后，游行示威的规模日益扩大，希拉里·克林顿的态度也开始发生变化。她严厉批评叙利亚总统巴沙尔·阿萨德。6月，在伊德利卜省的吉斯尔·舒古尔镇（Jisr al-Shughur）开始出现反对派与政府军的武装冲突；7月，叙利亚叛逃军官组织“叙利亚自由军临时军事委员会”（Temporary Military Council of Free Syrian Army）。以这两个事件为标志，叙利亚危机从和平示威转入武装冲突。基于对中

1 DPA, “U.S. in Secret Talks with Syria over Peace Accord with Israel,” *Haaretz*, Jan 1, 2011, https://www.haaretz.com/1.5102131

2 Daniel Pipes, “Netanyahu Again Offers the Golan Heights to Syria,” *Middle East Forum*, Oct 14, 2012, http://www.danielpipes.org/blog/2012/10/netanyahu-again-offers-the-golan-heights-to-syria

东变局中利比亚、埃及等国局势发展的经验以及叙利亚局势的演变，奥巴马政府作出判断，认为叙利亚政府不可能成功应对危机，因而必然垮台。2011年8月18日，奥巴马发表讲话，明确表示“为了叙利亚人民，阿萨德总统离开的时间已经到了。”但同时，他也表示：“美国不能也不会将这一转型强加给叙利亚。应由叙利亚人民选择他们的领导人”。[1]

美国态度的变化也促使土耳其、沙特、卡塔尔等地区国家转向与叙利亚政府对抗。2011年8月23日，叙利亚反对派“全国委员会”（Syrian National Council, SNC）在土耳其伊斯坦布尔宣布成立；11月，沙特等国推动阿盟撤销叙利亚的席位。正如许多对奥巴马叙利亚政策持批评立场的人指出的那样，一方面，奥巴马公开表示巴沙尔·阿萨德必须下台；另一方面，基于不愿大规模出动地面部队、不愿推动政权更迭的考量，奥巴马并没有采取有效的手段来达成这一政策目标。在这一点上，奥巴马与国务卿希拉里是有分歧的。希拉里“将骚乱视为一个机遇，可以将叙利亚与伊朗破坏地区稳定的影响力脱钩。”美国驻叙利亚大使鼓励那些要求民主的示威者。希拉里和其他高级顾问要求奥巴马增加对温和世俗的叙利亚反对派组织的援助，并在叙利亚设立禁飞区以阻止阿萨德政权的空军打击平民。但是奥巴马拒绝了这一建议。[2]

2012年初，叙利亚危机转入全面内战。2012年，在希拉里·克林顿的支持下，美国驻利比亚大使克里斯托弗·斯蒂文斯（Christopher Stevens）还曾协助中情局从利比亚班加西向叙利亚运送援助。2月4日，西方国家第二次提出涉叙决议案在联合国安理会遭到否决，美国与法国联合推动举行“叙利亚之友”大会。第一次大会于2月24日在突尼斯举行，国务卿希拉里·克林顿亲自出席。6月30日，叙利亚问题“行动小组”外长会议在日内瓦举行，联合国常任理事国外长、联合国和阿盟秘书长、欧盟外交和安全政策高级代表以及土耳其、卡塔尔、科威特和伊拉克等国外长出席了会议，会议没有邀请叙利亚政府参加。2012年2月23日前联合国秘书长安南被任命为联合国和阿盟叙利亚危机联合特使，但是其斡旋努力并没有得到美国、欧洲及沙特、卡塔尔和土耳其等地区国家的支持，7月安南承认斡旋失败，并于8月2日宣布辞职。安南辞职之前的7月19日，中、俄第三次在联合国否决了关于叙利亚问题的决议草案。

2011年叙利亚危机爆发之后，大量的伊斯兰主义武装组织开始在叙利亚出现。2011年8月，作为“伊拉克基地组织”分支的“努斯拉阵线”（Nusrah Front）

---

1 The White House, President Obama: "The future of Syria must be determined by its people, but President Bashar Al-Assad is standing in their way." The White House, August 18, 2011, https://obamawhitehouse.archives.gov/blog/2011/08/18/president-obama-future-syria-must-be-determined-its-people-president-bashar-al-assad

2 Oren Dorell, "Clinton's Record at State Department during Middle East Chaos," *USA Today*, July 27, 2016, https://www.usatoday.com/story/news/world/2016/07/27/fact-check-clintons-record-state-department-during-middle-east-chaos/87582276/

也进入叙利亚。出于对伊斯兰武装组织的担心，奥巴马政府开始调整对叙利亚危机的政策，决定加大对美国认定的温和世俗武装组织的支持，核心是“叙利亚自由军”（Free Syrian Army，FSA）。2012年8月，有报道称奥巴马已经批准美国中央情报局对叙利亚自由军及温和世俗反对派组织的援助。由于奥巴马不愿直接武装叙利亚反对派，所以援助仅限于非致命性装备，如通讯器材等。[1] 叙利亚反对派和伊斯兰主义武装组织在叙利亚同时并行发展。在叙利亚反对派方面，2012年11月，反对派政治势力在卡塔尔多哈举行会议，于11月11日宣布成立“叙利亚革命力量和反对派全国联盟”（The National Coalition of Syrian Revolution and Opposition Forces），简称叙利亚“全国联盟”（National Coalition）；12月7日，反对派武装领导人在土耳其安塔利亚举行会议，决定成立“高级联合军事指挥委员会”（Higher Joint Military Command Council）。在伊斯兰主义武装组织方面，2012年9月和12月，先后成立了“叙利亚伊斯兰解放阵线”（Syrian Islamic Liberation Front，SILF）和萨拉菲主义的“叙利亚伊斯兰阵线”（Syrian Islamic Front，SIF）。2012年12月，美国将“努斯拉阵线”列入国际恐怖组织名单。2013年3月，包括“努斯拉阵线”、沙姆自由人和叙利亚自由军在内的反政府武装联合攻占了叙利亚东北部的拉卡市，这是反对派武装攻占的第一个省会城市。伊斯兰主义武装的势力日益扩大，而美国所认定的温和世俗反对派的势力并不能在叙利亚危机中占据主导地位。在这一背景下，奥巴马政府再次调整对叙利亚的政策，决定武装叙利亚反对派。从2013年6月开始，中情局开始正式武装以叙利亚自由军为代表的反对派武装，援助项目包括提供轻武器、军事训练、军饷及部分陶式反坦克导弹等。这一项目到2017年7月19日被特朗普政府正式停止。

二、从化武危机到阿勒颇之战

从2013年8月叙利亚化武危机到2016年阿勒颇之战是奥巴马政府处理叙利亚危机的第二个阶段。叙利亚化武危机的和平解决，为美俄之间从对立转为默契打开大门，并最终推动联合国安理会通过2254号决议，成为政治解决叙利亚危机的纲领性国际文件；针对极端主义组织势力在伊拉克和叙利亚的扩大，美国开始直接军事介入叙利亚，并从空中打击发展到派遣地面部队，美军在叙利亚的主要地面盟友，也相应地从叙利亚自由军转为叙利亚库尔德武装。

2012年7月23日，叙利亚外交部首次公开承认叙利亚拥有化学武器。8月20日，奥巴马表示：“我们已经清楚地向阿萨德政权以及地面上的其他参与方表明，

1 EliseLabott, “Obama authorized covered support for Syrian rebels,” CNN, August 2, 2012, https://edition.cnn.com/2012/08/01/us/syria-rebels-us-aid/index.html

我们的红线就是在我们看到大批化学武器移动或使用的时候。”[1] 12月23日，在叙利亚霍姆斯省第一次出现了有关使用化学武器攻击的报道；2013年3月19日，在阿勒颇和大马士革附近再次出现了有关使用化学武器的报道。

2013年8月21日，叙利亚反对派称叙利亚政府军在大马士革附近的古塔地区使用了化学武器，造成上千人伤亡。8月28日美国政府得出结论，认为叙利亚政府军应对化学武器攻击负责，奥巴马表示他正在考虑对叙利亚政府采取军事打击。时任参谋长联席会议主席邓普西称："我们的手指已经扣在了扳机上。"[2] 但据安德鲁·巴塞维奇（Andrew Bacevich）上校的看法，奥巴马并不想采取军事行动，"因为他并没有兴趣直接军事介入叙利亚"。[3] 英国对叙利亚化武危机的态度对奥巴马产生了影响。2013年8月29日，英国议会对是否针对叙利亚采取军事行动进行表决，以285票对272票的表决结果否决了动武的提议。英国首相卡梅伦虽然仍坚持有必要对叙利亚采取军事行动，但他表示尊重议会的投票结果。美国国内的民意也不支持奥巴马对叙利亚动武。98名共和党众议员和18名民主党众议员共同签署了一封信件，警告叙利亚局势并未构成对美国的直接威胁，对叙利亚动武应得到国会授权。美国的主流民意不愿再卷入一场中东地区的战争。8月31日，奥巴马表示，他有意对叙利亚发动有限的空中军事打击，但要获得国会授权。[4] 鉴于英国无法参与有关军事行动，法国成为美国唯一的伙伴。

9月6日，在俄罗斯圣彼得堡举行的二十国集团（G20）峰会上，俄罗斯总统普京与奥巴马讨论了将叙利亚化学武器置于国际管控之下的想法，叙利亚化武危机出现转机。9月9日，美国国务卿克里表示，如果叙利亚交出全部化学武器，美国可以改变军事打击的决定。俄罗斯外长拉夫罗夫随即向叙利亚提出交出全部化学武器的倡议；次日，叙方表示接受俄罗斯的倡议。经过谈判，美国与俄罗斯于9月14日达成消除叙利亚化学武器的框架。9月27日，联合国安理会通过关于消除叙利亚化学武器的2118号决议。叙利亚化武危机的和平解决，一方面表明奥巴马政府不愿卷入中东地区一场新的战争，另一方面也是美国与伊朗改善关系的需要。2013年9月26日，美国国务卿克里与伊朗外长扎里夫在纽约联合国总部会面；27日，奥巴马与伊朗总统鲁哈尼通电话。美国与伊朗的关系实现了历史性突破，在这一背景下，美国不愿即将产生突破的伊朗核问题谈判因为叙利亚化武危机受到影响。美、俄联手解决叙利亚化武危机，开启了双方在叙利亚的默契

---

1 CNN, "Obama Warns Syria not to Cross 'Red Line'," CNN, August 21, 2012, https://edition.cnn.com/2012/08/20/world/meast/syria-unrest/index.html

2 Patrice Taddonio, "The President Blinked," in *PBS FRONTLINE*, May 25, 2015, https://www.pbs.org/wgbh/frontline/article/the-president-blinked-why-obama-changed-course-on-the-red-line-in-syria/.

3 Ibid.

4 "Statement by the President on Syria," The White House, The White House President Barack Obama, August 31, 2013, https://obamawhitehouse.archives.gov/the-press-office/2013/08/31/statement-president-syria.

关系乃至合作。正是在美国与伊朗关系缓和、美国与俄罗斯达成默契的背景下，2014年1月22日召开了第二次叙利亚问题日内瓦会议。与第一次会议不同，叙利亚政府受邀与会，与反对派全国联盟展开谈判。

在叙利亚，极端主义武装组织的势力依然在发展。2013年4月，“伊拉克基地组织”领导人巴格达迪宣布“伊拉克伊斯兰国”与“努斯拉阵线”合并，更名为“伊拉克和叙利亚伊斯兰国”（Islamic State of Iraq and al-Sham，ISIS），阿拉伯语缩写为“达伊什”（Daesh）。鉴于“努斯拉阵线”反对合并，巴格达迪于2014年2月3日宣布脱离“基地”组织，并将拉卡作为“达伊什”组织的首都。2014年5月，美国国务院将“努斯拉阵线”单独列入恐怖主义组织名单。与此同时，2013年11月，“叙利亚伊斯兰解放阵线”和“叙利亚伊斯兰阵线”中的一些组织联合成立新的“伊斯兰阵线”（Islamic Front，IF）。2014年6月开始，“达伊什”组织在伊拉克迅猛发展。鉴于伊拉克的严峻局面，美国在6月15日派遣部队到伊拉克。8月初，“达伊什”组织武装接近伊拉克库尔德斯坦；8月5日，美国宣布向伊拉克库尔德“自由斗士武装”（Peshmerga）提供武器援助；8日宣布对伊拉克的“达伊什”组织展开空袭。2014年7月4日，美军在叙利亚展开特种行动营救被“达伊什”绑架的外国人质，该行动未获成功。为了对美军在伊拉克针对“达伊什”组织的的军事行动实施报复，“达伊什”组织先后于8月19日、9月2日和9月13日斩首了3名外国人质。8月26日，美军开始对叙利亚的“达伊什”组织展开空中侦察；9月22日，美国联合其他一些地区国家在叙利亚展开针对“达伊什”组织的空袭行动。这是美国直接军事介入叙利亚内战的开始。

2012年7月19日，叙利亚库尔德人的“人民保卫军”（People’s Protection Units，YPG）开始控制科巴尼（Kobani）。2014年9月到2015年4月，“达伊什”组织围攻科巴尼。“达伊什”组织对科巴尼的围攻于2014年9月13日开始，占领了科巴尼地区大量的库尔德村庄。2015年1月26日，在美军空袭的掩护下，“人民保卫军”开始收复科巴尼的战斗，并于1月27日完全收复科巴尼市。2015年4月，“达伊什”组织撤出科巴尼的大部分地区。2014年9月27日，美国展开了针对科巴尼地区“达伊什”组织的第一次空袭，这是美军正式对叙利亚库尔德武装提供支持的开始。出于对土耳其利益的考虑，美军对与叙利亚库尔德武装的接触持谨慎态度。尽管“达伊什”组织在科巴尼的进攻受挫，但另一个极端主义组织武装“努斯拉阵线”的势力仍在扩展。2015年3月24日，“努斯拉阵线”与多个伊斯兰主义武装组成名为“征服军”（Jaysh al-Fatah）的协调机制。3月28日，以“努斯拉阵线”为首的“征服军”通过几天的战斗占领伊德利卜市，这是2013年占领拉卡市后反对派武装占领的第二个省会城市。

2015年7月，叙利亚政府面临岌岌可危的局面。为了缓解叙利亚政府的巨大压力，伊朗革命卫队指挥官卡希姆·苏莱曼尼（Qasem Suleimani）在访问莫斯科期间，向俄罗斯提出在叙利亚展开军事行动的请求。2015年9月30日，俄罗斯开始在叙利亚展开军事行动，打击伊斯兰主义武装。为了协调双方在叙利亚的行动，美、俄两军设立了军事热线。

科巴尼之战和伊德利卜的陷落，使美国意识到叙利亚库尔德武装的力量。美国认定，仅支持叙利亚自由军是不够的，如果要在叙利亚找到合适的地面武装，叙利亚库尔德武装是更为合适的选择。俄罗斯在叙利亚展开军事行动，使得美国更为迫切地需要在叙利亚找到可靠而强有力的地面部队作为伙伴。2015年10月11日，以叙利亚库尔德武装“人民保卫军”和“妇女保卫军”（Women's Defense Units，YPJ）为核心组成了“叙利亚民主军”（Syrian Democratic Forces，SDF）。尽管叙利亚民主军包括一部分叙利亚逊尼派和基督教徒的武装，但其中库尔德武装约占总人数的85%。“五角大楼选择这些小的阿拉伯群体在叙利亚民主军的架构下运作，将之视为武器和援助的理想接收方。五角大楼称这些群体为叙利亚阿拉伯联军（Syrian Arab Coalition）”。[1] 通过加入阿拉伯因素，可以降低叙利亚民主军的库尔德色彩，从而在非库尔德地区作战过程中减少当地阿拉伯居民的抵触情绪和顾虑。美国也担心库尔德武装不愿意深入非库尔德地区作战，因此在针对“达伊什”组织的军事行动中需要更多的叙利亚阿拉伯人参战。

2015年11月，据叙利亚库尔德武装的消息，50名美军已经进驻叙利亚库尔德地区，主要是提供培训并担任军事顾问。30名美军驻扎科巴尼地区，其他美军则进驻叙利亚哈赛克地区。[2] 12月14日，美国总统奥巴马确认50人的美军精锐地面部队已经进驻叙利亚。从2012年8月决定对叙利亚自由军提供除致命性武器之外的军事援助，到2013年6月向叙利亚反对派武装提供武器，都是由中央情报局来执行的。2014年9月22日对“达伊什”组织的空袭，标志着美军的直接介入，其主体是美国国防部及美军。2015年11月，美军对叙利亚的军事介入从空中打击扩展到小规模的地面作战部队。

在与俄罗斯在叙利亚竞争影响力的同时，美国也和俄罗斯合作推进叙利亚的政治进程。2015年10月30日，叙利亚问题有关国家外长扩大会议在维也纳举行，伊朗第一次受邀参加。会议形成“叙利亚国际支持小组”（International Syria

在与俄罗斯在叙利亚竞争影响力的同时，美国也和俄罗斯合作推进叙利亚的政治进程。

1 Aron Lund, “Origins of the Syrian Democratic Forces,” *Syria Deeply*, Jan 22, 2016, https://www.newsdeeply.com/syria/articles/2016/01/22/origins-of-the-syrian-democratic-forces-a-primer.

2 “U.S. Special Forces Arrived in Syrian Kurdistan to Assist Kurdish Forces,” *Ekurd Today*, Nov 27, 2015, http://ekurd.net/us-forces-kobani-syrian-kurdistans-2015-11-27.

Support Group，ISSG）机制[1]，并就开启联合国主导的叙利亚和平进程基本达成共识。11月14日，在维也纳举行了第二次外长会议，各方就叙利亚政治进程路线图达成共识，要求叙利亚政府和反对派在6个月内通过谈判组建过渡政府，并在18个月内举行大选。11月20日，联合国安理会通过打击“达伊什”组织的2249号决议。12月18日，第三次外长会议在纽约举行，随后联合国安理会就政治解决叙利亚危机通过2254号决议，这个决议成为政治解决叙利亚问题的纲领性国际文件。第三次日内瓦会议于2016年2月1日正式召开，但由于阿勒颇的军事冲突于2月3日中止。2月12日，叙利亚国际支持小组第四次外长会议在慕尼黑达成重要共识，主张在一周内实现停火。2月22日，美、俄就叙利亚停火发表联合声明，两国总统为此通了电话。停火不包括针对“达伊什”组织和联合国认定的恐怖组织的军事行动。27日，叙利亚实现停火。从3月14日至24日，叙利亚政府和反对派在联合国叙利亚问题特使德米斯图拉的斡旋下，在日内瓦举行了第一阶段的会议。4月13日至4月27日，第二阶段会议在日内瓦举行。原定的第三阶段会议则一直未能举行。

2016年7月，叙利亚的停火完全破裂，围绕阿勒颇的战事日益激烈。经过9月12日—17日的短暂停火后，9月22日叙利亚政府军宣布恢复对阿勒颇地区反政府武装的军事打击。2016年7月，“努斯拉阵线”领导人戈兰尼发表讲话，决定“努斯拉阵线”更名为“征服叙利亚阵线”（Jabha Fath al-Sham）。在阿勒颇有大约8000名叙利亚反对派武装的战斗人员和900名“征服叙利亚阵线”的武装分子。10月20日，俄罗斯和叙利亚政府军开始在阿勒颇实施单方面人道主义临时停火，并开辟8条通道供在阿勒颇的人员撤离，其中2条供反政府武装向土耳其或伊德利卜省方向撤离。在72小时停火期结束之后，俄罗斯和叙利亚政府军于10月22日恢复了在阿勒颇的军事行动。11月4日，俄罗斯开始在阿勒颇实施第二次人道主义停火。11月15日，俄库兹涅佐夫海军元帅号航母参与对叙利亚反对派和极端组织的军事打击，俄罗斯和叙利亚军队也恢复了在阿勒颇的军事行动。12月5日，联合国安理会就阿勒颇人道主义停火的决议草案进行表决，草案要求实施为期7天的停火。该草案遭到中、俄联手否决，这是两国第五次在联合国安理会联手否决涉叙提案。12月13日，叙利亚政府军经过苦战，恢复了对阿勒颇东部绝大部分地区的控制；16日，俄罗斯国防部正式宣布，叙利亚政府军已

1 2015年10月30日在维也纳召开的叙利亚问题外长会议有15方参加，包括美、俄、中、英、法等联合国五大常任理事国，德国、意大利两个欧洲国家，伊朗、沙特、土耳其、卡塔尔、约旦、埃及、阿联酋等地区国家以及欧盟，叙利亚国际支持小组的机制初步成型。11月14日第二次外长会议召开时，增加了伊拉克、黎巴嫩、阿曼等三个国家和联合国、阿盟的代表。这两次会议达成的共识为联合国安理会通过2254号决议奠定了基础。此后，澳大利亚、加拿大、日本、荷兰、西班牙和伊斯兰合作组织应邀加入该机制，在2016年5月17日的维也纳会议上共有26方参与。在叙利亚国际小组机制的推动下，在日内瓦启动了叙利亚政府与政治反对派的对话。

经完全解放阿勒颇东部地区。阿勒颇战斗的结束，标志着俄罗斯在叙利亚取得了阶段性的优势。

三、打击极端主义组织与叙利亚僵局

2017年1月，特朗普政府上台。特朗普的中东政策包括四个方面：将伊朗视为主要威胁、巩固地区盟友体系、打击"达伊什"为代表的极端主义组织以及推进巴以和平进程。特朗普将伊朗视为主要威胁，多次表示不愿继续确认伊朗核协议，除非做出大的修改。

在特朗普政府中，许多高级官员出身于军队。从2017年1月27日至7月27日任职国家安全委员会中东高级主任的德莱克·哈维（Derek Harvey）以及国安会负责两伊事务的乔·瑞博恩（Joel Rayburn）和负责海湾事务的米歇尔·贝尔（Michael Bell）都出身军方。哈维和瑞博恩都是彼得雷乌斯亲手提拔的军官，曾经亲身参加了伊拉克战争。他们认为，奥巴马2011年从伊拉克撤军的决定，最终导致美国失去伊拉克；他们也认同短暂担任特朗普国家安全事务顾问的弗林（Michael Flynn）的观点，即伊朗革命卫队在伊拉克的作用是破坏性的。[1] 特朗普的女婿和高级顾问库什纳（Jared Kushner）"强烈支持以色列并为之辩护，即便按照美国的标准也是超常的。他向以色列定居点捐款，他的家庭是以色列总理本杰明·内塔尼亚胡的密友"。[2] 库什纳与沙特阿拉伯和阿联酋也保持着密切的关系。这些力量对特朗普的中东政策产生影响，强化了其视伊朗为主要威胁并力主强化与以色列、沙特、阿联酋等地区盟友关系的立场。这使得特朗普有意在叙利亚削弱伊朗及其支持者的影响力。

特朗普也多次表示了打击恐怖主义的决心。2017年2月6日，他在美国坦帕中央司令部的军事基地表示，美国将击败"达伊什"组织代表的激进恐怖主义。[3] 正如其政策的批评者所说，特朗普强调在反恐中对军事力量的使用，而没有全方位的打击极端主义的方案。特朗普必须协调压制伊朗与打击恐怖主义的两个目标。在他看来，伊朗不是打击恐怖主义的伙伴，恰恰相反，由于伊朗的什叶派属性，其在中东地区的影响力恰恰是诱发恐怖主义的一个根源。因此，他确信，要在叙利亚、伊拉克打击恐怖主义，必须同时遏制伊朗的影响力。

---

1 Almonitor, "The Colonels Shaping Trump's Middle East Policy," Fortuna's Corner, Feb 9, 2017, https://fortunascorner.com/2017/02/10/the-colonels-shaping-trumps-middle-east-policy/.

2 "Up to Probe Kushner's Relationship with Israel," *Middle East Monitor*, Nov 22, 2017, https://www.middleeastmonitor.com/20171122-us-to-probe-kushners-relations-with-israel/.

3 The White House, "Remarks by President Trump to Coalition Representatives and Senior U.S. Commanders," MacDill Air Force Base, Feb 6, 2017, https://www.whitehouse.gov/briefings-statements/remarks-president-trump-coalition-representatives-senior-u-s-commanders/.

2016年底阿勒颇战斗的胜利，使得俄罗斯有意主导推进新的政治进程。12月20日，俄罗斯、伊朗和土耳其三国外长商定，在阿斯塔纳启动叙利亚和平进程。2017年1月23至24日，叙利亚政府与反对派在阿斯塔纳举行了第一轮会谈。在这次会谈中，反对派武装力量取代了反对派政治势力参与谈判。俄、伊、土三方达成共识，共同推动联合国安理会2254号决议的落实。美国并未积极参与阿斯塔纳进程。2017年2月23日至3月3日，第四次叙利亚问题日内瓦会议召开，阿斯塔纳进程被认为是日内瓦会议的补充。阿斯塔纳进程首先推动叙利亚的停火；在2017年5月4日的第四轮阿斯塔纳会谈中，俄、伊、土三方商定在叙利亚设立四个冲突降级区（Deescalation Zone），分别位于伊德利卜省、霍姆斯省、大马士革以东的古塔地区以及南部的叙利亚—约旦边境地区。

为了防止俄罗斯在叙利亚取得绝对的军事优势，并阻止叙利亚政府军在伊朗的帮助下扩大战果，美国加快了打击"达伊什"组织的步伐。美军派驻叙利亚地面部队的人数在2016年初增加到200人，帮助主要由库尔德人组成的叙利亚民主军；2016年年底，美军增派军队进入叙利亚，驻叙美军总人数达到500人。2016年11月6日，在美国的支持下，叙利亚民主军在拉卡附近的艾因·尔萨（Ayn Issa）宣布展开针对拉卡的军事行动。行动计划是先清除拉卡外围，最后攻占拉卡。从11月6日到11月19日，清除拉卡北侧的战斗基本完成；2016年12月10日至2017年2月3日，清除拉卡西侧的战斗取得了阶段性成果；从2017年2月4日开始，叙利亚民主军通过军事行动，在拉卡东侧切断了拉卡与代尔祖尔的联系，并开启攻取拉卡西侧塔卜卡（Tabqa）大坝的战斗；5月10日，叙利亚民主军宣布完全控制塔卜卡大坝及塔卜卡镇，从而完成了清除拉卡外围的工作。2017年6月6日，攻打拉卡的战斗打响。战斗一直持续到10月17日，整个拉卡被叙利亚民主军攻占。10月20日，叙利亚民主军正式宣布解放拉卡。此后，叙利亚民主军沿幼发拉底河左岸南下，在幼发拉底河以东地区形成了比较稳固的控制区域。

美国对叙利亚库尔德武装的支持使土耳其感受到威胁。2015年12月，库尔德武装越过幼发拉底河；2016年8月12日，叙利亚民主军攻占幼发拉底河右岸的曼比季（Manbij），随后又发动了针对巴卜（al-Bab）地区的军事行动。2016年1月6日，土耳其总理达乌特奥卢和总参谋长胡鲁希·阿卡尔（Hulusi Akar）向来访的美国参谋长联席会议主席邓福德表达了对库尔德问题的担忧。[1] 8月24日，土耳其发动"幼发拉底盾牌"行动，派遣军队越过边境进入叙利亚，攻占杰拉布鲁斯（Jarablus），控制了从幼发拉底河西岸到阿扎兹（Azaz）之间的叙土边境地区，并驱逐了叙利亚民主军的部队。在土叙边界叙利亚一侧宽度为25公里左右的地区内，土耳其建立起事实上的安全区。2017年4月，美军进入曼比季，以阻

1 Sputnik, "Turkey Warns U.S. of Kurds' Attemps to Create 'Corridor' in Syria," Jan 7, 2016, https://sputniknews.com/middleeast/201601071032801014-turkey-kurdish-corridor/.

止土耳其军队和叙利亚库尔德武装发生直接冲突。在叙利亚西北部库尔德人聚居的阿夫林（Afrin）地区，2012年叙利亚政府军撤出之后，叙利亚库尔德武装进驻。2018年1月20日，在部分叙利亚自由军的配合下，土耳其军队发动了针对阿夫林的“橄榄枝行动”，意在清除该地的叙利亚库尔德武装。3月18日，土耳其军队完全控制了阿夫林。为了平衡对叙利亚库尔德人的支持和美国与土耳其的关系，美国对土耳其的两次军事行动都采取了默许的态度。

美国已经在叙利亚建立起军事基地的网络。2017年7月18日，土耳其安纳多卢通讯社公布了一张地图，标注了美军在叙利亚北部库尔德地区的10处军事基地。早在2015年10月，美军就开始在叙利亚库尔德地区设立军事基地。在哈赛克东北的鲁迈兰（Rmeilan）地区，美军于2015年10月设立了一个空军基地；2016年3月，美军在科巴尼以南的哈拉卜·伊斯科（HarabIsk）设立了另一个空军基地。这两个空军基地负责运输美军运送给叙利亚库尔德武装的援助。此外，美军还在叙利亚北部其他八个地点部署了军事力量，包括哈赛克、拉卡和曼比季。[1] 根据俄罗斯媒体2018年3月的报道，美军在叙利亚北部库尔德地区的军事基地已经多达20个。2016年初，美军还在叙利亚、伊拉克和约旦交界处的坦夫（al-Tanf）地区设立了一个军事基地。除美军外，其他一些国家也在叙利亚拥有军事基地。俄罗斯在叙利亚的塔尔图斯设有海军基地，在拉塔基亚的赫梅米姆（Khmeimim）设有空军基地。法国在科巴尼南部的米斯塔努尔（Mistanur）设有军事基地；英国在坦夫地区设有一处军事基地。据称，伊朗在大马士革国际机场设有伊朗革命卫队总部，在阿勒颇的艾赞（Azzan）山区设有军事基地；土耳其也在其控制的安全区建设军事基地。[2]

随着数量众多的军事基地的设立，美军在叙利亚的人数也迅速攀升。2017年12月9日，美国国防部明确表示，美军在叙利亚的人数已经达到2000人。随着美军在叙利亚介入规模的扩大，美国对叙利亚政府的态度也趋于强硬，有意通过直接军事行动对其进行打压。2017年，美军针对叙利亚政府军的军事目标首次采取军事打击行动。2017年4月7日，美国借口在汗·谢湃（Khan Shaykhun）的化武攻击，向叙利亚政府军的谢伊拉特（Shayrat）空军基地发射了59枚导弹。5月18日，美军在坦夫地区附近空袭了亲叙利亚政府民兵武装的车队。6月8日和20日，美军在坦夫附近两次击落据称属于伊朗的无人机。6月18日，美军在塔卜卡附近击落一架叙利亚政府军的苏–22战机。

针对俄、伊、土三国主导的停火与冲突降级区的设立，美国也针锋相对地宣布将其控制的坦夫地区设立为“去冲突区”（deconfliction zone），以区别于叙利

1 Global Security, “U.S. Bases in Syria,” in https://www.globalsecurity.org/military/facility/syria.htm.

2 MEMRI, “Locations of Foreign Military Bases in Syria,” Special Dispatch No. 6849, March 29, 2017, https://www.memri.org/reports/al-sharq-al-awsat-report-specifies-locations-foreign-military-bases-syria-says-syria-turning.

亚西南与约旦、以色列交界处的冲突降级区。2018年2月19日，俄罗斯外长拉夫罗夫在瓦尔代中东论坛上明确要求美方关闭在坦夫地区单方面设立的“去冲突区”。2018年1月30日，叙利亚全国对话大会在俄罗斯索契举行。俄罗斯意在召集叙利亚各方推动制订叙利亚新宪法。但由于叙利亚主要反对派的缺席，俄罗斯的努力效果不明显。

美、俄在叙利亚的驻军使得叙利亚出现了很难打破的僵局。俄罗斯2015年9月30日开始的军事行动，保证了叙利亚政府不可能被推翻；而美国2015年11月开始向叙利亚派遣地面部队，也保证了反政府武装无法被彻底消灭。美、俄双方大体以幼发拉底河为界，划定了各自的势力范围以及政府军与反政府武装的势力范围。美军在幼发拉底河以东支持库尔德民主军的行动，最初的考量是在叙利亚“不能输”，即不能让俄罗斯在军事和政治上取得绝对优势。随着2017年10月拉卡之战的结束，美国支持的叙利亚反政府武装在幼发拉底河以东获得了稳固的生存空间，美国有意整合叙利亚库尔德武装和叙利亚东北部的逊尼派阿拉伯部落势力，在军事和政治上与叙利亚政府相抗衡，并压制伊朗的影响力。在这一僵局的背景下，叙利亚政治进程很难取得突破性的进展。

美、俄在叙利亚的驻军使得叙利亚出现了很难打破的僵局。在这一僵局的背景下，叙利亚政治进程很难取得突破性的进展。

缅甸转型的制约因素与解困机制

张　添　宋清润　翟　崑

内容提要：2016年缅甸转型进入“昂山素季”时代以来，难题虽有所缓解，但却因施政效果不佳、民族“和而不解”、若开罗兴亚问题突出、国际压力加剧而呈现“越解越困”的趋势。这种趋势的内在逻辑包括：缅甸难题背后深厚的历史积弊；缅甸转型困境要素的内外联动与相互牵连；“救火式应对”方式不适应缅甸新时期的转型发展，等等。要解决这些困难，需要汲取缅甸自身历史与文化中的“智慧”，例如“德性观”“为了下一代”和“免于恐惧的自由”、“高尔夫球精神”等。缅甸“解困”过程中，外部环境仍然起着重要的作用，中国则在相关议题上能发挥建设性的影响。

关键词：缅甸　转型困境　“解困”机制

2018年3月30日是缅甸全国民主联盟（National League for Democracy, NLD，以下简称“民盟”）执政两周年的日子。民盟执政是缅甸经历1963年3月至2016年3月军人或其代理人（代理人政党）执政以后的首个文人政党执政，当2016年3月30日民盟政府宣誓就职时，国内外对其充满期许。但目前来看，民盟政府施政不力，内外交困，缅甸的政治转型不仅没有成为经典的“民主范例”，反而因阴霾不散的权力博弈和互相交织的一系列难题，使原先饱受国际赞誉和光环笼罩的国务资政昂山素季[1] 面临新的执政困境。要实现昂山素季制订的目标：民族和

张添　云南大学缅甸研究院助理研究员；宋清润　中国现代国际关系研究院南亚东南亚及大洋洲研究所副研究员；翟崑　北京大学国际关系学院教授。

1 缅甸宪法规定总统是最高行政首脑，但由于昂山素季是民盟主席，其威望在国内无人能及，其无法出任总统不是因为威望和能力问题，而是因为其亡夫和儿子为英国籍。因此，身兼国务资政、外长、总统府部长等要职的昂山素季是缅甸国内外公认的民盟政府最高领导人，实际掌控内外决策大权。

解为先、经济发展助力和建立联邦民主国家，仍有较长的路要走。本文拟总结缅甸转型难题的最新态势，分析解决难题的制约因素，并结合“缅甸智慧”探讨“解困机制”。

缅甸转型难题的历史性回潮

1948年独立后，70年来缅甸始终面临着国家统一与发展的难题。为解决这个难题，曾有多个执政集团苦苦探寻国家转型与发展之路。迄今缅甸历经了资产阶级议会民主制（历时15年，吴努等人主政）、奈温军政府的“缅甸式社会主义”（历时25年），到丹瑞军政府的“渐进式民主转型”（历时20年，也称“新军人政府”），再到换装执政的退役军人吴登盛政府加快民主转型（历时5年）和当前昂山素季领导下的民盟民选政府（历时2年）。缅甸转型历史是矛盾累积和持续纾解的过程，其面临的主要困境包括执政者因治国无方或政变上台而面临的合法性危机，因政治和解、少数民族问题和经济社会发展问题而导致的国家建设困境，因国际格局、东南亚地缘政治和缅甸政权性质导致的外部环境压力等。总的来说，昂山素季执政初期，以上困境均比前任有所缓解，但并没有从根本上消除矛盾源头。而在民盟执政过程中，从在野党到执政党的身份转变不力，治国理政的“上善之策”难产，危机管理机制匮乏，导致一些问题“越解越困”，缅甸转型陷入新的历史性回潮。

第一，施政人员匮乏，高层轮换频频。民盟2016年3月30日上台伊始，便面临着联邦与省邦议会、行政内阁等部门“无人可用”的窘迫困境。为此，民盟政府大量吸收了前政府的中下层官员，并在内阁中任用了部分反对党——联邦巩固与发展党（USDP，前退役军人执政的政党，简称“巩发党”）党员和无党派人士。原本彰显全面包容的“转型智慧”，却因两年来施政效果不彰而频现部委调整、人员撤换。人事变动表现在三个层面：一是联邦内阁部长、副部长，除了在电力能源部、农业部、计划与财政部和教育部等增加技术官僚为主的副部长外，还增加了两个部委——国际合作部与联邦政府办公室[1]，并撤换了电力能源部和建设部部长；二是省邦行政长官（相当于省长）和各级领导。因涉嫌勾结商人或履职不善，孟邦行政长官吴敏敏乌和伊洛瓦底省省长先后被免职撤换[2]，后又相继有6名省邦厅级干部因为收到投诉过多而被免职[3]；三是总统、议长等国家领袖的更换。2018年3月21日，缅甸总统吴廷觉宣布“需要休息”而辞去职务，人民院议

---

1 Ye Mon, “Burmese President Proposes 2 New Ministries”, *the DVB*, Nov. 20, 2017.

2 Ye Mon, “Mon Chief Minister to Quit Posts, Party”, *Myanmar Times*, Feb. 20, 2017. Nyein Nyein, NLD Cabinet Begins Reshuffle, *The Irrawaddy*, Jan.16, 2018.

3 Ei Ei Toe Lwin, “NLD Government to Face Tougher Challenges in 2018”, *Myanmar Times*, Jan.4,2018.

长吴温敏也在当天辞职。随后，人民院副议长吴迪昆妙（前巩发党人）接替议长职务，而吴温敏在3月28日在联邦议会当选为新的总统[1]。大动干戈的人员调整或许能够体现民盟执政改革的决心，但诚如前部长、政治家吴梭丹所言，“如果没有效率和效益，再调整1000次也没有用”[2]，如何能在施政问题上找到着力点、人尽其能，才是民盟领导人应当思考的问题。

如何能在施政问题上找到着力点、人尽其能，才是民盟领导人应当思考的问题。

第二，民族“和而不解”，停火遥遥无期。自吴登盛政府制定一揽子“停火—和解—对话”机制以来，围绕着是否签署全国停火协议（NCA）以开启政治对话框架（FPD），并最终参与“联邦和平—21世纪彬龙大会（UPC-21PC）”机制以达成联邦协议（UA），各派政治力量形成了不同的思路和见解。但总的来说，民族和解“有和无解、和而不解”，众多谈判目标感强、实践性差。

就全国停火协议而言，军队数次强调签署这一协议是缅甸和平的底线，但少数民族地方武装（简称“民地武”）组织对此保持谨慎观望，该机制不仅进展缓慢，约束力也存疑。国防军总司令敏昂莱曾在2016年第一次21世纪彬龙会议上强调，要“持续贯彻民族和解战略”和“真诚实现持久和平”基础在于所有武装都签署全国停火协议；而在2018年3月27日建军节讲话中，敏昂莱再次提到“必须签署全国停火协议，签署全国停火协议是一切的根本前提”。[3] 事实上，克伦民族联盟（KNU）和复兴掸邦委员会（RCSS）等签署了全国停火协议的武装组织，也仍然与军队有零星的交火。而在2018年2月13日新加入全国停火协议的新孟邦党（NMSP），也强调自己“绝对不会放弃拥有武装的权力”，并在停火后与克伦民族联盟又因为争夺辖地爆发过武装冲突，[4] 可见全国停火协议本身的约束力是相当有限的。

就21世纪彬龙会议机制而言，该会议与其说是解决问题的会议，不如说是“列举问题”、让各方同意“坐下来谈”的磋商性代表大会。第一次21世纪彬龙会议聚集了包括联合国秘书长潘基文在内的1600名代表，勾画了政治对话、职权界定、建立联邦国家的宏伟目标，但参会人员众多、利益照顾多有不周，佤联军（UWSA）中途退场，会议仅仅陈列了存在的问题而未给出解决的具体方案；[5] 第二次21世纪彬龙会议内容包括政治、经济、社会、土地环境与安全等5个大问

---

1 Ei Ei Toe Lwin, Htoo Thant, Chan Thar, “Tough Challenges Lie Ahead for President U Win Myint”, *Myanmar Times*, Mar. 29, 2018.

2 Htet Naing Zaw, “Ex-Minister Says NLD has Wasted Two Years Trying to Build a Better-Performing Cabinet”, *The Irrawaddy*, Nov.22, 2017.

3 Htet Naing Zaw, “Tatmadaw Chief Calls on All Citizens to Show ‘Myanmar Spirit’ on Armed Forces Day”, *The Irrawaddy*, Mar. 27, 2018.

4 Kyaw Kha, “Mon and Karen Ethnic Armed Groups Clash,” *The Irrawaddy*, Mar.6, 2018.

5 Lun Min Mang, “Rafting of ‘National-level Dialogues’ Terms of Reference Under Way,” *Myanmar Times*, 21 September 2016.

题与41项小问题，会议达成37项共识，确定了联邦三原则、联邦国家、政治经济制度、地区发展方面的共识，但在“联邦退出权”“民族自治权”等核心问题上未达成共识；[1] 原定在2017年底举办的第三届21世纪彬龙大会则因为各地区“民地武”组织，尤其是已签署全国停火协议的“民地武”无法按其意愿完成利益磋商，以致政治谈判联邦级会议拖延，而推迟到2018年5月，[2] 比原定计划晚了半年。

民族和解“有和无解、和而不解”，众多谈判目标感强、实践性差。

总的来说，民族和解“有和无解、和而不解”，众多谈判目标感强、实践性差。

第三，若开邦危机四伏，国际压力加剧。民盟上台伊始，昂山素季奉行缅甸长期以来积极的中立主义、独立自主不结盟外交路线，中国鼎力支持缅甸和平发展，美欧积极支持其民主转型，印日看好其新兴市场潜力，东盟国家则继续欢迎其融入国际社会，缅甸新政府国际环境比往届政府大为改善。民盟在执政第一年，采取“东盟优先，珍视睦邻，重视对华，兼顾东西，注意平衡”的策略，可说游刃有余、较为成功，[3] 不仅取得了中国10亿美元的援助，争取到美国取消1997年以来对缅涉及金融、普惠制、进口禁令、个人或实体制裁的多项制裁，昂山素季个人还在纽约公共图书馆接受美国学术成就学会（Academy of Achievement）颁发的金盘奖（Golden Plate Award）。[4]

然而，围绕着若开邦罗兴亚人（Rohingya）问题[5] 上的不同态度分歧，民盟政府与欧美国家和联合国相关官员的矛盾日益激化，缅甸面临的国际压力也越来越大。民盟政府处理罗兴亚问题的情况又可以分为三个阶段。第一阶段是2016年4—10月，以联合国人权特使李亮喜进入缅甸考察、时任美国国务卿克里访缅

1 Birth of Pyidaungsu Accord for Peace, *The Global New Light of Myanmar*, May.30, 2017.

2 Nyein Nyein, Third Session of Panglong Peace Conference Pushed Back to May, *The Irrawaddy*, Mar.1, 2018.

3 张云飞：“四维度观察缅甸民盟施政一周年”，新华网，2017年3月30日，http://www.xinhuanet.com/2017-03/30/c_1120723685.htm，2018年4月5日登录。

4 Press Release, *The Global New Light of Myanmar*, Sept.26, 2016.

5 罗兴亚人问题，特指围绕着罗兴亚人身份认定而引发的一系列争议和冲突。罗兴亚人是缅孟边境地区的一个跨境穆斯林群体，自称为阿拉伯人、阿富汗人、波斯人及南亚穆斯林的移民后代，最早进入若开地区是15世纪伊斯兰教传入该区域后。缅甸沦为英国殖民地后，这个群体大规模移民至今天的若开邦。缅甸独立后，罗兴亚人曾短暂拥有公民权，但奈温上台后通过“龙王行动”将他们驱逐并且非法化，造成数十万罗兴亚人流离在缅孟边境及海外。随着这个群体“回归缅甸”政治诉求的增加，他们在20世纪80、90年代正式把自己称为“罗兴亚人（即若开本土人之意）”。随着罗兴亚人的返回及再度被逐，这一历史遗留矛盾裹挟着宗教因素愈演愈烈。有关身份认定问题包括罗兴亚人是否具有缅甸或任一国民族身份、罗兴亚难民的国际法认定等；有关冲突的矛盾包括缅境内佛教徒与穆斯林冲突、跨境犯罪、恐怖主义、难民接受与遣返国矛盾、国际介入与缅甸主权冲突等。缅甸官方和民间拒绝承认和使用“罗兴亚人”（Rohingya）一词，认为这些人是来自孟加拉的非法移民，称为“宾格丽人”。本文采取国际习惯用法，并不代表作者对此问题持有特别立场。

为标志，尽管国际社会对罗兴亚问题表示关切，但此时缅甸国际形象较好、罗兴亚问题也并未发生激烈变故，昂山素季处理该问题较有节奏，包括成立若开邦中央和平、稳定与发展委员会，成立以前联合国秘书长为首的“若开顾问委员会”，积极配合联合国特使赴若开考察，向克里直接要求“给予缅甸更多时间和空间”等[1]。

第二阶段是2016年10月—2017年8月25日，以2016年“10·9袭击事件”到2017年“8·25袭击事件”为分界点，罗兴亚人问题日益恶化。[2] 缅甸政府将袭击人员列为“恐怖分子”，并派遣军警部队开展“联合清剿行动”，但不少欧美国家认为袭击者只是“叛乱分子”，并怀疑缅军警在清剿中趁机驱赶、屠杀、强奸罗兴亚人。[3] 联合国特使李亮喜2017年7月再次赴缅考察，但表示缅政府限制其行动范围，认为缅政府还在沿用军人执政时期的手段，对缅甸人权形势“深感不安”。[4] 缅甸国务资政部则立即回应称李亮喜在“煽风点火”。[5]

第三阶段是2017年8月25日—2018年4月，缅甸政府拒绝就罗兴亚问题向西方国家妥协，并在各类国际场合表明缅甸政府的态度，取消李亮喜入境考察的资格。[6] 作为回应，欧美等国在联合国大会、联合国人权理事会等场合数次发起意图在罗兴亚问题上谴责缅甸的投票，并威胁称将重启对缅经济制裁；[7] 英国《卫报》等知名媒体专栏文章，马拉拉·优素福·扎伊等诺贝尔和平奖获得者，则要求取消昂山素季诺贝尔和平奖；[8] 美国大屠杀纪念馆则直接褫夺在2012年颁发给缅甸国务资政昂山素季的奖章，原因是昂山素季“没能阻止缅甸军队对若开罗兴亚穆斯林屠杀的行为”。[9] 2018年4月初，联合国防止灭绝种族罪行特别顾

---

1 Enough Space: “Daw Suu, Kerry Discuss Sanctions, Sectarian Issues,” *The Voice Daily*, Vol. 4, No. 36, p.1, p.28.

2 2016年10·9事件是指10月9日凌晨，一支名为“阿卡姆”圣战组织的武装从三个不同地区向缅孟边境警哨发动袭击，造成当场9死5伤1失踪事件，大量军备被掠夺的事件；2017年8·25事件，则是指8月25日由一支名为“若开罗兴亚救世军”（ARSA）组织的武装（后证实为“阿卡姆”圣战组织改组）袭击北部若开边境哨站，当场导致13死9伤的事件。来源：“Governmental Mission to Clarify Local People in Rakhine State About Deadly Attacks on Border Posts,” *The Global New Light of Myanmar,* Oct.11, 2016; “Declaring as Terrorist Group,” *The Global New Light of Myanmar*, Aug. 26, 2017.

3 Burma: “Methodical Massacre at Rohingya Village”, HRW, Dec.19, 2017. https://www.hrw.org/news/2017/12/19/burma-methodical-massacre-rohingya-village, available on April.1. 2018.

4 Yanghee LEE, “Special Rapporteur on the Situation of Human Rights in Myanmar at the 35th session of the Human Rights Council,” Agenda item 4, Geneva, *UNHRC*, 15 June 2017.

5 Nyan Lyinn Aung, “Govt, UN Rapporteur ‘disappointed’ in each other,” *Myanmar Times*, July.24,2017.

6 “Myanmar refuses access to UN Special Rapporteur,” OHCHR, Dec.20, 2017. http://www.ohchr.org/EN/NewsEvents/Pages/DisplayNews.aspx?NewsID=22553, available on April.1, 2018, available on March.29. 2018.

7 “Myanmar Rejects Draft Resolution on Human Rights at HRC,” *the Global New Light of Myanmar*, Mar. 25, 2018.

8 George Monbiot, “Take away Aung San Suu Kyi’s Nobel Peace Prize. She No Longer Deserves It”, *The Guardian*, Sept.5, 2017.

9 Holocaust Museum “Strips Suu Kyi of Award,” *The Irrawaddy*, Mar.8. 2018.

问迪昂（Adama Dieng）公开表示：罗兴亚人遭受的苦难是人类社会所面临的最严重的人道危机之一，不排除相关罪行被定性为种族灭绝罪的可能。[1]

缅甸难题为何“越解越困”？

从当前局势看，缅甸新生的民主制政府未能如人们所期许的那样带领缅甸走上和平与发展的道路，原有难题似乎“越解越困”。这其中蕴含的内在逻辑是：缅甸历史积弊顽固，困境的纾解与缓和绝非一日之功；突发事件往往“拔出萝卜带出泥”，使昔日困境重现；“救火式”的应对往往疲于奔命且治标不治本。与此同时，产生困境的要素内外勾连、相互联动，其中一项困境往往因潜在的牵连要素导致其他困境重新显现。此外，“越解越困”只是缅甸转型大周期中一个组成部分，从历史发展趋势来看，“越解越困”或许是“越解越通”之前的一段阵痛挫折期，随着暴露的问题越来越多，统筹性的解决方案大概也会越来越完善。

缅甸历史积弊顽固，困境的纾解与缓和绝非一日之功；突发事件往往“拔出萝卜带出泥”，使昔日困境重现；“救火式”的应对往往疲于奔命且治标不治本。

“救火式”的应对往往疲于奔命且治标不治本。

首先，缅甸难题背后是深厚的历史积弊，这些历史性难题张力巨大，难以很快解决。军政博弈、民族矛盾和若开邦罗兴亚人问题，三者无一不是经历了数十年、甚至上百年的积淀。

军政博弈始于1962年奈温政变，甚至在1958年10月吴努民选政府将权力移交给奈温军人看守政府时期就有所体现。这既反映了众多脆弱的转型国家因不适应民主机制、国家建设失效、社会动乱而引发军人政变的普遍规律，[2] 又表现出缅甸一直以来因分裂动乱而经常不得不诉诸军事手段解决的无奈。军人在缅甸国家政治中的重要地位，被清晰明白地载入2008年宪法，只要缅甸民族矛盾、罗兴亚问题不解决，有关军人在议会和国家安全、行政事务中发挥重要作用的条款就很难删除，军人有权在“紧急状态”接管国家，军政博弈和“双头政治”也将成为长期制约缅甸政治转型的镣铐和锁链。[3]

民族矛盾层面，除数十年绵延至今的政府军与“民地武”冲突外，还包括因众多少数民族争取在缅甸政治中更多自治权甚至“自决权”诉求而引发的政治分裂，以及蕴含其中的各族裔群体之间的互不信任。当前民族矛盾虽然可以上溯到反法西斯战争前的代理人战争（如克钦族代表英美利益，而缅族“三十志士”则

---

1 联合国新闻：专题报道：“前车之鉴：罗兴亚人危机不能重蹈卢旺达大屠杀的覆辙”，https://news.un.org/zh/story/2018/04/1005941, 2018年4月13日登录。

2 Thompson W R., “Regime Vulnerability and the Military coup,” *Comparative Politics*, 1975, 7(4): 459-487.

3 Brandon Tensley, “One Year Later, Aung San Suu Kyi Helms a Precarious Peace in Myanmar,” *Pacific Standard*, Apr 21, 2017.

依托日本），但矛盾的真正爆发是在1948年缅甸建国后。吴努、奈温、苏貌等缅族领袖，拒不承认少数民族最初在与昂山将军订立“彬龙协议”时所许可的“退出联邦权”。历届缅甸政府以剿匪、缉毒、打击国家分裂等名义，通过暴力手段压制“民地武”的武装独立行为，并在新军人政府时期通过谈判促后者停火并承认统一的缅甸联邦，但事实上，这些都没有真正解决少数族裔的政治地位问题。“民地武”要求宪法赋予其高度自治权力，甚至垄断其治下的土地、矿产、税收和军队，而缅军政府意图通过组建边防军（BGF）计划和解除武装、复原与归化计划（DDR）逐步击破和改造“民地武”，[1] 这引发双方新一轮的矛盾。吴登盛政府采用“集体谈判”与全国停火协议的方式，于2015年将一部分“民地武”组织（尤其是历史上抵抗意志最强的克伦民族联盟）成功拉回谈判桌，昂山素季政府也延续了该框架，并在2018年将全国停火协议的签字方由8个拓展到10个。然而，联邦政府无力管控军队，政府军仍然秉持“以打促谈”的方式，导致政府、国家军队与“民地武”之间的信任基础一直脆弱，这亦使“和而不解”成为一种缅甸式的奇特现象。

罗兴亚问题可以追溯到英国1885年殖民缅甸甚至更早时期。若开（阿拉干）地区虽然在古代曾纳入统一的缅甸国版图，但多数时期处于若开族的统治之下。贡榜王朝中后期，缅族王国攻占若开国后，直接与英属印度形成对峙形态，最终爆发英缅战争并使缅甸沦为殖民地。此后，英国大量从孟加拉地区向若开移民垦荒，促使大量穆斯林迁入，并与当地原住民若开族形成紧张对峙。这种状况从1948年缅甸建国持续至今，若开北部穆斯林人口实际上已经超过了当地部分地区人口的90%，这些人群因当时吴努政府拉选票而得到承认，但吴努政府统治时期结束后，便受到奈温政府的驱赶。[2] 罗兴亚人与当地若开人矛盾的原因，除了双方迥异的宗教信仰和生活方式之外，还包括被挑唆和政治操弄的极端佛教主义和极端伊斯兰主义之间的对立。与若开人有相同信仰的缅族中央政府，选择站在若开族一边，罗兴亚人则被描述为“反叛者”，最终后者选择以“罗兴亚（若开土生土长的人）”作为核心认同与缅甸中央形成对峙，并日益受国际社会同情和认可。2016年和2017年两轮暴力袭击后，缅军警以反恐为名实际上对若开邦北部进行了武装宵禁，国际社会认为有多达70万罗兴亚人被驱赶，[3] 造成了重大人道主义危机。缅甸政府遭到了广泛的质疑和指责。缅甸政府的代表多次在国际场合意图澄清事实，同时缅方坚持否认罗兴亚人为该国民族之一，这被国际社会指

1 Aung Naing Oo, “DDR and the Peace Process in Myanmar,” *Myanmar Times*, Nov.16, 2014.

2 “Unforgiving history,” *The Economist*, Nov. 3, 2012.

3 OHCHR, “Fact-finding Mission on Myanmar: concrete and overwhelming information points to international crimes,” Mar.12, 2018. http://www.ohchr.org/EN/HRBodies/HRC/Pages/NewsDetail.aspx?NewsID=22794&LangID=E, available on April 7, 2018.

责为“难以开脱”的罪责。[1] 罗兴亚问题在被越描越黑的同时，大批难民饱受饥饿、疾病、失业和贫困的折磨，使得相关问题进一步复杂化。

其次，缅甸转型的困境要素内外联动、相互牵连，任何一个要素的扩大，都会搅动整个困境的全局。

第一，转型困境影响国家建设，势必影响民盟合法性的延续。民盟上台虽然是压倒性民意选择的结果，但这并不能确保民盟的执政合法性能够悬若日月。所有的执政者在上台后，延续合法性的方式便不再是形式上是否由竞争性选举合法上台，而是价值上的共识性和功能上的有效性，即保证施政得到民众在精神和物质上的认同。[2] 然而，由于民族和解困境与罗兴亚问题，民盟政府无法兑现其执政初期“优先民族和解”的承诺，其“促进国家统一以利经济发展”的诺言[3] 也难以实现。对当政者的支持率因经济发展、社会进步方面成效不彰、“绩效合法性”不足而受到影响。

第二，外部压力的加大迫使国家建设偏离原有路径。由于在罗兴亚问题上国际压力日益增大，民盟的执政空间受到挤压，许多优先的政治经济议程不得不临时转到解决若开邦罗兴亚难民遣返和公民资格认证上。不少国家政治要员来缅访问，或者缅国家领导人外访时，讨论最多的不再是“如何对缅投资”；“如何对缅援助”，而是“如何解决罗兴亚问题”，这对于百废待兴、急需外资的缅甸来说显然不利。2018年3月中旬昂山素季在访问澳大利亚时，不仅遭到了墨尔本部分市民的集体“指控”（对罗兴亚问题处置不力），还因各方面压力不得不取消其原计划在悉尼洛伊国际政策研究所的演讲。[4] 昂山素季国际声望的下降，对缅民盟在国际上的支持率显然也是不利的，而这种局势与国内压力内外结合，使昂山素季在决策时更倾向于谨小慎微，难以做出大胆有效的决策。

第三，民盟合法性（包括国内支持率和国际支持率）的下降导致民盟不得不进行数轮内部调整，从而降低国家建设的效率。随着民盟执政进入中期，其不得不把一部分精力放在如何连选连任之上，然而两年执政下来，缅甸除了经济增长率仍然保持约7.8%的增速，其他多个指标难尽人意。例如，营商环境仅仅排到全球第171位（一共统计190个经济体）、通胀率高达9.1%，失业率保持在4%，

---

1 Mehdi Hasan, “Why Aung San Suu Kyi’s Silence on the Rohingya Is Inexcusable,” The World Post, July. 6, 2017. https://www.huffingtonpost.com/mehdi-hasan/aung-san-suu-kyi-silence-rohingya_b_7451776.html, avaliable on April.1, 2018.

2 Alistair Cook, “Myanmar’s China Policy: Agendas, Strategies and Challenges,” *China Report*, 2012, 48. 3, pp.269-281.

3 “Peace central to development in Myanmar,”*The Global New Light of Myanmar*, Aug.16, 2016.

4 Ben Westcott & Angus Watson, “Aung San Suu Kyi cancels rare public speech during Australia visit,” Mar.19, 2018. https://edition.cnn.com/2018/03/19/asia/aung-san-suu-kyi-rohingya-turnbull-intl/index.html，2018年4月5日登录。

公共债务占国内生产总值（GDP）的约34.2%。[1] 昂山素季在执政一周年讲话中，对该政府上台后没能带动国家发展与快速进步坦然道歉；[2] 而在执政两周年之际，民盟更是更换了总统和议长。新议长温敏有一定的执政抱负，或许不再仅仅是“橡皮图章”，如能分担昂山素季手头重担，或能在国家建设方面有所作为。[3] 尽管如此，高层官员的反复调整仍具有不确定性，在此过程中国家建设不得不适应新的领袖决策模式。此前，民盟施政基本上是昂山素季的“一言堂”，大小事务都得经其手，执政效率偏低。将来新总统是否会得到放权，放权后执政效率是否提高，仍然是未知数。

最后，“救火式应对”的方式不适应缅甸新时期的转型发展。基于缅甸转型中诸多困境要素的长期性、复杂性和联动性，“有问题再解决”的救火式思维只能发挥一时性缓和作用，既不能对症下药，关键时候还会“火上浇油”。就军政博弈而言，如果无法从制度上将随时可能发生的军人政变“关在笼子里”，那么军政双方互相博弈、等待对方“犯错”而伺机在博弈中取得上风的“关系模式”，对国家而言只能是弊大于利，双方不如相互合作，在关键问题上发挥各自的政治资源优势，以达成阶段性治理国家的目标。民盟和少数民族均以修宪为目标，认为缅甸军人应该更加职业化，但军人不会轻易放弃长期以来在国家政治生活中确立的核心权力（“民地武”割据和若开邦的危机局势也不允许这样）。倘若双方都消极地等待“火势”烧到对方再来解决问题，那么缅甸极可能面临新一轮国家危机，各方地位届时恐怕都难保。

在民族问题上，应当看到每一次未知的冲突，不管是政府军与“民地武”冲突或者“民地武”间火并，都会影响缅甸和解的整个生态环境，这些“小火”很容易在失控时变成“大火”。每一次“小火”的引燃，均源自利益攸关方（尤其是军方和“民地武”）围绕核心议题（主要是政治自治、资源分配、经济管辖和军事归属）发生的矛盾。军队不能允许“民地武”占地自管、拥兵自重，尤其是垄断缅甸山区的丰富资源，更无法容忍“民地武”建立“独立王国”的政治诉求。2018年2月初，政府军意图进入克钦独立军（KIA）和克伦民族联盟（KNU）领地修路，就招致了两只武装的激烈回应，可见当双方核心利益受到影响而互不退让时，便会擦枪走火，强化双方互不信任的记忆映像。即便是历经上百次谈判建立起来的信任机制，也有可能因为一两次的擦枪走火而重归于零。例如，由于“边打边谈”的实际状态，在2016年还维系数次直接谈判的“军官—‘民地武’”

---

1 数据来源包括：*Doing Business 2018*: *Reforming to Create Jobs*, Econommy Profile, Myanmar, World Bank Group, p4. Myanmar GDP and Economic Data, Global news and insight for corporate financial professionals, https://www.gfmag.com/global-data/country-data/myanmar-gdp-country-report，2018年4月1日登录。

2 Simon lewis, Antoni Slodkowski, “A year on, regal Suu Kyi struggles to move Myanmar on from conflict,” Mar. 28, *Reuters*, 2017.

3 San Yamin Aung, “NLD Party Revamp Elevates U Win Myint to No. 2 Spot,” *The Irrawaddy*, Mar. 30, 2018.

对话机制，到了最近两年很少开启，即便是已经同缅军签署了全国停火协议的“民地武”，也开始因为资源、军事领域的敏感争议而频频与政府军冲突，抑或是“民地武”之间相互交火（例如新盟邦党与克伦民族联盟）。而频频燃起的战火，便等同于停火的遥遥无期。

在罗兴亚问题上，因有关族裔群体流离国外，且建立了一定的国际话语权，其“火源”便更难以把控。诚如昂山素季坦言，不解决两个群体（若开族和罗兴亚人）共同发展的问题，任由仇恨继续在族群代际中蔓延，不管何种政策都会因帮助了一方而引发另一方的指责乃至报复。[1] 比如，在2017年“8·25事件”发生前，前联合国秘书长、若开顾问委员会主席科菲·安南曾在8月21日到访仰光，并在8月24日向缅甸政府发布其最终的若开邦对策报告，其中提到促进就业机会、增进社群融洽、援助国民认证等，但紧接着在次日就发生了暴力袭击事件。这一事件被描述为罗兴亚极端群体对缅政府解决若开问题的不满、挑衅乃至嘲讽。[2] 在这次事件发生后，民盟政府成立了国际顾问团执行委员会来履行科菲·安南所提出的建议，这招致若开民族党（ANP）的强烈反弹。该党前主席埃貌在纪念若开古国妙乌仪式中发表极端民族主义言论，呼吁若开族从缅甸独立，引发的群众游行遭到警察镇压，导致7死20伤。[3] 这些事件留给人们的不仅仅是伤痕，更是对解决困境时“应有什么样机制和思路”的反思。

解困机制探索：缅甸智慧指引执政着力点

如果“救火式应对”的思维不可取，那么缅甸如何在未来转型中走出困境，寻找出路呢？从根本上来说，缅甸转型依靠的是缅甸领袖和缅甸人民，因此，从自身历史与文化中汲取“缅甸智慧”，才是寻找出路的正本之源。

从根本上来说，缅甸转型依靠的是缅甸领袖和缅甸人民。

这里提供几种可能的“缅甸智慧”供参考。一是“重予不重取”的“德行观”。缅甸俗话说“水往低处流，火往高处烧”，说的便是人应该控制“欲望之火”，不应放纵自身追求功利的欲火而招致毁灭。昂山素季就曾经在成立民族和解与和平中心（NRPC）时强调：政治是妥协的艺术，不能奉

1 “Myanmar’s Suu Kyi Says Trust Has Been Eroded Between Rakhine State Communities,” *Reuters*, Nov.28, 2017.

2 “Extremist Terrorists Attack on Police Outposts in N-Rakhine,” *The Global New Light of Myanmar*, Aug. 26, 2017.

3 “State Counsellor Sends Condolences for Victims of Rakhine State Riot,” *The Global New Light of Myanmar*, Jan.18, 2018.

行“取思维”而是应该奉行“予思维”。[1] 缅甸是举世闻名的“慈善捐赠大国”，[2] 人民乐施好善，愿意随时向僧尼和需要帮助的人捐赠食品、物资或提供帮助，而不管自身的生活状况是贫困还是富足。这充分说明，缅甸人民是愿意用“予思维”来换取成果的。尽管在政治的视域里，权力是很难妥协的，但如果本着解决问题的态度，各方能够在民族和解、军政博弈等困境中，以“予思维”换取时间和空间，相互信任的建立也并非难事。当前，“德行观”最大的挑战是狭隘的民族主义和匮乏的民族认同，不管是大缅族主义还是其他少数民族的自我认知，“利益最大化”似乎超越了“德行观”而支配着人们的抉择。比如，在讨论处理罗兴亚问题时，有议员提议以“若开穆斯林”代替“罗兴亚”，用以区别“若开佛教徒”，这只能在言辞上降低“罗兴亚”或者“宾格丽”词汇的敏感性，无助于从根本上解决国民认同问题[3]，如果用“我们都是若开人”乃至“我们都是缅甸人”这样的认同观来彼此感化，兴许效果要比强调差异性来得更好。

二是“为了下一代”和“免于恐惧的自由”。这两者均是昂山素季在演讲中数次突出强调的精神。“为了下一代”即为人们熟知的可持续发展观，在昂山素季看来，此精神有三条内涵：一是不应将现有棘手的困境和矛盾交给下一代人，应当现在就解决问题，或者搭建有效解决问题的框架；二是不应当将政治、经济、社会资源耗光在当下，而应当建立保护性的、可持续性制度机制，包括建立民族相互依存的联邦国家，建立包容、发展型和中小企业驱动的市场经济；三是不应当将战争的恶果留给后人，让后人继续遭受战乱的影响，而是把发展红利留给后人享用[4]。

“免于恐惧的自由”原是昂山素季在1990年演讲时发表的见解，即“恐惧是滋生人类腐败的源泉”，因此应该“把一个理性与良知被恐惧所扭曲的国家变成法治之地——能够提高人民追求和谐与正义的愿望，同时遏制人性中不可取的有害属性”。[5] 在执政后，昂山素季数次在演讲中再度提到“免于恐惧”，但其核心要义是，将恐惧的对立面塑造为社会的法治、政治的稳定和人心的安宁，人心的

1 “NRPC to Become a Government Organization,” *The Global New Light of Myanmar*, May. 17, 2016.

2 2016年，在英国的慈善捐赠研究基金会（Charities Aid Foundation）进行调查的139个国家和地区中，缅甸的全球捐赠指数得分第一；若考察近5年的综合排名，缅甸在全球公众捐赠度最高的20国中依然稳居首位。详见：*CAF World Giving Index 2017*, Charities Aid Foundation, London, September 2017.

3 “Rakhine Ethnics Remain Rakhine Ethnics: Local Government Announces,” *Tthe Global New Light of Myanmar*, July. 7, 2016.

4 Aung San Suu Kyi, “Open Speech for the Union Peace Conference – 21st Century Panglong,” *Myanmar News Agency*, Sep.1, 2016; Augn San Suu Kyi, “I Wish to Remind All of You Not to Waste This Opportunity,” Myanmar News Agency, Feb.14, 2018.

5 Aung San Suu Kyi, *Freedom From Fear and Other Writings*, London: Penguin Books, 1991, p.231; Aung San Suu Kyi, “Freedom rom Fear,” *Far Eastern Economic Review*, July 18,1991.

安宁则是指免除误解和憎恶之心[1]。

三是“高尔夫球精神”。高尔夫球自英国殖民者传入缅甸后，便成为缅甸备受欢迎的“绅士运动”之一，因此有缅甸学者提出弘扬“高尔夫球精神”以解决“和解受挫”的问题。其主要理论是：其一，参与和谈者都知道基础规则和礼仪，并主动遵守；第二，比赛有竞争，能力有高低，但衡量胜负的是克服障碍（如地形、距离和洞口）的能力，而不是零和博弈；其三，别人打球的时候，以尊重的态度观望，不介入、不干涉。[2]“高尔夫球精神”倡导的是参与和谈的各方相互体谅、相互学习，在共同克服困难中来赢得自身的利益，类似于“先把蛋糕做大再分蛋糕”，不要因担心别人收益会比自己多而采取不合作的态度。

即便以上“缅甸智慧”为解决缅甸转型难题提供了一定的指引，真正能够扭转国运、促进缅甸转型找到更佳路径的，仍然还是国家领导人和各利益攸关方的领袖们更有包容性、更有政治眼光，更敢于尝试和负有历史责任感的“大智慧”。这样的“大智慧”并不是一两个主导者提出的施政方针，而是整个执政团队能够合力而为、促进有关政策有延续性地向前推进的一揽子行动计划。此外，除了计划和“路线图”，还要有施政的着力点，而不仅仅是空谈“要怎样”或者“不能怎样”。其实，以缅甸2018年3月下旬更换总统为契机，民盟政府的施政思路也有了较大调整。3月21日，总统吴廷觉辞职，3月30日新总统吴温敏就职，他的就职演说指出：民盟政府未来施政的重点工作是推进法治，推动经济发展和提高民众生活水平，实现民族和解与国内和平，修宪以建立民主联邦。[3]昂山素季和前任总统曾经把民族和解作为首要施政目标，但发现难度甚大，而经济发展和民生方面的政绩不佳导致民众对政府的不满增加，且距离2020大选也不远了，民盟迫切需要通过调整施政重点，积极改善民生，保住选票，缓解国家转型困境。

在缅甸走出困境的过程中，外部环境仍然起着重要作用。缅甸的政治改革和市场开放，离不开国际社会和世界资本的支持，国际社会应当更加理解和包容缅甸国内政局的复杂性，诚如昂山素季所言，“给予缅甸更多的时间和空间”，而不是一味苛求指责，以附加条件的人权标准作为贷款和援助的尺码。[4]国际社会应当清楚地看到，历史上给予军人政府的高压只能让缅甸更加封闭孤立，而现实中一味指责和施压民盟政府与昂山素季，更无助于缅甸开展国家建设，减少失业率

1 Augn San Suu Kyi, “I Wish to Remind all of You Not to Waste This Opportunity,” *Myanmar News Agency*, Feb.14, 2018.

2 Khun Htee Min, “Golfing Ideology for Peace Process,” *the Global New Light Of Myanmar*, July.4, 2016.

3 “INAUGURAL SPEECH: PRESIDENT U WIN MYINT SPEAKS UNION PARLIAMENT,” *Myanmar International TV Channel*, March 30, 2018, http://www.myanmarinternationaltv.com/news/inaugural-speech-president-u-win-myint-speaks-union-parliament.

4 “Enough Space: Daw Suu, Kerry discuss sanctions, sectarian issues,” *The Voice Daily*, Vol : 4, No. 36, p.1, p.28.

和促进经济与社会经济的发展。

在西方主流媒体大肆渲染缅甸人权危机，缅甸面临新一轮国际压力的同时，中国政府基于对缅甸自身发展与转型的理解，坚定站在缅甸一方。2017年“8·25事件”后，中国外交部发言人耿爽9月12日在北京呼吁“国际社会应该支持缅甸维护其国家发展与稳定的努力”。[1] 9月20日，外长王毅向联合国秘书长古特雷斯表示：“中国提倡缅甸和孟加拉国通过对话和磋商解决问题。中国一如既往地鼓励和支持缅甸，并希望国际社会可以在缓和缅甸问题上发挥积极作用。”[2] 11月2日，中国驻联合国大使吴海涛就若开邦地区罗兴亚难民危机表态，呼吁世界各组织和国际社会对若开问题应当充满耐性，并给予建设性的援助[3]。

未来，中国仍然可在相关议题上发挥建设性影响，助力缅甸缓解眼前危机，促其尽快将精力转入国家建设和经济发展。一是继续支持缅甸为维护自身主权与国家安全，打击和反抗极端主义，维护国家领土与主权安全的努力；二是为缅甸与孟加拉国合作遣返有关罗兴亚难民、进行公民资格审查提供必要的资金和技术援助，为有关冲突各方通过对话解决问题开辟渠道、搭建平台；三是利用双边、多边场合呼吁有关国家支持和理解缅甸，解决实际问题，反对西方大国打着人权旗号干涉缅甸内政，建设性参与草拟联合国关于罗兴亚人议题的方案，通过可持续手段妥善解决该问题等。

简短的总结

总的看来，难题与困境仍然是缅甸在转型中必须长期面对的现实挑战，这既是一个发展中国家转型的规律所在，也是对缅甸执政者能否运用“缅甸智慧”找到解决问题出路的考验所在。在缅甸2020年大选之前，民盟政府如能找到抓手，以国家建设为突破点，则将可能重获民意支持，保持其执政的合法性，并通过连选连任来延续其施政纲要，从难题“越解越困”走向“越解越通”；反之，如果继续以“救火式思维”来应对危机，缅甸执政者的政治和社会资源将被消耗于疲劳奔命之中，而无益整个国家走出困境。

1 “Some return to Rakhine Homes, China backs Myanmar,” *The Global New Light of Myanmar*, Sept. 13.

2 “China to UN：We Support Myanmar’s efforts for stability,” *The Global New Light of Myanmar*, Sept. 25,2017.

3 “China asks for patience over Myanmar’s Rakhine issue,” *The Global New Light of Myanmar*, Nov.4,2017.

周边国家对中国的看法：探讨今后亚洲国际秩序的走向

［日］益尾知佐子（苏琪）

内容提要：本文旨在分析周边国家对中国的看法并探讨今后亚洲国际秩序的走向。通过分析对华认识的区别，笔者将其分成四个标准，认为中国的周边地区正在分化成陆地和海洋两个不同的领域，西境在巴基斯坦和印度之间，东境在朝鲜半岛。在周边国家对中国的崛起表示既期待又警惕的今天，为了不进一步扩大中国周边环境的分化，中国应该将“一带一路”的内容透明化并与国际社会分担实施责任，同时避免采取类似制裁的行为，按照国际标准多边处理问题。

关键词：“一带一路”　周边国家　对华认识　国际秩序

2013年，新就任的中国国家主席习近平先后提出了“人类命运共同体”“丝绸之路经济带”和“21世纪海上丝绸之路”等理念，强调了中国在世界和平与发展方面将要发挥的主体性作用。此后四年间，中国积极推进“一带一路”战略构想。现在很多意见认为，以中国为一个中心的亚洲新秩序正在形成，但是这种秩序会以何种形式呈现还不明朗。

那么，这种秩序因何而定？毋庸置疑，中国的国力是重要因素。此处的国力不仅指政治，经济和军事能力，还包括提出解决问题的方案以及履行承诺的能力等。此外，对于中国来说，与其“敌对”的日本和美国能否接受和参与本国的提案等国际政治因素也不容忽视。

益尾知佐子（苏琪）　日本九州大学比较社会文化研究院副教授。本研究主要是日本学术振兴会科研费16K03523的成果。

但是，近现代主权国家体制下的国际关系并非仅由大国间的角逐决定。在各国平等的原则下，小国的主权与自决权应当和大国一样受到尊重。从国力上看，2016年全球国内生产总值（GDP）总额为75.8万亿美元，美国（18.6万亿美元）和中国（11.2万亿美元）的合计数额仅占其39.3%。[1] 今天的大国力量并没有能够单方面决定世界命运的压倒性优势。

周边国家如何看待中国以及如何应对其崛起决定了中国理想中的亚洲国际秩序能否实现。

在2018新年贺词中，习近平表示“中国人民愿同各国人民一道，共同开辟人类更加繁荣、更加安宁的美好未来。”[2] 正如他所认识到的，国际关系中“各国人民”的作用不容忽视。周边国家如何看待中国以及如何应对其崛起决定了中国的倡议能否成功，中国理想中的亚洲国际秩序能否实现。

从上述观点出发，本文将从周边国家对中国的认识以及如何应对中国的崛起，和在此认识中能够看出何种倾向等方面展开论述。笔者自2009年参与了时任东京大学教授田中明彦先生组织的“东亚地区合作发展的政治过程”科研项目起，开始关注周边国家和中国的关系如何影响地区秩序的问题。此后，通过其他研究项目和多次国际会议，笔者同中国周边国家的专家就中国的崛起和“一带一路”等课题持续交换了意见并常惊讶其多样性。但是，研究无形的认识本身存在困难，因此，比起学术分析，本文更倾向是基于观察和感想而成的随笔。在许多国家，笔者站在第三国且与政府无关的一名学者的自由立场，能够听到他们坦率的意见，这或许对中国有建设性作用。基于这种考虑，笔者就过去的观察和感想稍加分析，并且就目前中国被周边国家用何种“视线”包围，中国今后与世界交往时应注意什么等方面做一些学术性讨论。

与笔者交换意见的专家学者大多来自欧亚大陆及周边地区，包括中国的邻国以及邻国的周边国家。但是，在与中国接壤的国家当中笔者没能接触到朝鲜和不丹籍专家，也没有与吉尔吉斯斯坦、塔吉克斯坦、阿富汗专家进行长时间讨论的机会。笔者所采访的大多数是外交官、政府官员、智库和大学的国际问题研究者，还包括部分政治家、记者和商人。对于诸位的拨冗受访，谨此致谢。

一、围绕中国议论的多样性

本节首先按地区大致介绍一下周边国家如何看待中国国际影响力的扩大。

现在，不管身处何地每个人都能切身感受到中国的影响力正在扩大。21世纪最初10年间东南亚各国市场充斥着低廉的中国产品，第二个10年起南亚也出现了同样的变化。如今，很多中国游客来到日本和韩国。在俄罗斯和中亚等前苏

1 *World Bank Open Data*, available at: https://data.worldbank.org/, 2018年2月23日登录。

2《国家主席习近平发表2018年新年贺词》，《人民日报》2018年1月1日，第1版。

联地区，中国制造进入市场的态势相对受到抑制，但是对华业务引起了媒体的关注。很多国家的汉语学习人数急速扩大。大多数周边国家的人们意识到，在离自己不远的地方正在出现一个与冷战时期的“超级大国”美苏不同的大国。

然而，对于由中国带来变化的方向和规模，人们的看法并不一致。在一部分国家，中国是对其贫困生活给予经济刺激，通过贸易投资甚至是对外援助，也许能给自己带来利益的充满希望的存在。在美国和日本经济能力相对下降，韩国等国家的发展潜力也可见一斑的今天，这些国家对华业务迅速展开的期待正在上升。另外，也有很多人认为中国影响力的扩大将会带来负面影响。他们认为中国的经济活动是强者进行掠夺的一种形式，中国以非法手段和不当交换从他人手中攫取财富。这些人担心中国影响力的扩大将导致接受中国在政治或经济上的控制。此外，尽管程度有所不同，这两种相互矛盾的观点往往同时存在于一个国家。

（一）俄罗斯、中亚对中国的认识

在中国的周边区域里，对中国的认识最温和且相对稳定的无疑是苏联地区。中国同这些国家至今通过上海合作组织成功建立了相互信任关系，特别是俄罗斯。冷战以后在对待国际事务的看法上中俄存在很多相似之处，2014年3月克里米亚并入俄罗斯之后，俄罗斯通过加强与中国的关系作为维持国际政治的基础。但是，俄罗斯避免在经济上依赖某个特定的国家，中国占其贸易总额的比例仅为14.7%（参照表2）。2017年7月，习近平表示“中俄全面战略协作伙伴关系处于历史最好时期”，[1] 两国关系的基础在于全球化的国际政治，经济关系并非十分密切。在俄罗斯和中亚地区的原社会主义国家，计划经济对土地所有权和企业经营活动的影响仍然存在，外国人和外企进入市场的壁垒非常高。但由于中国企业的经济活动大多是以政府间的信赖关系为基础，以资源产业为中心通过当地的合作伙伴进行的，将中国视为威胁的人相对较少。

对于自独立以来不到30年时间的年轻的中亚各国来说，最重要的课题是国家建设。为了提高国家的凝聚力，构建更加稳定的国内社会，各国政府试图逐渐消除前统治者苏联（俄罗斯）的影响，以本国力量实现经济发展以加强民众支持。基于此，各国政府期待另一个“邻邦大国”中国支援其发展经济并成为牵制俄罗斯力量的代言人。虽说中亚诸国整体不算富裕，但原本的教育和科技水平高，官僚制度也在发挥作用，像哈萨克斯坦、乌兹别克斯坦等国并没有出现必须要将基础设施建设和国家经济计划托付给中国的情况。在俄罗斯和中亚，民众对于中国制造的品质之低反感强烈，且由于过去中苏边界冲突的影响，民间对中国的警惕感依然根深蒂固。

1《习近平接受俄罗斯媒体采访》,《人民日报》, 2017年7月4日，第2版。

（二）南亚对中国的认识

南亚至今没有与中国保持密切的经济关系，在这一点上与俄罗斯、中亚的情形类似。但近几年南亚在对华认识上发生了巨变。首先有必要指出的是，围绕此区域大国印度的情况与俄罗斯有着本质的不同。冷战时期南亚受美国和苏联的影响有限，印度的独立性较强。印度在1998年因进行核试验一时遭到了来自国际社会的非难，但近年来同各国关系整体良好。通过“金砖国家”机制与中国展开合作，但并未形成国际政治上的依存关系。此外，在独立后，印度并未在政治上支配周边小国，只有巴基斯坦因为历史原因对其怀有强烈的对抗意识。因此，在南亚保持政治独立并不是问题，贫困才是此地区共同的课题。独立后，各国政府对无论怎样都得不到推动经济发展的力量感到焦虑。

随着中国对外贸易的加速发展，南亚与中国的关系急剧深化。然而，最初的蜜月期已经过去，各国对中国的认识开始朝期待和警惕交替的方向转变。对中国的倾向程度因各国的经济规模不同而产生了巨大差异。印度作为一个充满魅力的市场拥有着庞大的人口，在欧美地区也拥有大量印侨。21世纪最初10年间，印度成功地从发达国家引进了外资，正处于发展的起步阶段。这一个十年的后期，没有条件的小国政府通过积极开展同中国的对外贸易以实现自身的发展，从而为加强政权的统治基础付出了努力。正因为如此，近来尚未设想的担忧迅速在南亚诸国之间蔓延开来。有报道称，由于斯里兰卡政府无法向中国偿还年利率为6.3%的借款，于2016年末将中国在斯里兰卡南部建设的深水港汉班托塔港租借给中国99年。[1] 对中国新“殖民地化”的担忧引发了当地大规模的反华示威活动。后因印度的介入，中国承诺不会将汉班托塔港用作军用。[2]

产生问题的原因之一是各小国政府缺乏计算经济项目的风险和回报的能力。但是在南亚，这些具有冲击力的新闻无疑给对中国充满期待的氛围泼了冷水。各国开始重新思考自己在国际政治中的地位，开始担心在不久的将来很可能要受到中国的政治和经济制约，对于这些国家来说，成为中国全天候战略合作伙伴，被国际社会半孤立化的巴基斯坦模式缺乏吸引力。2017年的洞朗对峙提高了印度对中国的警惕感，在对华政策上与印度加强合作的日、美、澳等国也在关注中国在

---

1 编者注：2017年12月9日斯里兰卡政府在科伦坡举行仪式，正式启动中斯汉班托塔港合作项目，并宣布通过合资方式将汉班托塔港交由中国招商局港口控股有限公司运营。斯里兰卡总理维克勒马辛哈出席了仪式。《斯里兰卡政府启动中斯汉班托塔港合作项目》，《人民日报》，2017年12月11日，第3版。

2 Ranga Sirilal and Shihar Aneez, “Sri Lanka Wants to Reduce China’s Stake in Strategic Port Deal,” *Reuters*, March 27, 2017, https://www.reuters.com/article/china-silkroad-sri-lanka/sri-lanka-wants-to-reduce-chinas-stake-in-strategic-port-deal-idUSL3N1H41SN. See also, “For Pakistan, a Grim Reminder from Sri Lanka: China Gives Loan, and Grabs Land,” *Economic Times*, July 29 2017, https://economictimes.indiatimes.com/news/international/world-news/for-pakistan-a-grim-reminder-from-sri-lanka-china-gives-loan-then-grabs-land/articleshow/59822644.cms.

印度洋强化战略存在的动作，这些都有可能促进今后几支力量的合流。

（三）东南亚对中国的认识

相比之下，在历史上东南亚和东亚与中国建立了更深的关系。中国同这些地区的经济关系深入方方面面，已经达到“无法切断”的程度。与其他地区不同，东亚没有大国能够与中国竞争影响力。虽说东南亚区域内最大的国家印度尼西亚拥有2.6亿人口（2016年），但也只是中国总人口的18.9%，其GDP也仅仅是中国的8.3%。在理解东南亚各国对中国的认识上，必须考虑到与中国力量悬殊这一点。

从历史上看，大多数东南亚国家对中国的警惕性很高。对于拥有大量华人华侨的各国而言，与中国的关系是切身的国内问题。1979年中越边境战争以后，中国停止了对兄弟党的支援并以华商为中介推进了与东南亚的经济合作，但社会层面对中国的警戒感依然很强。中国在南海海域的军事行动引起了东南亚国家的疑虑，在东南亚，中国被误认为是将本国的原则和主张单方面强加给对方的国家，因此无论是政府还是民间都有很强的恐惧心理。

过去的十年间，东南亚对中国的认识陷入了僵局。由于2008年的金融危机，欧美的对外投资势头明显回落，中国却加快了对外贸易的步伐，中国经济的存在感压倒了区域内的其他国家。自2010年中国—东盟自由贸易区启动以来，东盟国家对中国的出口额持续超过美国，中国成为地区内最重要的经济合作伙伴。[1] 为了平衡逐渐上升的中国影响力，东盟各国加强了内部团结，强化了与日、美、韩、印、俄等国家在政治以及安全保障上的关系，采取了在地区问题上稳坐“驾驶席（driving seat）”的战略。2011年，美国奥巴马政府正式提出“亚太再平衡”以加强同各国之间的合作，东盟“多方下注（hedging）”的战略似乎有效。中国则用分裂东盟的策略来解决这一问题。在由柬埔寨担任轮值主席的2012年东盟外长会议上，联合声明在东盟历史上首次未被采纳，其组织的凝聚力受到质疑。更大的打击来自2016年的美国大选。对国际事务不甚关心的唐纳德·特朗普战胜了以对华态度强硬著称的希拉里·克林顿当选美国总统。受和平宪法制约的日本也继续保持谨慎的态度参与在南海的“航行自由行动”。2017年以后，在东南亚维持对华势力的平衡已然困难。

如今，大多数东南亚人做出了在政治上避免成为中国攻击的目标，在经济上利用中国活力的同时寻求本国发展的现实判断，菲律宾的转型便是例证。然而，东盟各国在现有的国际秩序中享有较大的独立和自由并因此得到了发展。虽然对中国的崛起心怀忧虑，但对现有的国际秩序仍抱有强烈的留恋之情，利用大国生存下去的顽强精神依然存在。

1「アジア経済　進む『中国化』」,『日本経済新聞』,2018年1月6日。

（四）东亚对中国的认识

东亚是与中国关系最密切，相互之间人员和文化交流非常活跃的地区。中国引进了日本和中国香港和台湾地区的投资进行经济发展。如今，区域内企业之间建立了深厚的相互依存关系，形成了一个完整且巨大的供应链。在工商界人士中能听到很多关于"一带一路"倡议是与中国在第三国建立新的合作与发展形式的契机这种积极的意见。

但就对中国的普遍认识而言，东亚地区对中国有一些反感情绪。有趣的是，中国香港和台湾地区对大陆的认识与国内其他地区相比也并非一致。2010年的渔船冲撞事件和2012年的反日运动增强了日本对中国威胁的认识。此外，2014年台湾发生"太阳花"学运和香港发生"雨伞"抗议行动后，中国还加强了对香港和台湾地区的压力。这在人们脑海中似乎形成一些印象：中国时而会对其他地区施加压力。

直到2016年左右，日韩专家在中国问题上几乎从未达成过一致。与批评中国强硬对外行动的日本不同，韩国认为在领土问题上日本的处理方式不好，中国基本上还是一个好邻居，在中美两国之间保持平衡的同时控制好对外关系并不困难。日韩之间这种认识的差异也是基于韩国企业能够因中日关系紧张而坐收渔利，代替日本企业迅速扩大中国市场这种特殊情况。韩国于2017年2月最终决定部署萨德系统以后，中韩关系发生了改变。2017年以来，韩国的主要企业正在重新考虑他们的经营战略，许多韩国人开始对中国表示失望。除朝鲜以外的东亚各国，对中国的认识整体呈现同一化的趋势。

如此，周边国家看待中国的目光极为多样。各国对中国的认识也并非固定不变，当某个国家发生令人震惊的事件时，这种干扰会动摇整个地区对中国的认识。特别是在中国影响力显著扩大的2016年至2017年，随着"一带一路"倡议的推进动摇了从南亚到东亚的广大地区对中国的认识。下一节笔者将对其分类并分析其倾向。

二、两分之下的周边地区：从对华认识的区别看下一轮国际秩序

本节首先讨论各国对中国的认识是在何种基础上形成的，重点论述其共同之处。然后分析各国对中国的认识及区别，探讨各国在接受中国影响力上做了何种程度的准备。若界定中国周边国家对中国认识的标准，中国的周边地区正在分化成陆地和海洋两个不同的领域，西境在巴基斯坦和印度之间，东境在朝鲜半岛。

依对华关系和认识的不同，中国周边各国正分化为陆地和海洋两个区域。

通过观察各地区对中国的认识，能够发现以下共同点。第一，任何国家基本上是基于自身的利益来判断和中国的关

系。对中国认识的差异在于各个国家在世界上所处位置的差异。比如：在以美国为中心的现存秩序中占据有利地位的国家（日本）对于中国的崛起表示警惕，占不利地位的国家（俄罗斯）则表示期待。

但就整体而言，跟世界范围内的国际关系相比，对各国认识影响更大的是其周边的国际环境。例如，由于中亚各国担心俄罗斯而对中国提高了期待。因克什米尔地区争议与印度对立的巴基斯坦，接近了同样与印度存在边界冲突的中国。同样，对于被比自己大的国家包围的柬埔寨来说，中国作为牵制越南和泰国的力量确有魅力。在多数情况下，对于各国而言最重要的国际关系要么是与其接壤的国家之间的关系，要么是和区域内大国之间的关系。人们首先考虑对于自己来说最重要的国际关系，并依此进一步判断同中国的关系。

亚洲的国际关系至今仍以国家为基本单位，人们以本国的利益为基准观察着中国。正如印度和斯里兰卡密切关注着中巴经济走廊的建设以及韩国和日本跟踪中朝两国关系走向一样，各地区存在着特有的信息流。但据笔者调查，没有观察到诸如全盘接受美国关于中国情报的事例，各国都在自主地用其独特的视角分析中国行动的意图和对外战略，除初期阶段的情报收集以外。

第二个共同点，即任何国家都重视本国经济的发展并期待中国在此领域的积极贡献。除俄罗斯以外，各国对中国的期待都压倒性地偏向于经济领域。很多人认为中国的崛起或许是能让自己的生活变得更加富裕的机会，而期待因此改善国际政治的人并不多。

然而，要特别注意经济发展在各国国内政治中的含义。陈恩德（Steve Chan）[1] 着眼于为何中国的军事扩张没有导致包括东南亚在内的亚洲地区国家之间展开军备竞赛，指出：尽管各国在政治制度和社会发展的程度上具有多样性，但领导人促进本国经济发展并以此作为巩固政权的基础是一样的，这种基于国内政治的合理计算抑制了军费的扩大。[2] 如今，这股优先发展经济的浪潮穿越南亚正在逐渐抵达中亚地区。乌兹别克斯坦拥有本区域内最多人口，其首任总统（卡里莫夫）于2016年9月逝世。继任者米尔济约耶夫为解决民众不满和加强政治基础，立即着手进行了大规模的经济改革并致力于推进与中国的合作项目。[3] 与此同时，他还促进与周边邻国关系的改善，强化区域内合作的基础，并无依靠中国进行国家建设的意图。许多政府通过获得国民的支持和提高国家的凝聚力，致力于经济建设以实现长期统治。如果国民感到本国政府将部分国家权益不正当地提供给中国以换取繁荣或是准备接受中国支配的话，就会招致他们的不满，内政也

---

1 编者注：即陈思德，美国科罗拉多大学的杰出华裔教授。

2 Steve Chan, *Looking for Balance: China, the Unites States, and Power Balancing in East Asia*, Stanford: Stanford University Press, 2012, Chap. 4.

3 Timur Dadabaev, 2018 "The Chinese economic pivot in Central Asia and its implications for Post-Karimov re-emergence of Uzbekistan," *Asian Survey*, University of California Press.

会变得不稳定。

基于这些共同点，可以进一步分析周边国家对华认识的区别。若以对中国是否有好感将其认识分类的话，能够确立四个指标。即①与中国关系远的国家>与中国关系深的国家；②权威主义国家>民主主义国家；③陆地国家>海洋国家；④小国>大国。在周边国家中很难观察到经济发展阶段与对华认识之间的关联性。

就一般而言，①的指标也并不奇怪。在个人关系中，家人和亲密的朋友之间最容易产生问题。如前所述，任何国家都注重同邻国和区域内大国的关系。因此，从某种程度上来说与中国关系深的国家与中国产生摩擦是自然的现象。然而，中国的特点是当关系密切的国家有悖其意时，中国往往对该国有所表现。近几年有关中国对他国经济制裁（他国视为制裁）的实例也在迅速增加（表1）。中国这些经济行为引发了这些国家长期的不信任感。

表1　中国的经济制裁（他国视为制裁的实例）

对象国	时间	对象商品与措施	可能的起因	经过与结果
日本	2010.9—2015.5	对稀土的出口限制	钓鱼岛海域中日渔船冲撞事件	中国延迟稀土的通关手续，将出口关税调整到15%—25%。日本联合欧盟与美国向WTO提起申诉，2014年确定中国败诉。同时，日本企业通过开发新技术减少了稀土的使用量并在第三国开发了新矿区。中国于2015年中起取消了对稀土的出口限制。
挪威	2010.10—2016.12	对三文鱼的进口限制	对刘晓波被授予诺贝尔和平奖	中国限制进口挪威产三文鱼。6年后，挪威声明将充分尊重中国的核心利益和重大关切，由此限制得以解除。
菲律宾	2012.5	对香蕉的进口限制，取消赴菲旅游	黄岩岛对峙	以发现害虫为由限制进口菲律宾产香蕉。以保障中国公民人身安全为由建议个人团体暂缓赴菲旅游。
越南	2014.6—7	对荔枝的进口限制	中国石油钻井平台在西沙群岛海域的勘探活动	中国停止进口越南产荔枝。越南的荔枝出口量较前年减少10%。越南自第二年起将出口地多元化以分散风险。

续表

对象国	时间	对象商品与措施	可能的起因	经过与结果
蒙古国	2016.11	对矿产资源的进口限制，停止经济援助	达赖访问	在中蒙边境的主要口岸征收费用。将铜等蒙古国的主要矿产资源作为打击对象。预定召开的有关经济援助的中蒙政府间会议被中方无限期推迟。印度对蒙古国的经济危机提供10亿美元的贷款。
韩国	2017.3—10	抵制韩货，取消赴韩旅游及限韩令	萨德系统部署	因乐天提供部署土地而对其展开抗议活动。乐天超市第二季度的销售额减少95%，陷入出售门店的困境。中国主流媒体呼吁抵制韩货，韩系车销量骤减。中国的旅行社也停止办理赴韩旅游的相关业务，观光产业销售额下降65亿美元。韩流文化也受到一定程度的限制。10月文在寅总统访华时就改善两国关系与中方达成一致。
出处：笔者根据各国新闻整理而成。其中挪威一例，是笔者为了对比起见，特地列出的一个本区域以外国家的例子。				

虽说指标②和③在某种程度上是相关的，但并非完全一致。环顾中国周边的环境，连接广阔欧亚大陆的北面和西面多是权威主义国家，面向海洋的东面和南面多是民主主义国家。因其与曾经美苏的势力圈重合也可将其视为冷战残余，但从长远来看也将会反映出海陆经济社会发展模式的差异。

关于指标②，可以从政治和经济两个侧面说明。政治上，权威主义国家对前述中国的压力措施容忍能力更强。在权威主义国家里，由于所有权力都集中在政治领袖及其周边群体，其他人不得不接受这种统治和支配。对他们来说，强者实行强权是正常的。比如对于哈萨克斯坦的官员来说，俄罗斯和中国会如此影响本国是理所当然的，反而他们会考虑如何顺应这种影响以达到自己的目的。但在民主主义国家，政府和社会之间存在一定的制约关系，二者间出现的问题以法律为依据进行判断。相比权威主义国家，民主主义国家的人们更加强烈反对中国正在试图通过向他国施压而非依照国际惯例解决问题的做法。此外，他们常常怀疑本国政府有迎合中国的可能，并在某些情况下严厉地谴责他们（日本外务省“中国学派”）。在这些国家中就中国达成共识并不容易。

同样在经济上，权威主义国家更适合中国的做法。由于权威主义国家的经济权限集中在领导层，只要两国的一部分人之间达成一致，再充分利用中国的速度优势就能迅速推进项目的实施。但在民主主义国家，经济项目是国民利益调整的问题，所有的手续都需要时间。中国缺乏同民主主义国家冗长的手续打交道的耐心。虽说总体上中国和民主主义国家的民营企业之间合作顺利，但一旦涉及人们关注的大规模国家经济项目时，往往容易出现由于政治体制差异而导致的相互不信任。

关于指标③的差别也能够很明显的观察到，但说明其理由比较困难。总体来说，在中国周边环境中，由于引起新变化的各种因素集中在海洋区域，海洋国家对中国的评价更为慎重。从周边秩序的角度来看，中华人民共和国的大部分陆地边界问题已经解决，而于1994年生效的联合国海洋法公约中至今仍有不完整的部分，中国与他国达成共识的区域只有北部湾的领海。从安全保障的观点看，近年来海洋区域内的国际关系变化活跃。对美国建立的海洋霸权深表反感的中国，近年来着眼于海洋安全保障的重要性，试图扩大科技、军事、经济等各个方面在海上的影响力。中国周边的海洋国家对此表示警惕并加强了国际合作。另外，中国与海上邻国之间就经济发展的新模式及展开创新竞争等方面的发展前景并不明朗。也就是说，中国同亚洲海洋国家之间的关系更复杂也更容易紧张。

关于指标④有必要规定一些限制条件。一般来说，小国并非只是单纯的满意于中国影响力的扩大。除新加坡等国外，多数小国并没有得到经济发展的机会且在国际上处于劣势。对于别无选择的国家来说，中国的对外贸易是其想要抓住的难得机遇。在中国提出“一带一路”后不久，许多小国的学者通过“丝绸之路”开始深入研究中国与其祖国交流的历史。另外，基于上述理由，小国倾向于认为自己被纳入中国的势力之下是无可奈何的。这些国家的人们虽然内心也许对中国有不满，但并未像中间大国那样明确地表示对中国的反感。若将适应中国影响力扩大的国家视为对中国有好感的话，相比于大国，小国对中国更有好感。

那么，中国对大国和小国的影响究竟有何不同？下面笔者就贸易额做一些讨论。表2反映了与中国接壤的13个国家以及3个主要海上邻国在各自的贸易总额中中国所占的比例以及对华贸易总额所占其GDP的比例（2016年，因无具体统计资料朝鲜除外）。如今，大多数中国人为本国成为世界第二大经济体感到骄傲，相信中国已经能够通过经济对世界产生巨大的影响。的确，对于亚洲的大部分国家来说中国是其最大的贸易对象，这一点不容忽视。从对华贸易占各国贸易总额的比例来看，吉尔吉斯斯坦以103.9%占据首位，[1] 其次是蒙古国55.7%，日本22.0%，以及印度11.3%。但是，我们不能简单地将此数字解释为中国对各个

1 吉尔吉斯斯坦的对华进口数额（中国国家统计局数据）超过进口总额（世贸组织数据）的原因不明。

国家的影响程度。而对华贸易总额占各国GDP的比例，与吉尔吉斯斯坦86.7%，蒙古国41.8%相对的是，日本5.6%，俄罗斯5.4%，印度3.1%。

表2 周边国家对华贸易依存度（商品贸易，2016年） 单位：百万美元

国家	GDP	出口额	对华出口额	进口额	对华进口额	对华贸易收支	对华贸易占贸易总额的比例	对华贸易总额占GDP的比例
吉尔吉斯斯坦	6551	1545	71	3919	5605	–5534	103.9%	86.7%
越南	201326	176785	37172	174231	61104	–23933	28.0%	48.8%
蒙古国	11031	4917	3623	3358	989	2634	55.7%	41.8%
塔吉克斯坦	6922	900	31	3100	1725	–1694	43.9%	25.4%
缅甸	66324	11000	4098	16600	8189	–4091	44.5%	18.5%
韩国	1411246	495426	158975	406192	93729	65246	28.0%	17.9%
老挝	13790	3020	1360	4720	987	373	30.3%	17.0%
菲律宾	304696	56313	17396	86290	29843	–12447	33.1%	15.5%
哈萨克斯坦	133757	36776	4805	25175	8293	–3488	21.1%	9.8%
巴基斯坦	284185	20435	1913	47155	17234	–15322	28.3%	6.7%
日本	4938644	644933	145671	606927	129410	16261	22.0%	5.6%
俄罗斯	1280731	281825	32260	191406	37356	–5096	14.7%	5.4%
尼泊尔	21154	740	22	9650	866	–844	8.6%	4.2%
印度	2256397	264020	11764	359065	58415	–46651	11.3%	3.1%
阿富汗	18886	520	5	9150	431	–427	4.5%	2.3%
不丹	2115	470	0	1030	5	–5	0.3%	0.2%

* 各国GDP和贸易进出口额数据来源于World Trade Organization Statistics Database；对华进出口额数据来源于中国国家统计局年度数据相关报表中中国同各国的贸易数额。由笔者整理而成。

可以肯定的是，对中国依存度高的小国将不得不去迎合中国。对于GDP规模较小的吉尔吉斯斯坦和蒙古国来说，能否与中国建立良好的关系可以说是生死攸关的问题。今后，若尼泊尔，阿富汗和不丹等国以发展经济为目标的话，很可能扩大其对中国的依存程度。尽管巴基斯坦的对华贸易总额仅占GDP的6.7%相对较小，但因其出口到中国的物品很少，与吉尔吉斯斯坦一样面临着巨大的对华贸易赤字问题。2016年至2017年巴基斯坦有超过40%的对外直接投资来自中国，

对中国的依赖程度显著提高[1]。

同时，像日本和印度等GDP规模较大的国家，大部分经济活动都在国内进行。对华贸易虽然重要，但并不影响国家存亡。这些国家对中国保持着较高的独立性，因此中国的影响力有限。另外，越南的情况不适用于典型的小国模式。越南的逆转因其贸易总额是GDP的1.7倍。据2015年的统计数据，机械制品占据了该国进口的75.0%和出口的81.4%，[2]越南已经深深融入了世界范围内的加工贸易网络。由于这些国家通过同他国的贸易能够抵消来自中国的影响力，中国对其的影响实际要远远小于数字。

根据上述四项指标，周边国家对中国的认识开始大致分化成两个地理区域。位于中国北部和西部的国家基本上对中国的崛起表示欢迎并且认为自己也会从中受益，多持积极态度。相比之下，位于东部和南部的国家在经济上留有与中国合作的期待，同时担心中国的崛起对其未来的影响。两者之间的裂痕西境在印度和巴基斯坦，东境在朝韩之间。那么，东部的三八线，西部印巴冲突的克什米尔地区有可能成为中国崛起时代国际秩序攻防的前线。其两侧分别是无法按照中国意愿行动的大国印度和日本。东南亚地区混有陆地国家特征的国家，经济上虽具活力，但其政治形势更加复杂多变。

目前尚不清楚东西两条裂痕将来会否扩大，会否穿过喜马拉雅山脉将周边环境分成两部分发展。但是，若因某种原因导致对外关系紧张，中国的经济活力就会丧失，为了维持势力平衡，中国必须在经济上支持不能自助的小国。无论军事上还是财政上东西两面作战都是很大的负担。避免周边环境的分化断层，全面维护好各方关系符合中国的利益。最后，笔者就中国如何缓和周边国家的疑虑做一些分析。

三、中国的大国目标应该是什么

鉴于周边国家对中国的认识，可以说习近平以改善外部环境为目标倡导“一带一路”在对外政策的方向上是正确的。如前所述，实现经济发展和人民富裕不仅是中国梦，也是亚洲各国共同且普遍的“梦”。此外，东亚经济发展的历史告诉我们，要想保持经济持续快速发展，有必要在一个更广泛的领域内加强合作。即使对于已经发展到一定程度的国家和地区来说，参与市场新一轮的发展浪潮也是必不可少的。中国的“一带一路”构想很好地关注了亚洲许多国家的潜在需求，为他们提供资金的同时试图将其转化为中国自身的经济机遇。

1 “Pakistan: Foreign Investment,” *Santander*, https://en.portal.santandertrade.com/establish-overseas/pakistan/investing.

2 World Trade Organization Statistics Database, available at: http://stat.wto.org/CountryProfile/WSDBCountryPFView.aspx?Language=E&Country=VN.

但正在因“一带一路”而形成的国家间关系，从结构上存在问题。在很长一段时间内，中国反对美国在世界范围内编织的盟友网络。美国在亚洲的盟友网结构被称为“轴辐模式”（hub-and-spokes）。在此区域内，美国和各国建立了双边同盟关系并不断累积，整体看上去是以美国为“轴心”，像自行车轮一样成放射状分布的同盟结构。如今，中国通过“一带一路”形成的国家间关系的实质是通过经济发展形成的“轴辐模式”。除亚投行外，部分项目通过两国间秘密谈判进行的。只有中国知道与各国谈判的内容，且作为资金提供者中方拥有强大的议价能力。两者之间的关系不仅不对等，一旦出现变化中国还可能将此构造转移到安保上。1996年中国的国防开支占亚洲及大洋洲地区的比重是16.5%，2006年达到35.5%，2016年扩大到50.2%。[1] 中国的行为和以此正在形成的国际结构正在由追随中国的周边国家和拒绝中国的国家分化开来。未来，日本和印度有可能成为海洋国家之间展开国际合作的支柱。

笔者认为中国应该将“一带一路”的内容进一步透明化并与国际社会分担责任。中国从上述以势力关系形成的“轴辐模式”中获益的可能性低。“一带一路”提出后，中国媒体将其作为梦想计划向全世界宣传的结果是一家独倡。许多无法从发达国家获得贷款的中小国家将其误认为是富裕中国的“援助”构想并欢迎救世主的到来。一部分国家没有好好计算（抑或没有计算能力）项目的经济合理性，或是没能清楚地认识到返还融资的义务就和洋溢着政治热情的中国签了合约。但是，照现在这种做法如果项目资金运转出现问题，最终损失的是中国。最近，有消息称中国国家开发银行和中国进出口银行考虑到债务偿还的风险，在发放新融资时将风险算入以提高利率。对此真伪存疑，但2018年2月前马尔代夫总统（纳希德）称该国对华债务已达15亿—20亿美元，利率最终超过12%，[2] 这明显超越了该国的支付能力。若债务偿还受到阻碍，中国人民将承受沉重的负担。对马尔代夫而言，中国问题则成为分化国家的论点。[3] 而且，若周边地区了解“贷款风险”，接近中国的国家将慢慢变成不能从他国获得贷款的小国。与其招致此恶性循环，不如在规模较大的“一带一路”项目的计划阶段聘请国际顾问，如果出现不履行债务的情况，按照国际标准多边处理更能保障项目的顺利进行。“一带一路”应该按照经济发展的规律推进，其政治化程度

---

1 笔者根据斯德哥尔摩国际和平研究所军备支出数据库（SIPRI Military Expenditure Database,“Data for all countries 1949-2016”）计算而成，参照：https://www.sipri.org/databases/milex，亚洲及大洋洲地区的数据不包括朝鲜、土库曼斯坦和乌兹别克斯坦三国。

2『日本経済新聞』，2018年2月13日。

3 编者注：中国外交部发言人认为这些言论是“无稽之谈”。他指出：纳希德先生担任总统时，中国即对马尔代夫提供援助并推动两国务实合作，取得了大量成果。见中华人民共和国外交部网站：“2018年2月8日外交部发言人耿爽主持例行记者会，”http://www.fmprc.gov.cn/web/fyrbt_673021/jzhsl_673025/t1533107.shtml, 2018年3月22日。

“一带一路”应按经济的合理性推进，其政治化程度越高带给中国的风险也越高。

越高未来对中国的风险也就越高。

另外，为了不扩大中国周边环境的裂痕，中国应避免采取类似制裁的行为。在回顾周边国家对中国的看法时，能够明显看出许多国家都在密切关注中国的实际行动并以此作为判断标准。在国际问题上，一国之言绝非正确。强迫对方接受自己意见的制裁行为，本质上贬低了对方作为国家的尊严。当周边国家的人们看到中国对本国或邻国单方面采取行动时，对中国的恐惧令他们表面顺从，背后则秘密地与他国合作给未来上保险。以中国崛起为契机的亚洲“国际化”潮流已经开始涌动。十年前笔者怎么也想不到自己会和南亚和中亚的专家一起讨论中国问题。

另外，除一些小国外，制裁的长期效果也有待观察。如表1所示，中国对与特定国家有关的象征性商品采取经济手段加以限制。这是威胁对方并且试图传达特定信息的行为。但是，若借科恩和奈之言，只要不选择对方真正具有“脆弱性”（vulnerability）的商品，想让对方长期顺从自己很困难。例如2010年无法从中国进口稀土的日本，在第三国家开发新矿区的同时致力于开发新技术，将去稀土的技术实用化。对于日本来说稀土的确是“敏感性”（sensitivity）商品，但并不具备“脆弱性”（vulnerability）。2012年在反日运动中受到攻击的日本企业，之后加快推进了“中国+1”的战略，将新的投资地点转向了第三国。据说韩国企业今后也会加强此举。越南已经采取扩大经济多元化战略以抵消中国的影响力。像冷战时期的中国利用苏联的威胁推进同发达国家经济合作一样，在对中国怀有疑虑的今天，印度会变得更加容易发展。中国的经济限制行为提升了周边国家对“中国威胁论”的认识，这些行为只会在一段时间内导致周边国家对中国的迎合，重复多次反而会起到反作用。

作为大国，中国成为一个亚洲的中心，要建立新的国际秩序并不奇怪。但根据中国的参与方式，新秩序的性质将发生巨大变化。有一次，笔者在课上问手下的研究生，当听到“leader”时会想象怎样的人。来自欧洲的学生回答说：“有通过协调利益相关方将难题解决的能力并且受大家尊敬的人。”这种印象跟日本人的感觉一致。然而，来自中国的学生则回答，“‘领导’是有力量实现自己想法的人。因为惹怒领导很可怕，所以大家都不太喜欢。”中国想成为大家都害怕的领导，还是想成为能够解决具体问题受人尊敬的“leader”，亚洲未来的走势取决于中国的选择。

（顾扬　译）

冲击之后：沙特阿拉伯前景分析

虎翼雄

内容提要：自2015年1月萨勒曼国王上台以来，沙特阿拉伯政治经济社会和对外政策发生了较大变化。这一方面有外部压力的因素，另一方面也是因为这个王国的王位传承到了不得不“换代”的历史节点，加之两年多来石油价格一直在一个较低的水平徘徊，经济形势严峻，政治能否继续保持稳定尚不明朗。倘若萨勒曼国王和其后继者能够协调推进政治经济社会改革，维护与大国良好关系，创造一个较为和平稳定的周边环境，沙特阿拉伯的发展前景看好，但如果在本轮改革中出现大的波折，其前景令人担忧。

关键词：沙特阿拉伯　改革　稳定

历史或将证明，在经历了“阿拉伯之春”和沙特阿拉伯（以下简称“沙特”）王室政治剧烈变化的冲击之后，2017年可能是沙特政治经济社会发展历程中极为不平凡的一年。这个曾经让人感觉经济富足、政治落后、社会保守的国家突然之间开始了快速转型。年仅32岁的穆罕默德·本·萨勒曼接替他的堂兄穆罕默德·本·纳伊夫成为王储，从而也成为了这个世界上石油储量最大国家王位的第一继承人；一项目标宏大的经济转型计划持续推进；一场外界并不明确其深意的反腐运动高调展开；诸多社会政策发生深刻变化。沙特王室的政策为什么会发生如此巨大的变化？其经济改革措施能否成功？沙特还能保持稳定吗？这些是所有关心沙特的学者和观察家必须回答的问题。本文尝试对上述问题做出分析。

虎翼雄　北京大学国际关系学院党委书记，副研究员。

一、沙特为什么进行激进式改革？

媒体普遍认为，沙特之所以进行如此激进的改革，主要与2017年6月成为新王储的穆罕默德·本·萨勒曼（Mohammed bin Salman，以下简称“小萨勒曼”）有关，并且在外界看来，萨勒曼国王虽然在沙特王室内部享有声誉，但已经年老多病，其推行的诸多政策后面实际上早已是小萨勒曼在操盘。毫无疑问，小萨勒曼成为王储正式登上政治舞台对沙特政治经济社会和外交政策的影响是巨大的，他是王室此轮改革最直接的推动力。但从根源上来看，沙特王室之所以进行此轮较为激进的改革还有更深刻的内外部因素。沙特自21世纪第二个十年开始，在中东大变局的背景下，随着石油价格的大幅波动和与周边国家日益紧张的关系，加之王室内部王位继承的剧烈变化，内忧外患，不得不采取较为激烈的改革措施，以期能够较快实现政治经济和社会发展的新平衡。如果与20世纪80年代和90年代相比，沙特内部的经济形势和外部的不安全因素没有太大变化，但在政治领域出现了显著的不同，最主要的就是王位继承的变化。

沙特最显著的政治改革是王位继承变化。

从王室内部看，萨勒曼国王自2015年上台后连续废黜穆克林、穆罕默德·本·纳伊夫（Muhammad bin Nayef）等王储，以此确立小萨勒曼的王储地位。虽然萨勒曼从1962年起就开始担任利雅得地区的总督（Governor of Riyadh Region），具有非常丰富的治国理政经验，并且在家族中被认为是一个重要的调停者和纪律执行者[1]，在王室内部享有盛誉和威望，但他连续的废储之举一方面让外界感到震惊，另一方面也增加了王室内部的不满，打破了自费萨尔国王（King Faisal, 1964—1975年在位）以来沙特王室一直致力于维护的内部平衡。如果说废黜穆克林是因为其无论年龄、经历还是品行都难当大任的话，废黜在资历和能力上都更胜小萨勒曼一筹的穆罕默德·本·纳伊夫就完全可以被认为是萨勒曼国王强力推动的接班安排。因为经过多年的探索，沙特王室已经形成了一种潜规则，即“长期在大臣会议任职的经历是王室长老委员会考虑和挑选王位继承资格的决定性因素之一”，[2] 从这个角度说穆罕默德·本·纳伊夫是沙特家族第二代王子中的杰出人物，他长期在纳伊夫家族支系所管辖的领域——内政部任职，曾任内政部助理大臣、副大臣等职，并且被认为是沙特王国反恐战略的制定者。他曾遭遇过多次暗杀，特别是在2009年基地组织发动的一次暗杀中幸免遇难，使得他在家族中的地位得到提升。2012年11月，他的亲叔父、时任内政大臣的艾哈迈

1 “The Saudi succession: When kings and princes grow old,” from http://www.economist.com/node/16588422，2018年3月28日登录。

2 王铁铮主编：《沙特阿拉伯的国家与政治》，西安：三秦出版社，1997年版，第133页。

德主动请辞，将内政大臣这一关键岗位交到他的手里，充分体现了他在家族政治中得到认可，也使其成为在第二代王子中具有王位继承可能性人选里的领跑者之一。而小萨勒曼虽然在2009年开始担任其父的私人顾问，并在2012年萨勒曼成为王储后担任了王储法院（Crown Prince Court）秘书长，进入国务大臣（State Minister）序列，并在2015年1月萨勒曼成为国王后担任了国防部长一职，开始进入王室决策层，但总体说来他在第二代亲王中资历很浅，经历单一，若不是他的父亲成为国王他很难成为王储。为了让小萨勒曼顺利接班，并有一个能够掌控的局面，萨勒曼国王势必须对重要的职位安排进行调整，这也意味着必须推动改革。

从沙特的经济形势看，当前沙特的经济处于一个非常低迷的时期，首要的原因是2015年以来国际石油价格长期徘徊在每桶40—60美元的水平，这与此前几年每桶90—110美元的油价形成鲜明对比，对严重依赖石油的沙特经济产生致命打击，使其一直处于财政赤字状态，不得不动用多年积累的石油美元。虽然沙特的外汇储备曾经达到近8000亿美元，但“阿拉伯之春”后，沙特一方面花费近1500亿美元巨资改善民生，“购买”稳定；另一方面也向美国等西方国家采购了近千亿美元的武器装备，加强国防力量建设，其外汇储备也日渐枯竭。关于这个曾经富得流油的国家即将破产的新闻不绝于耳，区别仅在于预测其破产的时间点有所不同。更为严重的是，在内部政治局势不明朗，各种政策处于多变期的状况下，沙特资本外流日益加剧。2016年5月有报道指出，沙特资本外流导致金融系统的流动性堪忧，利雅得银行间同业拆借利率突然飙升至2008年美国雷曼兄弟公司破产后最高点。[1] 面对严峻的经济形势，沙特政府必须推动改革。如果我们回顾一下20世纪80年代的沙特，当时法赫德国王刚刚上台，也面临极为严峻的经济形势，比如1981年到1985年沙特每年的石油收入从1160亿美元降低到184亿美元。[2] 为缓解经济压力，减少对石油的依赖，法赫德国王也着力推动经济多元化，甚至在90年代中期有研究指出沙特政府考虑对其“国有”企业沙特航空公司（Saudia）以及沙特基础工业公司（Saudi Arabian Basic Industries Company，SABIC）实施私有化，[3] 以增加政府收入。这与当前国际资本市场的热点——阿美石油公司上市（IPO）何其相似。我们观察到，沙特王室在国家治理中突出的一个特点就是以经济手段缓解政治压力，而当经济遇到困难时又通过政治改革带给民众希望缓解王室面临的各种压力。

从国际环境看，虽然当前沙特的周边安全环境没有20世纪80—90年代恶

1 卜晓明：《沙特资本外流 金融体系流动性堪忧》，《经济参考报》，2016年5月24日，http://dz.jjckb.cn/www/pages/webpage2009/html/2016-05/24/content_19467.htm，2018年3月26日登录。

2 Alexei Vassiliev, *The History of Saudi Arabia*, New York: New York University Press, 2000, p.453.

3 Michael Collins Dunn, “Is the Sky Falling? Saudi Arabia’s Economic Problems and Political Stability,” *Middle East Policy*, Volume 3, Issue 4, April 1995, p. 32.

劣，但影响其内部稳定的因素依然很多。首要的因素还是伊朗。虽然小萨勒曼在接受美国哥伦比亚广播公司（CBS）的专访节目“60分钟”里说：“伊朗不是沙特的对手。沙特的经济（规模）要远比伊朗的大，伊朗不能和沙特相提并论。”但他同时也认为，1979年发生在伊朗的伊斯兰革命给沙特带来了深远影响。[1] 正如有分析所指出的，在平息受伊朗伊斯兰革命影响引发的麦加大清真寺事件和东部什叶派示威活动之后，为了缓和保守的乌莱玛的不满，沙特政府收紧了社会政策，比如关闭女性俱乐部、理发店，取消女性播音员，不再资助女性出国留学等，使得费萨尔国王当政以来所推行的现代化改革进程有所减速，[2] 这一点在小萨勒曼接受“60分钟”的专访中也谈到，他认为1979年以后的沙特并不是沙特真正的样子，与20世纪60—70年代的沙特完全不同。1979年以前的沙特，女性可以工作，可以开车，沙特有电影院等，总之和其他国家没有什么两样。[3] 当然伊朗带给沙特最大的挑战是意识形态的，虽然伴有安全威胁，包括发展核武器以及支持中东地区的真主党等力量。因为霍梅尼坚信，君主制并不符合伊斯兰教，“伊斯兰教已经使君主制度和世袭继承制度无效了”。[4] 他还通过电视广播等公开攻击沙特王室是“唯利是图的贪图享乐者”，认为他们没有资格统治伊斯兰的圣地麦加和麦地那。[5] 另一方面，伊朗带来的挑战与20世纪50—60年代来自埃及的阿拉伯民族主义不同。当面对纳赛尔的威胁时，费萨尔采取了伊斯兰主义与之抗衡，而70年代末期伊朗举起的也是伊斯兰主义的大旗，强调其合法性的基础是伊斯兰法学家治国，突出的是民众参与、公平公正。在这一点上，近40年来沙特一直处于比较被动的地位。2016年，伊朗核谈判取得重要进展，如果伊朗能以一个“正常”国家的姿态重返国际社会，沙特王室政权将面临更大压力。此外，无论是也门的局势还是与卡塔尔的纷争，以及“伊斯兰国”力量的增减都会对沙特局势产生影响。不可否认，沙特在外交上近几年来给人的感觉是越来越强硬。甚至有学者认为，以前沙特的外交政策多用金钱和宗教开道，但2011年“阿拉伯之春”以来，以直接出兵巴林和空袭也门为代表，沙特的对外政策更加倾向于展示军事实力而更少考虑使用外交手

伊朗若能以“正常”国家姿态重返国际社会，沙特王室政权将面临更大压力。

1 “Saudi Arabia’s Heir to the Throne Talks to 60 Minutes,” https://www.cbsnews.com/news/saudi-crown-prince-talks-to-60-minutes/, 2018年3月26日登录。

2 虎翼雄：《沙特阿拉伯政权稳定的根源》，《理论视野》2017年第7期，第82页。

3 Saudi Arabia’s Heir to the Throne Talks to 60 Minutes, https://www.cbsnews.com/news/saudi-crown-prince-talks-to-60-minutes/, 2018年3月26日登录。

4 埃尔顿·丹尼尔著：《伊朗史》，李铁匠译，上海：东方出版中心，2010年版，第183页。

5 Mark Weston, *Prophets and Princes: Saudi Arabia from Muhammad to the Present*, New Jersey: John Wiley & Sons, Inc. 2008, p.241.

段。[1] 如何处理好周边国家关系，为沙特经济发展创造良好环境也是沙特政府面临的重大挑战。

二、沙特本轮改革的主要内容

事实上，从20世纪60年代以来沙特一直处于不断变革（渐进性改革）的过程之中。总结起来说，主要发生过三轮变革，第一轮是费萨尔国王当政时期，开启了沙特经济社会现代化的进程；第二轮是法赫德国王后期和阿卜杜拉国王时期，进一步推动经济多元化和政治制度化；第三轮是萨勒曼国王上台以来，快速推动政治、经济、社会的全面变革。

从政治上说，本轮改革主要的变化有两方面，一是机制性的变革，二是人员的大规模调整。从机制上来看，一个最大的变化是为了减少沙特家族内部对于小萨勒曼成为王位继承人的不满，特别是对于此后王位是否将只在萨勒曼家族内部传承的担心，沙特王室对《基本法》做了修改，明确规定以后国王和王储不能来自同一家族支系。这在一定程度上能够缓解沙特家族内部对于沙特阿拉伯可能变成“萨勒曼沙特阿拉伯”的担心，但在小萨勒曼目前只有33岁，并且统治这个国家的意愿和意志都十分强烈的背景下[2]，这一条文的象征意义大于实际意义。此外，萨勒曼国王上台以来，为了赋予小萨勒曼更多实权并使其经受锻炼，成立了几个重要的机构，一是经济与发展委员会（the Council for Economic Affairs and Development），二是最高反腐委员会（Supreme Anti-Corruption Committee），都由小萨勒曼领衔。加之从2015年以来他一直掌管国防部，使得其集沙特王国政治、经济和军事大权于一身（2017年又兼任了原来由穆罕默德·本·纳伊夫担任主席的政治与安全委员会主席以及新成立的公共投资基金董事会主席）。并且，作为国王的儿子，在其担任副王储期间就已经多次代表其父出席各种重大外交场合，在就任王储后不久他经常代替萨勒曼国王，以“两个圣地的副守护者”（Vice Custodian of the Two Holy Mosques）身份主持内阁会议。

为了能更好地为小萨勒曼上台做准备，萨勒曼国王多次对王国的一些重要职位做出调整。在2017年6月，宣布解除穆罕默德·本·纳伊夫王储职位的同时也解除了他的所有职务（包括副首相，内政部长），同时宣布任命穆罕默德·本·纳伊夫堂兄沙特·本·纳伊夫的儿子阿卜杜勒－阿齐兹（第三代王子，出生于1983年）为内政部长；任命法赫德国王的孙子，图尔基·本·穆罕默德为王室顾问（国务大臣级）。此后，一系列的人事调整开始，包括9月任命年仅

1 Mohammed Nuruzzaman, The Myth of Saudi Power, *The National Interest*, Published on April 11, 2016, see http://nationalinterest.org/feature/the-myth-saudi-power-15727，2018年3月26日登录。

2 小萨勒曼在接受CBS 60 minutes采访中说，只有死亡能够阻止他统治这个国家。

29岁的哈立德・本・萨勒曼出任驻美大使，11月调整了海军司令，2月总参谋长、空军司令和导弹部队司令等都全部换人等。在这一轮人事调整中有两个突出的特点，一是普遍年轻化，第二代王子中的“80后”，甚至第三代王子开始登上政治舞台；二是沙特家族内部一些支系受到打压的同时，比如阿卜杜拉支系，其他支系的利益得到照顾，在一定意义上实现了某种平衡。这一点尤其以内政大臣的更替最具代表性。萨勒曼国王在免除穆罕默德・本・纳伊夫所有职务的同时，任命了同为纳伊夫家族支系的阿卜杜勒－阿齐兹担任内政大臣，使得内政这一传统领地仍然牢牢掌握在纳伊夫家族手中。但情况已经发生了很大变化，一方面内政部的职权被削弱，有关公诉的职能被分拆，直接向国王汇报；另一方面，阿卜杜勒－阿齐兹虽然来自纳伊夫家族，但他与小萨勒曼关系密切，曾经在后者担任国防部部长的办公室任职。

当我们论及近两年来沙特政治的一系列变化时，2017年11月掀起的反腐运动不得不谈。尤其令人瞩目的是，在这场反腐运动中诸多有影响的政治、经济和军事人物被拘押，其中最有名的当属前国王阿卜杜拉的儿子、长期担任沙特国民卫队总司令的穆塔伊布・本・阿卜杜拉亲王（Mutaib bin Abdullah）以及号称中东首富的瓦利德・本・塔拉尔王子（Walid bin Talal）。据沙特通讯社报道，11月9日，沙特王国总检察长谢赫沙特・莫吉卜（Sheikh Saud Al Mojeb）发表声明指出，截至当时，共有208人被要求接受讯问，其中7人未经指控获释。根据沙特检察机构最近三年的调查，在过去数十年间系统性的腐败和侵占估计至少有1000亿美元。[1] 这些被调查的王子、高官和显贵在豪华的丽兹卡尔顿酒店里拘禁了两个多月，期间不断有人离开，直到今年1月底，所有人都被释放，原因是他们与政府达成了和解，缴纳了罚金。小萨勒曼在接受“60分钟”专访时承认，通过此次反腐政府从这些“腐败”分子处缴获超过1000亿美元。但他同时强调，反腐败不是为了钱，而是传递一个明确的信号，任何人腐败都将面临法律的制裁。[2] 然而，与世界其他国家的反腐败不同的是，这场调门甚高的反腐运动中没有一个人被起诉，也就让外界无从知晓这些被拘押的人到底犯了什么错（罪行）。正如很多分析家都已经指出的，在像沙特这样一个家族统治的王权国家，公与私很难截然分开，因此就很难用现代政治意义上的腐败行为去界定沙特王室和政府官员的行为。就如有学者认为，把钱装到阿卜杜拉家族的口袋就是腐败，而装到萨勒曼家族的口袋就不是腐败？更何况在沙特的历史上，允许其本国国民（更不用说王公贵胄）通过掮客行为获得回报一直是其社会的潜规则。

从经济上来看，多元化、私有化、现代化是沙特本轮改革最突出的特点。

1 “Statement by the Attorney General of the Kingdom of Saudi Arabia on investigations by the Supreme Anti-corruption Committee,” http://www.spa.gov.sa/viewstory.php?lang=en&newsid=1686225, 2018年3月28日登录。

2 “Saudi Arabia’s Heir to the Throne Talks to 60 Minutes,” https://www.cbsnews.com/news/saudi-crown-prince-talks-to-60-minutes/, 2018年3月26日登录。

2016年4月沙特推出了2030愿景计划（Vision 2030），其中主要的改革措施包括：拟将沙特阿美石油公司不超过5%的股份进行公募（IPO）；计划将非石油收入由2015年的1635亿里亚尔（436亿美元）提高到2020年的4360亿里亚尔（1600亿美元），到2030年达到1万亿里亚尔（2670亿美元）；每年赴麦加进行朝觐的人数由800万增加到1500万（2020年），到2030年达到3000万；将沙特在全球最佳经济体中的排名由目前的第20位提高到前15位以内；私营部门对国内生产总值（GDP）的贡献由3.8%提高到5.7%；非石油出口占非石油GDP的比重由16%提高到50%；妇女在劳力市场的比重由22%提高到30%，失业率由11.6%降到7%；成立军工控股公司，启动沙特军事工业；加大反腐力度；成立政府项目管理办公室，对政府项目进行评估，监督政府部门间工作协调的程度，监督政府规划计划目标推进的程度；5年内启动绿卡制度，使阿拉伯人和穆斯林可长期在沙特生活，等等。[1] 此后，沙特政府大力在国内和国际推广其2030愿景计划。在吉达、利雅得等城市主要街道的广告牌上都是萨勒曼国王和穆罕默德·本·萨勒曼王储的头像以及2030的标志及宣传语。但就其实施近两年的情况来看，沙特要摆脱对石油的依赖并不容易。就笔者赴沙特访问期间的调研了解，大多数受访沙特人和在沙中国人对2030愿景的前景并不看好。主要的原因可以归纳为以下几点：

一是两年多来石油价格一直低迷，沙特国库日渐空虚，其经济转型缺乏优渥物质基础。如果与费萨尔国王时期相比，当时由于石油价格上升，沙特王室有充足的物质财富支撑，费萨尔国王所做的审慎的、渐进式的增量改革能够全面平衡各方需求，避免很多国家现代化初期的混乱，因为"即便是最贫穷的沙特人也不会对王室家族的财富感到不满，因为每个人的生活水平都得到了迅速提高"，因此费萨尔国王得到了从城市居民到贝都因人，从进步分子到原教旨主义者，从商人到穷人的广泛支持。[2] 而当前沙特经济形势较为严峻，特别是2018年1月开始，沙特的水、电、汽油等居民日常生活必需品涨价，并开始对很多商品征收附加税（VAT），虽然对低收入群体有一定补贴，但民众多有怨言。

二是政治格局尚未稳固，国内资金流失严重，外部资本处于观望态度。自从萨勒曼国王上台以来，眼花缭乱的人事变局让外界对于沙特王国未来是否能够保持稳定心存疑虑。加之其内部经济形势不好，在这样的背景下内部资本外流，外部资金不愿贸然进入，小萨勒曼推进2030愿景所需的资本从何而来？如何开展大规模的基础设施和经济建设投资活动？

三是目标很宏伟，但小萨勒曼掌控全局、协调各方能力有限，各项改革措施

1 "沙特2030愿景中的主要改革措施"，参见中国商务部网站，http://www.mofcom.gov.cn/article/i/dxfw/gzzd/201605/20160501310316.shtml，2018年3月28日登录。

2 Mark Weston, *Prophets and Princes: Saudi Arabia from Muhammad to the Present*, New Jersey: John Wiley & Sons, Inc., 2008, p.199, 229.

推进缓慢。罗马不是一天建成的。2030愿景虽然很具吸引力，但前述困难和障碍不解决，就很难推动。即便一些基础条件具备，但短短10年左右时间要实现如此大规模的"再造沙特运动"绝非易事。特别是大家观察到小萨勒曼毕竟缺乏足够的阅历和历练，短期内掌控全局切实推行其计划不太现实。

四是沙特劳动力市场尚未做好准备，缺乏大量职业化、专业化的能够支撑经济转型的人才。沙特本国劳动力中有相当多的人缺乏现代科技的知识和训练，另外他们长期处于政府福利政策的关怀之下，通常是不干活拿钱或者少干活多拿钱，而数量庞大的外国劳工素质相对较差，主要从事体力劳动，这些都不是符合经济转型所需的人力资本。

也正是在这样的背景下，2017年10月，小萨勒曼又推出了雄心勃勃的NEOM造城计划，[1] 并任命美国铝业前首席执行官柯菲德（Klaus Kleinfeld）为该项目的首席执行官；2018年2月他出访埃及和英国，3月访问美国，在访问期间除了常规的国事活动之外，还广泛会见各大公司、投资机构负责人，签署了数目庞大的合作备忘录、协议和商业合同，目的就是吸引投资，积极推进2030愿景计划，但效果如何还有待观察。

从社会政策的角度看，这一轮改革的力度非常大，一个显著的特点就是——开放。尤其令人瞩目的是，被国际社会诟病多年的沙特女性不能驾车即将成为历史。去年9月，萨勒曼国王发布训令，允许女性驾驶汽车，并将于今年6月正式施行。在随后无论是沙特驻美大使哈立德·本·萨勒曼接受美国有线电视新闻网（CNN）的采访还是小萨勒曼王储接受美国哥伦比亚广播公司（CBS）的专访都特别强调，女性不能驾驶汽车既不是伊斯兰教的要求也不是沙特的传统，在沙特历史上，在他们的祖辈和父辈的时代，沙特女性早就享有自由选择交通工具的权利。[2] 此外，允许妇女进入体育场馆观看比赛，开放电影院，在公共部门提供更多、更重要的女性就业岗位等，也标志着沙特王国正在与原来那个保守、分割的社会决裂。就笔者在沙特短暂访问的亲身感受来看，今日的沙特女性已不再是人们印象中黑袍蒙面的典型刻板形象，她们追求美丽、展现自我、充满活力。依然有不少女性身着只能露出两只眼睛的黑袍，但越来越多的沙特女性开始戴头巾。另外，沙特传统的宗教警察的权力范围和活动范围受到限制。在利雅得的传统街区仍然能看到标有*mutawwa'*（志愿者）字样的宗教警察的警车，但他们不能再采取强制措施。而在现代商业活动区则几乎见不到宗教警察的身影。2018年1月，

---

1 NEOM的意思是"New Future"，位于沙特阿拉伯西北部，计划建成世上唯一地跨三国（沙特阿拉伯、埃及和约旦）的大都会特区，总面积26500平方公里。更多详情可见该项目官方网站：http://www.discoverneom.com/，2018年4月3日登录。

2 Nicloe Gaouette, "Elise Labott, Saudi Arabia to Let Women Drive at last," CNN, https://edition.cnn.com/2017/09/26/politics/saudi-arabia-woman-drive/index.html; "Saudi Arabia's Heir to the Throne Talks to 60 Minutes," https://www.cbsnews.com/news/saudi-crown-prince-talks-to-60-minutes/, 2018年3月28日登录。

沙特正式宣布将开放旅游业。这一轮的社会政策调整也是为了与政治、经济改革相匹配。从政治的角度看，剧烈的政治格局变化必须要形成与新格局匹配的社会基础，小萨勒曼以更加开放、包容和现代（比如访问英美等国期间他除了身着传统的阿拉伯服饰外，在公开场合也穿西服）的姿态示人，让民众不断看到国家正在向着好的方向发展。从经济的角度看，一个更加多元和现代的经济体系不可能由一个封闭和割裂的社会支撑。

三、沙特政权稳定的前景

总体来说，虽然沙特此轮的政治经济和社会改革面临诸多的困难，也有一定的不确定性，但可以总结为“前途光明、道路曲折”。对于沙特政权来说，把握好改革的速度和程度，在政治、经济、社会和对外关系中做好平衡是决定沙特未来政权能否保持稳定的关键。[1] 由萨勒曼国王和穆罕默德·本·萨勒曼王储掀起的本轮改革在范围、程度和速度方面都远远超越了20世纪60—70年代费萨尔国王和80年代以来法赫德国王（King Fahd, 1982—2005年在位）和阿卜杜拉国王（King Abdullah，2005—2015年在位）的改革。与前两轮改革相比，最大的不确定性在于沙特王位继承的变化使得王室内部能否继续保持稳定成为一大疑问。不可否认，王室的稳定在很大程度上决定着沙特王国的稳定。2017年6月，小萨勒曼被确立为王储，沙特王室发布的训令中透露出的信息显示，这一变化既不是因为前王储穆罕默德·本·纳伊夫主动请辞（这与从穆克林到本·纳伊夫的王储更迭不同，当时的王室令表明是穆克林本人要求不再担任王储），[2] 同时也不是萨勒曼国王勒令（order to leave）本·纳伊夫辞去王储之职，而是效忠委员会（Allegiance Council）[3] 投票的结果（34票中31票赞成穆罕默德·本·萨勒曼担任王储）。从萨勒曼国王后续的内政外交行为来看，虽然小萨勒曼的王储

1 虎翼雄：《沙特阿拉伯政权稳定的根源》，《理论视野》，2017年第7期，第84页。

2 “King Salman Shakes Up Succession and Leadership”, http://susris.com/2015/04/29/king-salman-shakes-up-succession-and-leadership-royal-orders/，2018年3月28日登录。

3 2006年10月，阿卜杜拉国王宣布建立效忠委员会。10月20日，《效忠委员会法》颁布。该法共25条，主要规定了效忠委员会的职能和运行方式等，以确保不会出现权力真空。比如该法的第一条明确了委员会的组成，即由伊本·沙特健在的儿子，去世或无力履行职责的儿子的一位家族代表，国王和王储各一位儿子以及由国王指定的有能力且正直的成员组成；第七条规定了王储产生的办法，国王可以提名1至3位王储候选人，效忠委员会投票产生。如果国王的提名人选没有获得通过，委员会也可以提出人选，并在国王的提名人选和委员会的提名人选中投票，获得多数票者为王储。第十条到十三条规定了国王和（或）王储不能正常履职时的治理机制。第十五条规定该委员会的主席由伊本·沙特在世的最年长的儿子担任，并规定第二年长的儿子担任副职，但如果两者均不能实现，则由伊本·沙特的孙子中最年长者担任。其他条款规定了会议召开的形式（闭门会）、参与代表的有效性（三分之二以上）等。应该说效忠委员会的建立和《效忠委员会法》的通过明确了沙特王室权力传承的基本规则，最大限度的代表了伊本·沙特家族各方面的利益。

之位无忧，但其在王室内部的地位并不十分稳固。外界更愿意将2017年年底的反腐行动看成是一次权力清洗，是萨勒曼国王和王储本人希望借此进一步巩固小萨勒曼未来的统治基础。从2017年萨勒曼国王出访中国、俄罗斯、日本等世界主要国家和2018年开年小萨勒曼出访埃及、英国、美国等来看，通过广泛接触世界主要国家的政经首脑，签订大额贸易和军备订单，希望获得对小萨勒曼的国际支持。而其本人也在努力向外界展示一个雄心勃勃、积极进取、现代开明的形象，甚至有沙特人认为萨勒曼家族正在让小萨勒曼的形象更靠近他的祖父，沙特开国君主伊本·沙特，以获得国内更多的拥护和支持。坦率地讲，虽然目前小萨勒曼集政治、经济、军事大权于一身，但要平稳改变沙特王室多年来形成的多权力中心的格局并不容易，首先还是需要平衡好主要家族支系的力量和利益。毫无疑问，在本轮政治变革中获益最多的是萨勒曼家族（国王、王储、驻美大使、旅游部长等都由其家族成员担任），苏达里系的有关各方利益也多有照顾（内政部长、王室顾问、麦加省执行总督等），甚至已经远离权力中心的塔拉尔亲王系也有第三代王子出任阿西尔省的副总督，但前国王阿卜杜拉家族似乎受损比较严重。在这方面值得向费萨尔国王学习，他能够审时度势，知进退、懂妥协，张弛有度，降低或消除了王室内耗的风险，较好地开启了沙特现代化的进程。但同时，对于小萨勒曼来说，要防止发生在费萨尔国王本人身上的悲剧重演。

近几十年来沙特一直致力于实现经济的多元化，减少对石油的依赖。相关努力虽然取得了一定成效，但尚未成功，最主要的原因在于沙特不仅石油储备量大，而且开采成本低，利润率高。要真正实现经济的转型，除了政府坚定的决心外，还需要一系列与之配套的经济和社会政策，比如开放投资、提升本国劳动者的素质和能力、吸引高水平的外来劳动者、规范有序的经济活动环境、实现资本和劳动力的自由流动和高效配置等。当前沙特经济和社会改革的一些政策正是与此相关，沙特社会也让人感觉更具活力。只要能够在确保王室内部不乱的前提下，按照计划稳步推进各项经济和社会改革，沙特的未来仍然可期。

只要王室内部不乱，经济和社会改革得以稳步推进，沙特未来前景可期。

沙特要实现平稳发展必须妥善处理好与世界主要大国和周边国家的关系。外界普遍认为沙特在也门的战争以及与卡塔尔的外交危机是小萨勒曼一手推动的结果。在接受美国哥伦比亚广播公司以及《华尔街日报》采访中，小萨勒曼多次谈到伊朗问题，并号召国际社会加强对伊朗的制裁，并明确表示如果伊朗发展核武器，沙特也会跟进。这些态度和举措只能进一步加剧与周边国家的紧张关系，难以为沙特的转型和发展赢得一个和平稳定的环境。在这一点上，小萨勒曼需要充分从其父辈的治国理政和其他国家（包括中国）的外交智慧中吸取经验，妥善处置。

总之，当前沙特政治经济外交都面临诸多困难和不确定性，虽然萨勒曼国王和小萨勒曼王储提出了宏伟的计划，为沙特未来的发展描绘了一张美妙的蓝图，但最终结果如何还是取决于治国理政者的能力和智慧，在目前小萨勒曼并未完全证明自己能力的背景下，外界对于他是否能够维护王室的团结统一、协调推进各项改革、稳妥应对外部挑战心存疑惑，沙特未来的前景或令人担忧。

中东欧国家政治转型的进度
——基于1990—2017年各国议会选举的分析

高　歌

内容提要：本文依据1990—2017年中东欧国家的议会选举结果，从是否完成政权“两度易位”、是否形成稳定的政党和政党格局两方面评估这些国家在政体层面上的转型进度，得出如下结论：除黑山和波黑没有实现政权两度让渡，阿尔巴尼亚等国的政权交接不够平稳外，其他中东欧国家都完成了政权“两度易位”，但近年来一些国家出现了提前举行议会选举的现象；各国议会中都存在几个较为固定的政党，少数国家的政党格局也较为稳定，但各国政党仍在分化组合，新政党和政党联盟迅速上位，多数国家的政党格局尚未定型。总起来看，大多中东欧国家的民主政体已基本巩固，但在某些方面还有待完善。

关键词：中东欧国家　政治转型　议会选举　政党格局

20世纪80年代末90年代初，中东欧国家[1] 开始政治转型。转型在三个层面上展开：在国体层面上，中东欧国家否定共产党的领导地位，抛弃社会主义制度，举行自由选举，由社会主义向资本主义转型；在政体层面上，中东欧各国在90年代初通过新宪法或宪法修正案，以建立民主和法治国家为目标，宣称要实行议会制和多党制，向民主政体转型；在具体制度层面上，这些国家的议会制度、选举制度、司法制度、行政制度等都发生了变化。本文讨论的是政体层面上

高歌　中国社会科学院俄罗斯东欧中亚研究所研究员。

1 本文中的中东欧国家是指由冷战时期的东欧社会主义国家发展而来的13个国家：波兰、匈牙利、捷克、斯洛伐克、保加利亚、罗马尼亚、阿尔巴尼亚、斯洛文尼亚、克罗地亚、塞尔维亚、黑山、马其顿、波黑。

的转型进度。众所周知，在议会制下，“议会掌握着国家最高权力，内阁由议会产生并对议会负责”，多党制则是“由多个政党竞争国家政治职位并轮流执政或联合执政的制度”。[1] 由此，议会选举可作为评估政治转型进度的重要依据。

一、是否完成政权“两度易位”？

鉴于中东欧国家向民主政体的转型以西方国家为模本，本文借用西方学者衡量民主政体巩固与否的标准，即政权是否完成“两度易位”——在转型阶段的首次选举中赢得政权的政党或团体在接下来的选举中失利，把权力让渡给那些选举的赢家，并且后者又和平地把权力让渡给下一次选举的胜利者[2] 来评估中东欧国家的转型进度。这一标准可细化为两个方面：一是政权是否完成两度让渡；二是政权让渡是否和平进行。

（一）政权是否完成两度让渡？

由中东欧各国的议会选举结果[3] 可见，多数国家经过反对党派执政和左翼复兴及下台，完成了政权的两度让渡。

1. 反对党派执政

20世纪90年代初，中东欧国家举行第一次多党自由选举，[4] 波兰团结工会及其后继党、匈牙利民主论坛、捷克公民论坛、斯洛伐克公众反暴力、斯洛文尼亚德莫斯联盟、克罗地亚民主共同体、马其顿内部革命组织民族统一民主党、波黑民主行动党、波黑克罗地亚民主共同体和波黑塞尔维亚民主党等反对党派上台执政。

保加利亚社会党和阿尔巴尼亚劳动党虽然赢得了1990年6月和1991年3—4月举行的首次自由选举的胜利，但反对党派的发展已不容许它们像以前那样独享政权了。在保加利亚，1990年11月，社会党政府辞职。12月，和平过渡政府成立。1991年10月，议会选举提前举行，民主力量联盟以微弱优势获胜，社会党成为在野党。同样，在阿尔巴尼亚，1991年6月，执政不足1个月的劳动党政

---

1 王浦劬等:《政治学基础（第二版）》，北京：北京大学出版社，2006年版，第199、218页。

2 John S. Dryzek and Leslie Templeman Holmes, *Post-Communist Democratization: Political Discourses across Thirteen Countries,* Cambridge: Cambridge University Press, 2002, p.7.

3 除去个别的例外，中东欧国家大都由获得议会席位最多的政党或政党联盟组阁。

4 1989年举行的波兰议会选举还不是完全意义上的自由选举。根据圆桌会议达成的协议，在众议院460席中，65%的席位归统一工人党及其盟友，35%的席位归反对派。结果，团结工会组建的团结公民委员会包揽了分配给反对派的全部众议院席位，团结工会上台执政。1991年波兰举行第一次完全自由的议会选举。捷克和斯洛伐克联邦于1990年同时举行联邦议会、捷克和斯洛伐克两个共和国民族议会的选举。南斯拉夫联邦的多党自由选举不是在联邦层面而是在共和国层面进行的。1990年，斯洛文尼亚、克罗地亚、马其顿、波黑、黑山和塞尔维亚相继举行议会选举。

府被迫辞职。在新组成的“稳定国家政府”中，劳动党与民主党等反对党平分秋色。1992年3月，再次举行议会选举，民主党获胜，由劳动党演变而来的社会党彻底失掉政权。

这样，20世纪90年代初，除救国阵线执政的罗马尼亚、塞尔维亚社会党和黑山社会主义者民主党执政的南斯拉夫联盟[1]外，其他国家都是反对党派执掌政权。

2. 左翼复兴

1993年9月，波兰民主左派联盟取得议会选举胜利，成为执政党。1994年3月，斯洛伐克民主左派党联合其他党派通过不信任案迫使争取民主斯洛伐克运动[2]政府下台，并组建临时政府。其后，1994年5月匈牙利社会党、10月马其顿社会民主联盟、12月以保加利亚社会党为主的民主左翼联盟、1997年6月阿尔巴尼亚社会党、1998年6月捷克社会民主党和2000年1月克罗地亚社会民主党等一批左翼政党赢得议会选举，上台执政。

保加利亚社会党和阿尔巴尼亚社会党的上台意味着两国政权完成了两度让渡。波兰、匈牙利、马其顿、捷克和克罗地亚反对党派把政权交到左翼政党手中，实现了政权的首次让渡。斯洛伐克民主左派党不是通过选举获得政权，并且执政仅6个月后，便在议会选举中让位于争取民主斯洛伐克运动，因此还不能说斯洛伐克进行了政权让渡。直到1998年9月，民主联盟通过议会选举取代争取民主斯洛伐克运动，斯洛伐克才完成了第一次政权让渡。

其他国家并非靠左翼复兴完成第一次政权让渡。1992年12月，斯洛文尼亚自由民主党在议会选举中战胜德莫斯联盟，上台执政。1996年11月，罗马尼亚民主协议会在议会选举中获胜，代替社会民主主义党[3]成为执政党。2000年9月，南斯拉夫联盟议会选举后，统治南联盟8年之久的塞尔维亚社会党和黑山社会主义者民主党下台，由塞尔维亚民主反对派和黑山社会主义人民党取而代之。而在共和国层面，与塞尔维亚民主反对派取代塞尔维亚社会党在塞尔维亚执政不同，黑山社会主义者民主党始终是黑山议会选举的赢家，处于执政地位。

波黑独立后不久即陷入内战，直至1995年年底《代顿协议》签署才恢复和平。20多年来，波黑始终处在国际社会监管之下，算不上严格意义上的主权国家。不仅如此，由于波黑政府不是由在议会选举中获胜的政党单独或联合其他政党组成，而是由进入议会的主要政党通过协商组成，囊括了几乎所有主要政党，波黑尚未出现政权让渡。

---

1 1992年5月，南斯拉夫联盟成立后的第一次议会选举遭到几乎所有反对党的抗议和抵制。1992年12月底—1993年1月初，南联盟提前举行议会选举，塞尔维亚社会党和黑山社会主义者民主党获胜执政。

2 争取民主斯洛伐克运动成立于1991年，由公众反暴力发展而来。

3 社会民主主义党成立于1993年，其前身是由救国阵线分裂而来的民主救国阵线。

3. 左翼下台

1997年9月波兰民主左派联盟、1998年5月匈牙利社会党、10月和11月马其顿社会民主联盟、2003年11月克罗地亚社会民主党、2006年6月捷克社会民主党在议会选举中失利，失去执政地位，波兰团结工会选举联盟、匈牙利青年民主主义者联盟—匈牙利公民党、马其顿内部革命组织民族统一民主党、克罗地亚民主共同体和捷克公民民主党[1]等右翼政党上台。随着左翼把政权让渡给右翼，这些国家完成了政权两度让渡。

罗马尼亚、斯洛文尼亚和斯洛伐克的第一次政权让渡非经左翼复兴达成，其政权两度让渡也非由左翼下台实现。2000年11月，罗马尼亚社会民主主义党在议会选举中获胜执政。2004年10月，连续执政12年的斯洛文尼亚自由民主党在议会选举中败给民主党。2006年6月，斯洛伐克方向—社会民主党取得议会选举胜利，民主联盟及其发展而来的民主基督教同盟在执政8年后下台。

南斯拉夫联盟在2000年实现第一次政权让渡后，未能进行再次选举便告终结。2003年2月成立的塞尔维亚和黑山没有举行国家层面的议会选举，只有塞尔维亚在2003年12月进行了议会选举。在这次选举中，塞尔维亚民主党为主的政党联盟虽不敌塞尔维亚激进党，但得以与塞尔维亚复兴运动—新塞尔维亚和名人党联合执政。2006年6月，塞尔维亚、黑山独立以来，分别举行了5次和4次议会选举，塞尔维亚实现了从塞尔维亚民主党到民主党再到前进党的政权让渡，黑山则一直由社会主义者民主党当政。

迄今为止，除黑山和波黑外，中东欧国家均已完成了政权两度让渡。

（二）政权让渡是否和平进行？

政权的和平让渡是“两度易位”标准的应有之义。如果议会选举能够根据宪法规定的期限和平进行，政党间的权力让渡平稳有序，则议会制和多党制运转正常；反之，提前举行的议会选举、特别是不能和平举行的议会选举往往伴随着激烈的党派斗争和严重的社会动荡，不利于民主政体的巩固。

在按期举行议会选举方面，匈牙利与塞尔维亚、黑山可称得上两个极端。匈牙利自1990年第一次多党自由选举以来，每次议会选举都是按期举行。相反，塞尔维亚、黑山的议会选举很少能按期举行，塞尔维亚在1990—2016年的16年间举行了11次议会选举，黑山在1990—2016年的16年间举行了10次议会选举。其他国家的提前议会选举多发生在20世纪90年代中前期，此后选举基本上能够按期举行。不过，近年来，一些国家又出现了提前进行议会选举的现象。马其顿自2008年起，已连续四次提前举行议会选举。斯洛文尼亚于2011和2014年、保加利亚于2014和2017年连续两次提前举行议会选举。2007年波兰、2012年斯洛

1 公民民主党成立于1991年，由公民论坛发展而来。

伐克、2013年捷克、2016年克罗地亚的议会选举也都是提前进行的。

相对于提前举行议会选举，不能和平举行的议会选举更不利于议会制和多党制的正常运作。中东欧国家的议会选举大多和平举行，没有引发大规模的社会动荡。但也有少数的例外，其中尤以阿尔巴尼亚最为突出。

阿尔巴尼亚的议会选举大都不能和平举行，经常伴随着混乱、丑闻，甚至暴力冲突。1991年第一次选举后，爆发了“斯库台事件”，抗议者焚烧劳动党大楼，破坏公共设施；1992年第二次选举中，有人抢走票箱、选票和印章，甚至用枪威胁选民；1996年第三次选举中，民主党利用权力，大做手脚，舞弊现象丛生，社会党则进行绝食等抗议活动，并与警察发生暴力冲突；1997年第四次选举后，民主党议员抵制议会，制造谋杀和街头暴力活动；2001年第五次选举后，民主党指责社会党操纵选举，不承认选举结果并抵制议会；2005年第六次选举因存在严重违规、胁迫、贿选和暴力事件被欧洲安全与合作组织选举监督团认为不符合国际标准，选举后社会党等党派宣称选举过程存在舞弊和不公正行为，不承认选举结果，以致有3个选区重新进行了投票；2009年第七次选举前，一名社会党议员和一名民主党支持者遭枪击身亡，一名基督教民主党地方领导人遭汽车炸弹袭击身亡，选举中，社会党和民主党相互指责弄虚作假，致使计票工作反复多次，选举后，社会党不承认选举结果，不参加议会活动；2013年第八次选举当日，不同党派支持者发生摩擦导致枪击事件，民主党和社会党都宣称获胜，直到3天后，民主党才承认失利，但仍要求对两个选区重新计票，以致正式选举结果推迟6周才公布；2017年第九次选举前，因反对党抵制选举引发持续3个月的政治危机，选举推迟一周进行。

此外，马其顿2006和2008年选举中发生了暴力事件。2016年，塞尔维亚选举中由于一些党派抱怨选举不合规，部分投票站进行了重新投票和计票，选举最终结果被推迟公布；黑山选举中有塞尔维亚人企图实施恐怖袭击，选举后小部分来自反对党派的选举委员会成员认为选举存在违规现象，拒绝承认选举结果。

二、是否形成稳定的政党和政党格局？

鉴于“政党是唯一致力于整合和协调民主政体中各种过程和制度的制度。……目前还没有除政党之外的其他现代政治制度，能在如此大范围的过程与制度安排中扩展自身功能，又同时试图完成系统的整合”，[1] 对多党制乃至民主政体的巩固来说，形成几个能对国家政治产生重大影响的稳定的政党和相对固定的政党格局至关重要。

1 [美]拉里·戴蒙德、理查德·冈瑟主编:《政党与民主》，徐琳译，上海：上海人民出版社，2012年版，第362页。

从中东欧各国的议会选举结果可以看出：

（一）各国都存在始终或较长时间处于议会之中的政党

在波兰，农民党始终保持议会党地位，1991—2015年民主左派联盟、2001年至今公民纲领党、法律与公正党是议会党。

在匈牙利，青年民主主义者联盟/青年民主主义者联盟—匈牙利公民党/青年民主主义者联盟—匈牙利公民联盟和社会党在历次议会选举中均进入了议会，1990—2010年民主论坛和自由民主主义者联盟、1990—2002年独立小农党以及1990—1998年和2006至今基督教民主人民党是议会党。

在捷克，公民论坛/公民民主党、捷克斯洛伐克共产党/捷克和摩拉维亚共产党一直是议会党，捷克社会民主党除1990—1992年外、基督教民主联盟/基督教民主联盟—捷克斯洛伐克人民党除2010—2013年外也是议会党。

在斯洛伐克，斯洛伐克共产党/民主左派党/方向党/方向—社会民主党始终活跃在议会舞台上，1990—2016年基督教民主运动、1990—2010年公众反暴力/争取民主斯洛伐克运动/人民党—争取民主斯洛伐克运动、1990—2010年共存—匈牙利族基督教民主运动/匈牙利族政党联盟、1994—2016年民主同盟/民主联盟/民主基督教同盟/民主基督教同盟—民主党、1990—2002年、2006—2012年、2016年至今斯洛伐克民族党是议会党。

在斯洛文尼亚，社会民主主义者联合名单/社会民主人士党、社会民主党/民主党自1990年以来一直保有议会党地位，1990—2011年自由民主党为议会党，人民党、基督教民主党、民族党、退休者民主党等也在较长时间里占据议会席位。

在罗马尼亚，救国阵线/民主救国阵线/社会民主主义党/社会民主党、国家自由党和匈牙利族民主联盟从未离开过议会。1990—2014年救国阵线/民主党/民主自由党、1990—2000年和2012—2016年基督教民主国家农民党、1992—2008年大罗马尼亚党在议会中拥有席位。

在保加利亚，社会党、争取权利与自由运动始终保持议会党地位。1990—2013年和2014—2017年民主力量联盟、2001—2009年西美昂二世全国运动/稳定与进步全国运动、2005年以来阿塔卡和2009年以来欧洲发展公民党是议会党。

在克罗地亚，民主共同体、共盟—民主改革党/社会民主党始终是议会党。社会自由党、农民党和权利党等在较长时间里占据议会席位。

在阿尔巴尼亚，民主党、劳动党/社会党一直占据议会头两位。一体化社会运动、共和党和人权联盟党等在较长时间里拥有议会席位。

在马其顿，除了1994年内部革命组织民族统一民主党抵制议会选举、没有进入议会外，在其他议会选举中，内部革命组织民族统一民主党和共盟—民主改革党/社会民主联盟均名列前两名。民主繁荣党、阿尔巴尼亚族民主党、融合民主联盟等三个阿尔巴尼亚族政党也长期处于议会之中。

在塞尔维亚，社会党一直是议会党。民主党、塞尔维亚民主党、激进党、前进党等在较长时间里占据议会席位。

在黑山，黑山共盟/社会主义者民主党始终是议会第一大党。社会主义人民党、社会民主党、人民党、自由联盟/自由党、民主联盟、阿尔巴尼亚族民主同盟等经常出现在议会中。

在波黑，波黑民主行动党、波黑社会民主党、波黑克罗地亚民主共同体、波黑塞尔维亚民主党一直是议会党。

（二）新政党和政党联盟迅速上位成为近10年来较为普遍的现象

在斯洛文尼亚，2008年议会选举中，2017年由自由民主党分裂而来的真理党名列第三并进入社会民主人士党领导的政府。2011年议会选举中，成立不足两个月的积极的斯洛文尼亚党和维兰特公民名单党分列第一和第四位，维兰特公民名单党参加了民主党领导的政府。2014年议会选举中，刚刚成立6周的采拉尔党拔得头筹，其主席米罗·采拉尔被任命为总理，进入议会的联合左翼是4个多月前由三个左翼政党组成的联盟，阿伦卡·布拉图舍克联盟也是成立1个多月的新党。

在黑山，2009年议会选举中，两个月前成立的新塞尔维亚民主党成为议会第三大党。2012年议会选举中，包括新塞尔维亚民主党与变革运动等党派民主阵线组成不足3个月便位列议会第二位，进入议会的积极的黑山党也才成立不到5个月。2016年议会选举中，2015年由社会主义人民党分裂而来的民主黑山党和由社会民主党分裂而来的社会民主者党成为议会党，社会民主者党还参加了社会主义者民主党领导的政府。

在保加利亚，2009年议会选举中，2006年年底成立的欧洲发展公民党大获全胜，获得执政地位，2005年底成立的秩序、法律和正义党进入议会。2014年议会选举中，2013年底由5个政党组成的改革者阵营名列第四并参加了欧洲发展公民党为主的政府，保加利亚无审查党、由社会党分裂而来的保加利亚复兴选择党和由两个政党组成的爱国阵线都是当年成立便进入了议会。2017年议会选举中，由爱国阵线两党与阿塔卡在2016年组建的联合爱国者联盟进入议会并与欧洲发展公民党联合执政。

在匈牙利，2010年议会选举中，刚成立一年的绿党进入议会。2014年议会选举中，与社会党共组团结联盟并进入议会的4党均是成立不久的新党——2011年成立的民主联盟、2012年成立的集结2014、2013年成立的对话和匈牙利自由党。

在捷克，2010年议会选举中，2009年从基督教民主联盟—捷克斯洛伐克人民党分裂而来的TOP09党成为议会第三大党并加入公民民主党为首的政府。2013年议会选举中，2011年成立的ANO2011运动仅以3席之差位居第二并参加社会民主党为首的政府，刚成立4个月的直接民主—曙光党进入议会。2017年议会选举中，2015年由直接民主—曙光党分裂而来的自由和直接民主党名列第三。

在斯洛伐克，2010年议会选举中，2009年成立的自由与团结党、由匈牙利族政党联盟分裂而来的桥党成为议会党并进入民主基督教同盟—民主党为首的政府。2012年议会选举中，不到5个月前才注册为独立政党的普通公民和独立个人组织成为议会第三大党。2016年议会选举中，2014年成立的网络党进入议会并参加方向—社会民主党领导的政府，我们是家庭党第一次参选便获得了议席。

在波黑，2010年议会选举中，2009年成立的争取波黑美好未来联盟和2010年成立的克罗地亚联盟进入议会。2014年议会选举中，2013年成立的民主阵线和民族民主运动成为议会党。

在马其顿，2011年议会选举中，当年成立的民族民主复兴党进入议会。2014年议会选举中，2013年由前社会民主联盟成员建立的马其顿公民选择党进入议会。2016年议会选举中，进入议会的贝萨运动和阿族人联盟都是成立时间不长的政党，其中阿族人联盟还参加了社会民主联盟领导的政府。

在波兰，2011年议会选举中，2010年由前公民纲领党成员建立的帕利科特运动成为议会第三大党。2015年议会选举中，成立仅5个月的库齐兹15党和现代党分列第三和第四位。

在克罗地亚，2011年议会选举中，组建于2010年的工党进入议会。2015年议会选举中，2012年成立的桥党成为议会第三大党，并与民主共同体联合执政，2014年成立的人民党—改革者和2015年成立的米兰·班迪奇365—劳动团结党进入议会。

在罗马尼亚，2012年议会选举中，2011年建立的人民党—达恩·迪亚科内斯库取得了第三名的成绩。2016年议会选举中，进入议会的拯救罗马尼亚联盟、自由民主联盟和人民运动党都是成立不久的新党，自由民主联盟还参加了社会民主党为主的政府。

在阿尔巴尼亚，2013年议会选举中，进入议会的正义、一体化与团结党成立于2011年，基督教民主党刚成立不到3个月。

在塞尔维亚，2014年议会选举中，进入议会的新民主党—绿党是为了参选而于1个月前组成的新党，“为塞尔维亚在一起”则是2012年由民主党分裂而来。2016年议会选举中，进入议会的“受够了”党和绿党都成立于2014年。

（三）多数国家的政党格局尚未定型

克罗地亚、阿尔巴尼亚和黑山的政党格局较为稳定，其他国家的政党格局尚未定型。克罗地亚左翼的社会民主党与右翼的民主共同体、阿尔巴尼亚左翼的劳动党/社会党与右翼的民主党交替执政。不过，与阿尔巴尼亚左右翼政党势均力敌相比，克罗地亚民主共同体的力量要大于社会民主党。黑山则是社会主义者民主党一党独大。

1990年后的一段时间里，波兰、匈牙利、捷克、罗马尼亚、保加利亚和马其顿似乎形成了左右翼政党轮流执政的格局。波兰民主左派联盟与中间派协议会、民主联盟、团结工会选举联盟、法律与公正党等团结工会的后继党、匈牙利社会党与民主论坛、青年民主主义者联盟—匈牙利公民党／青年民主主义者联盟—匈牙利公民联盟、捷克社会民主党与公民论坛／公民民主党、罗马尼亚救国阵线／民主救国阵线／社会民主主义党／社会民主党与民主协议会、国家自由党、民主自由党、保加利亚社会党与民主力量联盟、西美昂二世全国运动和欧洲发展公民党、马其顿社会民主联盟与内部革命组织民族统一民主党轮番上台。

然而，这种格局并没有固定下来。在波兰，2005年以来，民主左派联盟一蹶不振，在2015年议会选举中甚至没有进入议会，两个右翼政党——法律与公正党和公民纲领党成为政治舞台上的主要竞争者。在匈牙利，2010年以来，青年民主主义者联盟—匈牙利公民联盟一直执政，并可望赢得2018年议会选举，继续执政。在捷克，2017年议会选举后，ANO2011运动极有可能上台执政，从而打破社会民主党与公民民主党轮流执政的局面。在罗马尼亚，2008年议会选举后，不同组合的左右翼政党——民主自由党、社会民主党与保守党，社会民主党、国家自由党与保守党，社会民主党与自由民主联盟——相继登台。在保加利亚，2009年以来，欧洲发展公民党三度执政，社会党只执政了一年多时间。在马其顿，2006年以来，内部革命组织民族统一民主党连续执政10年有余，直到2017年社会民主联盟才再次上台。

斯洛伐克、斯洛文尼亚和塞尔维亚的政党格局更是没有定型。在斯洛伐克，除去1994年3—9月的短暂时期外，公众反暴力／争取民主斯洛伐克运动在1990—1998年一直是执政党。1998年后，似乎出现民主联盟／民主基督教同盟／民主基督教同盟—民主党与方向—社会民主党轮流执政的局面，但方向—社会民主党在自2006年以来的四次议会选举中均名列第一，并且除2010—2012年的一年多时间外都处于执政地位，而民主基督教同盟—民主党逐渐被边缘化，以致在2016年议会选举中没有获得议会席位，在短时间内不可能替代方向—社会民主党再次执政。在斯洛文尼亚，自由民主党在1992—2004年执政。此后，民主党与社会民主人士党轮流坐庄的格局并未稳固，2013年，民主党被积极的斯洛文尼亚党取代，2014年，采拉尔党在议会选举中获胜，成为新一届政府的主人。在塞尔维亚，社会党掌权10年后，先是民主反对派上台，接着是塞尔维亚民主党为主的政党联盟执政；成为独立国家后，则经历了从塞尔维亚民主党到民主党再到前进党的政权转换；2012年以来，前进党已连续三次在议会选举获胜，其主席亚历山大·武契奇2014年就任总理，2017年当选总统。

波黑的情况较为特殊。《代顿协议》签署后，波黑先是延续了战前由分属三个民族的政党——波什尼亚克族的波黑民主行动党、克罗地亚族的波黑克罗地亚民主共同体、塞尔维亚族的波黑塞尔维亚民主党主导政治的局面，继而社会民主党、独立社会民主联盟、民主阵线、争取波黑美好未来联盟等也成为主要政党。

综上所述，以“两度易位”标准衡量，除黑山和波黑没有实现政权两度让渡，阿尔巴尼亚、塞尔维亚、黑山的政权交接直到最近还不够平稳外，其他中东欧国家都完成了政权“两度易位”。不过，近年来一些国家出现了提前进行议会选举的现象。以政党和政党格局的稳定性衡量，一方面，各国议会中都存在几个较为固定的政党，少数国家的政党格局也较为稳定；另一方面，政党仍在不断分化组合，政党和政党联盟成立不久即进入议会、甚至入主政府的现象屡见不鲜，多数国家的政党格局尚未定型，多党制还“缺乏民主国家应有的稳定性”[1]。总起来看，大多中东欧国家的民主政体已基本巩固，但在某些方面还有待完善。当然，“根据选举来界定民主是一种最简单的定义。”[2] 考察中东欧国家向民主政体转型的进度，只关注议会选举以及与之相关的政权易位、政党和政党格局的变化是不够的。事实上，单凭上述两个方面很难判断中东欧各国政治转型进度上的差异，亦很难把握近期中东欧国家具有民粹主义倾向的政党兴起和匈牙利、波兰的政治动向对民主政体发展的影响。而要建构一个评估中东欧国家政治转型进度的标准体系，尚需长时间的理论探索和实践检验。

总起来看，大多中东欧国家的民主政体已基本巩固，但在某些方面还有待完善。

---

1 Christine S.Lipsmeyer, “Post-Communist Mandates”, *Politics & Policy,* Volume 37, Issue 4, August 2009, p.718.

2［美］塞缪尔·亨廷顿：《第三波——二十世纪末的民主化浪潮》，刘军宁译，上海：上海三联书店，1998年版，第8页。

南南合作运动历程：对“一带一路”的启示

查道炯

内容提要：南南合作从20世纪50年代开始在反殖民、反霸权的第三世界政治外交大团结基础上试图重塑国际经济秩序的政治斗争运动，转变为21世纪发展中（南方）国家与发达（北方）国家之间、南方与南方国家之间殊途同归（谋求南方的经济与社会发展）的潮流。新世纪南南合作的共通性诉求，不再是全球范围内尽可能广泛的大团结，而是接受了多个国家、多重力量竞相影响发展进程的现实；不再是革命与相互排斥，而是开放性探索。围绕发展道路的摸索，也不再集中局限于从富国或强国发出的单向引导。本文通过回溯南南合作的历史轨迹，并试图从中找到经验教训，为更好地谋划今后的“一带一路”事业，提供参考性思路。

关键词：南南合作　国际经济新秩序　北南合作　“一带一路”

前　言

作为联合国系统机构改革的一部分，“南南合作办公室”（United Nations Office for South-South Cooperation）于2013年开始运作。这意味着战后国际关系史上从轰轰烈烈快速走向被人遗忘的南南合作运动在联合国体系中所处的地位得到了重新确认。毕竟，众多的国际合作倡议或协议、条约，是否建立起了常设性执行机构，其后续效应是大不相同的。联合国常设机构的变化，从名称到实际功能，都是一个多方利益博弈而得出的最大公约数，部分因为机构运行的预算来自成员国认捐的联合国会费。此前，1974年在联合国开发计划署（UNDP）

查道炯　北京大学国际关系学院教授。

内设立的“发展中国家间的技术合作”（Technical Cooperation among Developing Countries, TCDC）特设局（Unit），是北方/发达国家同意与南方/发展中国家达成的妥协性安排。30年后，TCDC在2004年才得以升级为“南南合作特设局”（Special Unit for South-South Cooperation），依然在UNDP的框架之下。

南南合作的复兴，如果我们还是以联合国体系内的协商结果为参照的话，是一个波澜不惊的过程。联合国大会在其2003年通过的58/220号决议中将每年12月19日定为“南南合作日”。这个行为本身仅仅具有些许象征性意义，但这一举措为与联合国系统和其他多边机构将南南合作纳入其常规性工作方案提供了合法性与合理性支撑。在联合国系统中，以推动“南南合作”为己任的机构，至少还包括联合国工业发展组织2006年以来在中国、巴西，埃及，印度，南非成立的南南工业合作中心（UNSSIC）。[1] 在商品贸易领域，自2008年开始，在联合国框架下，每年一度的全球南南发展博览会得以举行。[2]

根据1994年12月的联合国大会决议内容之一，秘书长在1995年开始向大会提交《南南合作情况报告》（State of South-South Cooperation），以归纳和分析全世界的南南合作项目发展，并提出加强合作的建议。在2017年的联合国大会上提交的《南南合作情况报告》文件列举了2016/17年度在国家、区域和全球各个层面的南南合作具体措施。其中第5条（全文共102条）记载道：[3] 中国倡导的“一带一路”倡议将为包括南南合作在内的国际合作提供新的机遇和动力，已有100多个国家表示兴趣加入这一伙伴关系。该倡议侧重于加强政策协调、基础设施和设备连通、贸易畅通、金融一体化和民间交往。

一方面，“一带一路”倡议在联合国发展机构的文献中得到认可，这为倡议的推广和落实创造了有利的背景性外部环境。另一方面，不同国家所倡导的南南合作项目进入了一种相互竞争的态势，那么，对中国而言，回顾南南合作运动的起伏，有助于思考如何稳步推进包括“一带一路”在内的国际发展事业。

对中国而言，回顾南南合作运动的起伏，有助于思考如何稳步推进包括“一带一路”在内的国际发展事业。

本文粗略回顾南南合作运动的演变轨迹。1955年4月的万隆会议无疑是南南合作运动的标志性起点，到2003年联合国大会通过关于设立“南南合作日”决议，大约50年间，南南合作运动从风起云涌走向偃旗息鼓。在21世纪的头十年，以“南南合作”命名以及具有南南合作性质的多边外交活动和机制重新获得重视。这两轮运动，都是以发展为诉求，有哪些不同？这些不同，对推进“一带一路”事业有哪些启

1 联合国工业发展组织中国南南工业合作中心，http://www.ucssic.cn/index.htm，2018年1月18日登录。

2 Global South-South Development Expo 官方网址，http://www.expo.unsouthsouth.org/，2018年2月3日登录。

3 联合国大会文件A/72/297，《南南合作情况》，http://digitallibrary.un.org/record/1302932/files/A_72_297-CN.pdf，2018年1月18日登录。

示？ 这是本文所设计要回答的问题。

有必要说明的是，围绕“南南合作”的记事，不仅信息量浩繁之至，而且自然地受到观察 / 分析视角的多元性以及相互竞争的意识形态框架影响。因此，任何试图在章节篇幅内的讨论，都难免在视角上受作者个人偏好的左右，内容上具有选择性。作者在本文中的叙事和观察，基本目的是邀请读者一起思考中国与认可“一带一路”愿景的国家/社会互动的过程中，如何处理好“南南合作”的维度。

南南合作运动的兴起：1955—1978年

作为集体政治外交行动的南南合作运动，在当代国际关系史上有相当丰富的记载。[1] 1955年4月在印度尼西亚万隆举行的亚非会议，因为它第一次把两大洲近30个国家的政府首脑聚在一起，并通过了措辞清晰的联合声明，而被广泛认为是南南合作运动的起点。伴随着第二次世界大战结束的殖民地制度瓦解过程，一些原殖民地国发现它们虽然获得了主权概念下的政治独立，但是所面对的国际经济体系并没有发生根本性的变化，甚至认为在经济和社会发展方面并没有获得实质意义上的独立。他们要求得到原殖民地宗主国以及更广泛程度上的发达国家的经济援助，呼吁在跨国贸易和投资条件上得到革命性的改变，至少是要减少负面影响其经济发展的外部阻力。通过群体会议而展现政治团结，从而增加与前殖民地宗主国以及更广泛的发达国家的谈判能力，是南南合作运动兴起的重要动机。

在万隆开启的发展中国家展现团结力量的运动，于1961年9月在南斯拉夫贝尔格莱德举行的不结盟运动国家的国家和政府首脑（来自25个国家）会议上得以延续。除了表明在政治上不加盟美国或苏联分别牵头建立的军事 / 外交集团之外，不结盟运动的核心诉求包括维护经济权益，消除经济不平衡，废除国际贸易中心的不等价交换，发展本国经济。[2] 贝尔格莱德会议延续并拓展了万隆会议的诉求，维系了原殖民地 / 发展中国家在多边外交中的集体谈判势头。

作为一个集体谈判的国际政治运作机制，不结盟运动因为不设总部，无常设机构，无成文议事章程而难以成为一个有效的决策机制。另外，为了体现“非殖民化”和运动参与国不分大小、强弱、一律平等相待，不结盟运动各种会议均采取协商一致的决策原则，成员间所达成的声明或领袖会议上通过的决议，会后对成员没有约束力。就将自己区别于老牌帝国主义以及冷战期间两大阵营的集团政

1 张贵洪，《联合国与南南合作》，时事出版社，2015年版。Jeffrey Hart, *The New International Economic Order: conflict and cooperation in North-South economic relations, 1974–1977*, New York: St. Martin’s Press, 1983. Govind Agrawal, *South-South Economic Cooperation: Problems and Prospects,* New Delhi : Radiant Publishers, 1987.

2 中国国际问题研究所，《不结盟运动主要文件集》，北京：世界知识出版社，1992年版。

治的运作模式而言，不结盟运动成功地展示了它的特性。但是，在类似联合国这种多边外交平台上，它无力成为一个集体谈判的机制。

南南合作/不结盟运动的发展诉求，就联合国多边政策协调机制建设而言，于1964年获得了重大进展。这一年，为期3个月（3月23日—6月16日）的联合国贸易与发展会议（UN Conference on Trade and Development, UNCTAD）在日内瓦召开。根据首次会议所达成的决定，联合国将定期举办贸易与发展会议（每四年）及其理事会（一年一次会议），并为这两次会议提供秘书处服务。[1] 展示发展中国家集团谈判策略的“七十七国集团”也同期产生。该集团（如今已扩大到131个成员）是冷战期间南南合作运动的经济社会议题主力，与不结盟运动的政治诉求相呼应。UNCTAD的成立标志着南北之间开始就发展问题展开结构性、制度性对话，也标志着南北方之间的集团协商机制（“北南对话”[2]）正式形成。

在战后国际经济外交史上，以立章建制作为参照点，1974年是南南合作运动的高潮。这一年5月，联合国大会第六届特别会议通过了《关于建立新的国际经济秩序的宣言》和“行动纲领”文件。同年12月第二十九届联合国大会通过《各国经济权利和义务宪章》。《宣言》的概念性框架在1964年10月于开罗召开的第二次不结盟首脑会议提出，《宪章》则是由77国集团在1972的《利马宣言》中提出。这两份文件的提出，由于在文字上确认了各国对其自然资源和一切经济活动拥有充分主权，承诺改革不利于发展中国家的国际金融制度和贸易条件等，标志着以改善发展中国家的外部经济环境为核心诉求的努力，进入了一个新的阶段。[3]

这20年间，南南合作运动所取得的成就，远远不止研究文献中经常性被提及的纲领性文件。例如，在77国集团牵头推动通过的《联合国班轮公会行动守则公约》（1974年）、《联合国海上货物运输公约》（1978年）以及《联合国国际货物多式联运公约》（1980年），尽管各款公约所代表的国家利益有所不同，每一款都吸收了海运、航空等各项单式运输公约至此所取得的最新成就，国际运输法制化程度的提高，对跨国货物和人员运输量在二十世纪八十年代大幅度增长，为全球经济交往的深度和广度发展，发挥了有益的作用。[4] 此外，在UNCTAD

---

1 Richard N. Gardner, “The United Nations Conference on Trade and Development”, *International Organization*, Vol. 22, No. 1, 1968, pp. 99-130.

2 Charles Jones, *The North-South Dialogue: a brief history*, Frances Pinter, 1983.

3 曾华群,《国际经济新秩序与国际经济法新发展》，北京：法律出版社，2009年版。陈立成,《发展中国家的经济发展战略与国际经济新秩序》，北京：经济管理出版社，2007年版。Samuel S. Kim, *China, the United Nations and World Order*, Princeton University Press, 1979.

4 魏家驹，“略论联合国国际货物多式联运公约，”《法学研究》，1981年第6期，第45—50页。

平台上，由不发达国家集体提出动议的综合商品方案[1]、普遍优惠制[2]等，对战后初级产品的跨国贸易方式的创新，都发挥了奠基性的作用。

需要指出的是，推动被统称为南方或第三世界国家的经济和社会发展，也是北方或工业化发达国家的集体努力方向。对于北方国家而言，如何构建与原殖民地经济体之间——特别是劳动力流动、工业生产所需的原材料等方面——的贸易关系，也有必要依赖多边外交机制。1965年，联合国发展署（UNDP）成立。这是一个在联合国既有机构基础上的重新组合，其负责人官阶处于秘书长和副秘书长之后的第三位，有常规性职员编制和预算保障的机构。成立发展署的动议，来自发达（北方）国家，尽管过程中北欧国家的热情遭遇了美国的抵制，但是，因为每一个联合国成员都有让UNDP设立办事处的义务，其影响力的广度是不可忽视的。就推动经济社会发展的日常性往来而言，UNDP的国别办公室发挥了协调整个联合国系统机构与驻在国政府不同机构沟通的功能。甚至可以说，UNDP是联合国经济和社会发展板块在项目落实环节的代表处。[3]在联合国机构体系中，为了推动经济发展而设立的另一个机制是经济和社会理事会（Economic and Social Council，经社理事会）。理事会于1945年依照《联合国宪章》设立，负责联合国各次主要会议和首脑会议的后续活动，通过旗下的五个地区分会发挥信息搜集和政策沟通的作用。发展署与经社理事会相互支撑，成为联合国机制在发展中国家的常驻机构。

如前文所提及，1974年UNDP设立了推动发展中国家技术合作（TCDC）功能。这个发展，可以说是一个由发达国家集体主导的机制吸纳了一个由发展中国家集体推出的动议。此后，具体方案的推进，取决于单个发展中国家自身的意愿和能力。就像如今联合国南南合作办公室的官方网页中的自我简介所暗示，TCBC的设立，可以说是南南合作运动在20世纪的联合国官僚体系内建章立制所取得的最后成就。

万隆会议之后的20年间，南南合作运动在多边外交中的声势得以维持。但是，运动并没有从根本上打破北方国家主导国际政治经济秩序的格局。南北差距和一些南方国家之间的发展差距，进一步扩大。“国际经济新秩序”，沦为一些南方国家的政治和学术精英的口头禅而已。原殖民地国家/第三世界之间的政治团结，并不容易维持。

---

1 曹建华，“联合国贸发会议主持下的综合商品方案初探，”《国际贸易问题》,1991年第10期，第50—54页。Robert L. Rothstein, *Global Bargaining: UNCTAD and the Quest for a New International Economic Order*, Princeton University Press, 1979.

2 翁国民，《普遍优惠制及其利用问题研究》，杭州：浙江人民出版社，1994年版。

3 Alan Raucher, “The U.N.’s Development Programs, 1959–1971”, in Paul Hoffman, *Architect of Foreign Aid*, University of Kentucky Press, 1985, pp. 133-154.

南南合作运动的式微：1980—2000年

1983年4月，一场题为“南南会议：发展战略、谈判及合作”的国际研讨会在北京举行。近三十个第三世界国家的200多名政治家、学者出席。这次会议的中文版论文集，标题是“南南合作勃兴”。[1] 其实，中文措辞委婉地表达了对当时作为国际政治运动的南南合作浪潮式微的认知。正如1979年创刊，政治立场上同情、支持南南合作/不结盟运动的英文《第三世界季刊》（*Third World Quarterly*）中对北京会议的综述所言，“南—南，甚至南—北主题的会议，已经成为同一批人围绕同样的话题重复同样观点的例行公事。这些会议所产生的宣言和声明也大多似曾相识，了无新意。”[2]

之所以出现这种现象，一个重要的原因是：没有1973年的“石油危机”——因不满以色列及支持以色列国家在中东地区的政治作为，中东地区的石油输出国组织成员采取集体行动，针对以色列、美国及其盟友实施石油禁运——就不会有北方国家在“北南对话”（North-South Dialogue）框架下聆听南方国家的诉求。南、北双方，都认为自己是不得已而为之，就自身利益驱动而言，二者之间存在着根本性的对立。

这种根本立场的对立，经过冗长的多边谈判的磨炼，造就了《国际经济新秩序宣言》等“装点门面的协议”。围绕穷国的外债负担、国际货币体系改革、跨国公司的行为规范等等议题，双方的分歧不仅是程度上的问题，而是价值观层面的南辕北辙。[3]

更为致命的是，在南南合作阵营内部，石油、矿石等大宗商品也是工业化、城镇化建设所必需的原材料。当某项大宗商品被用做政治外交的武器时，占出口市场比例高的政府能够获得某种谈判优势。而依靠大宗商品进口来发展经济的南方国家，则在动荡的初级产品贸易中受损。这种损失，并不局限在原材料贸易环节：因原材料的供应缺乏稳定性和价格突变而导致的加工环节不稳定，影响更为广泛、长远。所以，尽管不少南方国家的出口支柱性产品是大宗商品，在南南合作或不结盟运动的框架下，它们之间的经济利益冲突也是显然易见的。

1981年10月，由发展中和发达国家首脑共同参加的“关于合作与发展的国际会议”在墨西哥坎昆召开。来自五大洲的14位发展中国家和8位发达国家领导人或他们的代表正式地专门讨论南北关系问题。这在历史上还是第一次，不

---

1 宦乡：《南南合作勃兴 北京南南会议：发展战略、谈判及合作讨论会文集》，北京：经济科学出版社，1984年版。

2 “The South Takes Stock”, *Third World Quarterly*, Vol. 5, No. 3, 1983, p. xxxiii.

3 Robert Rothstein, “Is the North-South Dialogue Worth Saving?” *Third World Quarterly*, Vol. 6, No. 1, 1984, p. 155.

过，这也是冷战期间类似话题、类似规模的最后一次会议。美国总统出席了坎昆会议。会后，美国对发展中国家的政策发生了质的改变：从倾听、容忍、有所适应转向对立，开始公开地攻击、抵制南方国家和它的集体目标，瓦解发展中国家的政治团结。[1] 全球化将发达国家的政治理念、政治与经济体制设计、社会组织逻辑、商业法规和惯例推广到发展中国家去，取代"北南横沟"（North-South Divide），而成为国际间有关发展（development）的总括性研究议程。

其次，正如退休前在联合国贸发会议等关注第三世界课题的专门机构工作了数十年的布拉尼斯拉夫·戈索维奇（Branislav Gosovic）所言，南南合作运动的推进，缺乏一个发挥"火车头"作用的国家（或国家组合）：借重其经济实力、多元经济结构（而不是依靠单一、资源性产业）以及国家政治担当，以维持并推动运动向前发展的势头。[2]

中国一度被看成是有意愿担当起南南合作"火车头"角色的国家。从外交理念上，中国一直明确坚持在1955年万隆会议宣言中得到认可的和平共处五项基本原则。从一个抽象、"理性"的意义上看，[3] 中国不仅是一个对自身发展、基本目标具有长远规划，而且同样对南南合作也具有远景规划的国家；它是一个根据自己本国国情进行政策规划、尊重自己做出的决定和承诺的国家，至关重要的是，它是一个在南方三大洲里已经拥有必要的财富、能力和资源去推动南南合作的国家；它也是一个在面对北方国家压力和反对时唯一能够坚定地坚守自己立场的发展中国家。

但是，从重返联合国开始，中国就一直保持了它在国际政治与经济制度谈判中的中立。例如，尽管中国派政府领导人参加了1981年的坎昆南北对话会议，此后，中国试图在全球范围内的发达国家和发展中国家之间维持某种平衡的关系，而没有像一些发展中国家所期望的那样接过第三世界团结运动的大旗。[4] 中国没有加入七十七国集团（G77），但与之保持经常性的联系；基于议题和立场的重叠及相似程度，中国与G77一起在联合国的多边谈判中发挥作用。但是，在联合国这个多边外交舞台上，中国（还有发展中国家的另一个大国印度），没有在发展议题上动用其经济体量而试图使国际经济体制产生突变。[5]

---

1 Howard J. Wiarda, "Cancún and After: The United States and the Developing World", *Political Science*, Vol. 15, No. 1, 1982, pp. 40-48.

2 Branislav Gosovic, "The Resurgence of South–South Cooperation", *Third World Quarterly*, Vol. 37, No. 4, 2016, p. 737.

3 Branislav Gosovic，张泽忠译，"南方国家重整旗鼓与全球南北关系的重塑"，《国际经济法学刊》，第22卷第3期，2015，第258页。

4 Robert L. Worden, "China's Balancing Act: Cancun, the Third World, Latin America", *Asian Survey*, Vol. 23, No. 5, 1983, pp. 619-636.

5 Andrew Cooper and Thomas Fues, "Do the Asian Drivers Pull their Diplomatic Weight? China, India, and the United Nations", *World Development*, Vol. 36, No. 2, 2008, pp. 293-307.

在重返联合国之后、加入世界贸易组织（顺应西方所设立的制度性限制）之前，中国的学术和媒体中不乏声援第三世界国家将石油、矿产等初级产品的出口作为与发达国家进行政治外交斗争手段的舆论。但是，在经济外交行为领域，中国在1980年恢复了它在国际货币基金组织的席位，并于同年加入世界银行。1986年中国向关税和贸易总协定提出了恢复其合法地位的要求。而这三大机构是战后发达/北方国家按照它们的理念设立，有条件地接纳新成员的国际经济组织，也是维系西方主导的自由主义国际体系的支柱。加入世行后，中国在数十年间是世行最大的借款成员之一，也是最广泛地参与其技术援助的成员。通过设立中国国际经济技术交流中心[1]等机构，全面对接UNDP，特别是其中的TCDC专项。交流中心所组织的具体工程项目，在实施来华援助方面，发挥了试验田作用，对推动中国各个行业的改革，发挥了孵化器作用。在这个过程中，中国也引进了包括来自发达国家的智力支持，对其涉及经济发展的法律法规做了修改。[2] 这种（微观层面）的制度性改革，也是建立在作为国家治理方法论的“发展”课题上的交叉认可基础之上的。

在1986年9月召开的第九届不结盟国家首脑会议宣布成立南方委员会（South Commission）。该委员会在日内瓦设有总部，但其成员均以个人身份工作。委员会于1990年推出的对南南合作运动所面临挑战的报告，在国际学术界产生了深远的影响。[3] 在主流国际政治经济史文献中，研究报告的发表，为多边外交中的南南合作运动画上了某种句号。

终于，在1995年，南南合作运动建立起一个以政府间条约为基础的“总部”：设在日内瓦的南方中心（South Center）。[4] 南方中心具有联合国和其他一些促进国际发展的多边机构的观察员资格，其作用更多地是一个研究智库。

综合起来看，在20世纪后二十年，“南南合作”是众多的国际（经济和政治）关系的备选方案之一，不再是一个集体谈判的平台。无论是在发展中国家还是发达国家，都没有对它出现突破性进展的期望。

南南合作运动复兴：2000—2018年

将发展中国家的发展作为国际政治与经济互动的聚焦点——南南合作运动的基础性诉求——在2000年的联合国首脑会议上有了显著的进展。会议通过的

1 中国国际经济技术交流中心，http://www.cicete.org/，2018年2月2日登录。

2 Ann Seidman and Robert Seidman, “Drafting Legislation for Development: Lessons from a Chinese Project”, *The American Journal of Comparative Law*, Vol. 44, No. 1, 1996, pp. 1-44.

3 The South Commission, *The Challenge to the South: report of the South Commission*, Oxford University Press, 1990.

4 The South Center，https://www.southcentre.int/，2018年2月11日登录。

文件之一《千年发展目标》（MDG）就消除贫穷、饥饿、疾病、文盲、环境恶化和对妇女的歧视等八个领域，列举了时间和量化的指标。[1] 从极端贫穷人口比例减半，遏止艾滋病毒/艾滋病的蔓延到普及小学教育，所有目标完成时间是2015年。

描绘这项蓝图的机构由发达国家组建的经济（经合组织）、金融（世界银行、国际货币基金）以及世界卫生组织等众多联合国的专门机构牵头，无疑体现了发达国家追求新的发展机会的意图。[2] 与此同时，蓝图的形成过程中，发展中国家的政府和智库广泛参与并做出了贡献。[3]

MDG的出现，可以视作是UNDP在1994年推出人类发展指数（Human Development Index, HDI）基础上，联合国作为一个整体，推进全球发展的又一次尝试。在一个社会之内，贫穷和财富（及其增长的）不均，既是一个普遍现象也是一个持久的存在。所以，在MDG项目到期后，联合国框架下，又推出了可持续发展目标（Sustainable Development Goals，SDG）。[4] 设定目标成了在发展领域改善全球治理的常用方式。[5]

发展中国家的经济与社会发展不再是一个多边外交斗争的议题，也得益于发达国家对南北差距（尽管这个表述不再流行）必须南北国家一起努力才能管理的新认知。例如，长期被认为是为世行、IMF乃至联合国议程定调的七国集团峰会，在1994年邀请了俄罗斯参加而扩容。在20世纪90年代，八国峰会的轮流主办国邀请一些发展中国家的领袖参与会议，成为惯例。1999年，也就是亚洲金融危机爆发后的第一年，八国集团倡议设立年度财政部长和央行行长会议机制，邀请12个非成员国派员参加。部长级别的二十国集团定期会晤机制，为2008年华尔街金融危机爆发后，二十国集团升级为首脑峰会打下了基础。[6]

无疑凸显了南南合作复兴的事件之一是金砖国家领袖的会晤机制。从2009年在俄罗斯叶卡捷琳堡开启的中国、印度、俄罗斯、巴西领导人年度会晤，到2011年南非领导人的加入，再到2015年以会晤成员国为成员的新开发银行的设

1 这八个领域是消灭极端贫穷和饥饿；普及小学教育；促进男女平等并赋予妇女权利；降低儿童死亡率；改善产妇保健；与艾滋病毒/艾滋病、疟疾和其他疾病做斗争；确保环境的可持续能力；全球合作促进发展。

2 叶江，“联合国‘千年发展目标’与‘可持续发展目标’比较刍议”，《上海行政学院学报》，2016年第17卷第6期，第37—45页。

3 联合国千年发展目标，http://www.un.org/zh/millenniumgoals/，2018年2月3日登录。

4 UNDP, “Transitioning from MDGs to SDGs”, http://www.undp.org/content/undp/en/home/librarypage/sustainable-development-goals/transitioning-from-the-mdgs-to-the-sdgs.html，2018年2月3日登录。

5 Norichika Kanie and Frank Biermann eds, *Governing through Goals: sustainable development goals as governance innovation*, MIT Press, 2017.

6 Gordon Smith, “G7 to G8 to G20: evolution in global governance”, The Center for International Governance Innovation, 2011, https://www.cigionline.org/sites/default/files/g20no6.pdf, 2018年2月3日登录。

立，金砖机制在不到十年的时间内，做到了自主立章建制，引起了国内外发展研究界的兴趣。[1] 金砖会晤机制的出现，终结了这五个发展中大国被八国集团作为客人选择性地邀请参与其峰会的做法。这是一个颇具象征意义的发展。同时，轮流举办金砖会晤的国家也邀请其他国家参与金砖会晤，使金砖机制得以发挥力量传导作用。

事实上，冷战结束后，以"南南合作"作为框架的少数多边磋商机制在冷战结束后的国际外交实践中是一种普遍现象。例如，在金砖（BRIC）作为一个国名缩略词组合广为人知前，印度、巴西、南非的定期外长会便于2003年6月启动。同年9月的联合国会议期间，三国通报了自己结为某种外交谈判组合（IBSA）的意向。[2]

在发展援助与技术合作两大南南合作的传统领域，印度和巴西都建立了各自的南南合作平台。[3] 在发展援助这个普遍认为是南南合作发展程度标杆的领域，援助提供方越来越多，北方发达国家不再垄断南方受援国的资金、技术和知识来源。国际援助事业经历了一场"寂静的革命"。[4]

经历半个世纪，南南合作从一个在反殖民、反霸权的第三世界政治外交大团结基础上，通过集体谈判，试图重塑国际经济秩序的政治斗争运动，转变为一个发展中（南方）国家与发达（北方）国家之间、南方与南方国家之间殊途同归（谋求南方的经济与社会发展）的潮流。21世纪南南合作的共通性诉求，不再是全球范围内尽可能广泛的大团结，而是接受了多个国家、多重力量竞相影响发展进程的现实。围绕发展道路的摸索，也不再集中于局限于从富国或强国发出的单向引导。发达国家与发展中国家的矛盾，依然存在。应对这些矛盾的基本思路，不再是革命与排斥，而是开放性探索。

结语："一带一路"与南南合作

作为以推动参与国经济与社会发展为目标的框架性项目，如本文开头所提

---

1 陈文玲、李锋等:《重塑金砖国家合作发展新优势》，中国经济出版社，2017年版。Rich Marino, *The future BRICS: a synergistic economic alliance or business as usual*? Palgrave Macmillan, 2014; Cynthia Roberts, *The BRICS and Collective Financial Statecraft*，Oxford University Press, 2017。

2 Marco Antonio Vieira and Chris Alden, "India, Brazil, and South Africa (IBSA): South-South Cooperation and the Paradox of Regional Leadership", *Global Governance*, Vol. 17, No. 4, 2011, pp. 507-528.

3 Jandhyala Tilak, "South-South Cooperation: India's program of development assistance – nature, size and functioning", *Asian Education and Development Studies*, Vol. 3, no. 1, 2013, pp. 58-75; Adriana Abdenur, "Organization and Politics in South–South Cooperation: Brazil's Technical Cooperation in Africa", *Global Society*, Vol. 29, No. 3, pp. 321-338.

4 Ngaire Woods, "Whose Aid? Whose Influence? China, Emerging Donors and the Silent Revolution in Development Assistance", *International Affairs*, Vol. 84, No. 6, 2008, pp. 1205-1221.

到，“一带一路”被联合国机构认可为21世纪南南合作的一部分。“一带一路”和南南合作这两个政策框架的共同点是参与方认可事业的大方向，如何从现实走向愿景，其内容也自然会随着情势的变化而改变，有待各方商讨、磨合。这两大项目的另一个共同点是：事业的成功，尽管对成败的判断标准难免比较模糊，便意味着国际体系中诸多力量的“让利”。因此项目的推进过程充满曲折和挫折，是一个可以预期的现象。

中方在推进“一带一路”项目的过程中，从“政策联通”“民心相通”的角度看，把南南合作的经历作为一面镜子，将有利于提高管理跨国经济项目的政治风险的水平。

中方在推进“一带一路”项目的过程中，从“政策联通”“民心相通”的角度看，把南南合作的经历作为一面镜子，将有利于提高管理跨国经济项目的政治风险的水平。以下几点建议并不全面，也不可能做到“全面”，部分因为经营“一带一路”项目的可参照点不限于南南合作或不结盟运动。

其一，对一个发展中国家（不分大小、贫富）而言，独立自主是国家建设的恒久性追求。历史上，帝国主义、殖民主义、种族主义和一切形式的外来统治在一个国家失去或未能充分实现独立自主中的表现更为突出。而今，在涉外经济领域，一个国家的主权债务水平，特别是在偿还债务过程中需要紧缩国内开支时，在它是否实现了充足的独立判断中，更为明显。也就是说，谋发展是参与“一带一路”平台各方的追求，但是，对外经济合作的程度必须以无损于一个政体的独立自主，才不至于招致全面性的反抗、反击，包括为国内政治难题解套的债务违约行为。当然，可被定性为影响了主权、独立的领域远远不止债务。

其二，南南合作/不结盟运动是战后国际经济公约、条约、协议、共识的形成和演变的一部分。参与、支持或认同这一运动的不同国家，对战后国际经济关系规则演变，有各自的组织记忆（institutional memory）。由于历史原因，中国仅仅是（在时间和议题两个方面）选择性地参与了战后国际经济规则的形成。在全方位开放的格局下，中国的涉外经济实践的知识来源也是全方位的。可见，围绕作为历史经验的南南合作及其对今日国际关系的影响，中国与外部世界的认知自然也不尽相同。某个参与中国所倡导的“一带一路”愿景的国家和社会，是不是以（它所理解的）南南合作模式来期盼甚至要求中国？在推进“一带一路”项目的过程中，中方更多地了解、研判某个合作伙伴的南南合作/不结盟运动经历，应该是政治风险管理的基础性工作之一。毕竟，在体现为法规、协议、合同的文字的背后，是价值判断。这种价值判断层面的相互认可，是实现民心相通必不可少的内容。

其三，“一带一路”是一个开放性的宏观框架，其未来发展规模和深度，也是开放性的。但是，在这个框架下推行的具体经济项目，却是涉及实实在在的经济和民生利益，如何做到善始善终，是一个艰巨的挑战。就像南南合作/不结盟运动一样，国际交往中各方的团结，需要前提和基础，而且不可能是永恒的。针对已经出现的对“一带一路”的嘲讽和怀疑，中方若是简单化地归结为误解中方的本意或者无非是本不该有的冷战思维的回归，则显轻率。相反，中方应在事业推进的过程中，不断与各方就中方在具体建设项目中的参与范畴、权责界线、争端解决机制等，画出尽可能清晰的路径图，做到进退有据。

总而言之，了解南南合作的历史轨迹，并从中吸取经验教训，对思考谋划今后的“一带一路”事业，将是有益无害的。当国际上出现将“一带一路”与（评论者所理解的）南南合作相对比时，中方应该本着“不以物喜、不以己悲”的思路，行稳致远。就像南南合作一样，运动可以有起落，事业的精华是经得起历史考验的。如何避免重复已经被多方反复证明是不可行的主张，如何用“船小好调头”的方式及时有效地自我调整具体政策举措，才是我们将南南合作与“一带一路”放在一起讨论的落脚点。

《世界人权宣言》：全球人权治理的重要基石

罗艳华

内容提要：《世界人权宣言》于1948年12月10日在联合国大会获得通过，2018年是其诞生70周年。在纪念《世界人权宣言》诞生七十周年之际很有必要重新审视其对当前全球人权治理的意义。《世界人权宣言》是具有里程碑意义的国际人权文件，七十年来已经对国际人权事业产生了深刻影响。本文基于对全球治理的五大要素即全球治理的价值、规制、主体、对象、效果在国际人权领域的相应内容的分析，认为《世界人权宣言》对这些要素产生了根本性的影响，是全球人权治理的重要基石。

关键词：《世界人权宣言》　全球人权治理　基石

2018年是《世界人权宣言》诞生70周年，这一重要的国际文件自产生以来对国际人权事业产生了深刻的影响。它是第一个系统地规定了人权基本内涵的国际文件，是制定国际人权条约和众多国家宪法的重要依据和思想基础，是全球人权治理的重要基石。

一、《世界人权宣言》的产生

国际社会第一个规定了人权原则的国际法文件是《联合国宪章》（以下简称《宪章》），它于1945年6月签署并于当年10月生效，其中有9处明确规定了“人

罗艳华　北京大学国际关系学院教授。

权”条款，[1] 是一项多边国际公约，对于联合国的会员国具有法律约束力。但《宪章》对于人权并没有明确界定，人权“究竟有着怎样的含义还不清晰。”“《宪章》并没有提到这些权利是什么，也没有人知道是否真的有一些权利可被认为具有普遍性，是否可能被所有国家和所有人接受，包括那些在联合国中尚未有自己代表的人们。”[2] 因此，在《宪章》生效之后迫切需要有其他文件来明确界定人权的内涵和标准。

1946年2月16日，根据《联合国宪章》第68条的规定，联合国经济及社会理事会成立了人权委员会，[3] 该委员会的首要任务就包括提交有关“国际人权宪章”的提案、建议和报告。1947年1月27日至2月10日，人权委员会在瑞士的成功湖举行了首次会议，开始就“国际人权宪章”进行一般性讨论。当时，关于“国际人权宪章”的形式主要有三种意见：一是将其作为联大的一项决议，以宣言的形式通过，当时的多数国家持此主张；二是采取具有法律约束力的国际公约的形式，澳大利亚和印度是这一主张的代表；三是修改《联合国宪章》，将“国际人权宪章”补充进去，但只有少数国家持此建议。根据大多数国家的意见，最开始人权委员会决定以宣言的形式起草“国际人权宪章”，但是在1947年12月的第二次会议上，人权委员会经过重新磋商，通过了第46号决议，决定“国际人权宪章”由三部分组成：一项整理各种权利的宣言、一项规定这些权利的国际公约和一项履行公约的实施措施。[4] 其中整理各种权利的宣言成为后来的《世界人权宣言》(以下简称《宣言》)。

人权委员会起草《世界人权宣言》的工作是曲折而艰苦的，其内容经过了反复多次的逐条辩论和逐条审议。在获得通过之前，有关草案又在联合国大会第三委员会先后举行了81次会议，做了168处修改。[5]《宣言》是以联大决议的形式于1948年12月10日通过的。参加投票的56个联合国会员国中，有48个国家投了赞成票，8个国家投了弃权票。[6]

《世界人权宣言》弥补了《联合国宪章》的不足，明确了人权的基本内涵，对《联合国宪章》的人权条款提供了权威的解释。《宣言》的内容包括序言和30条条文，其中1—21条主要规定的是公民和政治权利，22—28条主要规定的是经

---

1 指《联合国宪章》序文、第1条第3款、第13条第1款（丑）项、第55条（寅）项、第56条、第62条第2款、第68条、第73条和第76条（寅）项。

2［美］玛丽·安·葛兰顿：《美丽新世界：〈世界人权宣言〉诞生记》，刘轶圣译，北京：中国政法大学出版社，2016年，第18页。

3 人权委员会的成员包括来自十八个国家的代表。这十八个席位包括了联合国安理会五大常任理事国以及其他十三个定期轮换、每届任期三年的国家。

4 柳华文：《联合国与人权的国际保护》，《世界经济与政治》，2015年第4期。

5 同上。

6 投弃权票的国家是苏联、白俄罗斯、捷克斯洛伐克、波兰、乌克兰、南斯拉夫、沙特阿拉伯和南非。

济、社会和文化权利。《宣言》是第一个在国际领域系统地提出保护和尊重人权和基本自由等具体内容的国际文件，它主张自由、平等，反对歧视，不仅包括了公民权利和政治权利，还包括了经济、社会、文化方面的权利。尽管存在着历史局限性，但《宣言》所确立的许多重要原则，成为联合国制定有关人权的国际文件和开展人权领域活动的思想基础。[1] 不仅如此，《宣言》对自己的定位也非常明确，它明确指出："大会发布这一世界人权宣言，作为所有人民和所有国家努力实现的共同标准……"。[2] 它不仅为所有国家和人民提出了努力实现的标准，还成为国际人权立法的重要依据和国际习惯法的重要组成部分，明确为联合国各成员国和个人提供了行为道德规范。[3]《世界人权宣言》是一份里程碑式的文件，自诞生起就获得了广泛认同和传播，还创造了一项世界吉尼斯纪录，成为译本最多的文件，至今已经有500多种语言的译本。[4]

二、全球人权治理的基本要素分析

全球治理是20世纪90年代提出的概念，指各国政府、国际组织、各国公民为最大限度地增加共同利益而进行的民主协商和合作，其核心内容是健全和发展一整套维护全人类安全、和平、发展、福利、平等和人权的新的国际政治经济秩序，包括处理国际政治经济问题的全球规则和制度。[5]

全球治理的要素主要有五个，即全球治理的价值、全球治理的规制、全球治理的主体、全球治理的对象以及全球治理的效果。其中，全球治理的价值是全球治理的倡导者在全球范围内所要达到的理想目标。全球治理的规制包括用以调节国际关系和规范国际秩序的所有跨国性的原则、规范、标准、政策、协议和程序。全球治理的主体指的是制定和实施全球规制的组织机构。主要有三类：(1）各国政府、政府部门及次国家的政府当局；(2）正式的国际组织，如联合国、世界银行、世界贸易组织、国际货币基金组织等；(3）非正式的全球公民社会组织。全球治理的对象包括已经影响或者将要影响全人类的跨国性问题。这些问题很难依靠单个国家得以解决，而必须依靠国际社会的共同努力。全球治理的效果指的是对全球治理绩效的评估。全球治理的绩效，集中体现在国际规制的有效性上。有两类因素影响国际规制的绩效，一类是国际规制本身的制度安排，一类是

---

1 张爱宁：《浅议〈世界人权宣言〉》，《中国政法大学学报》，1999年第4期。

2 董云虎、刘武萍主编：《世界人权约法总览》，成都：四川人民出版社，1990年版，第961页。

3 孙平华：《〈世界人权宣言〉研究》，北京：北京大学出版社，2012年，第191—192页。

4《启动新网站庆祝〈世界人权宣言〉七十周年》，联合国人权事务高级专员办事处网站，http://www.ohchr.org/CH/NewsEvents/Pages/UDHR70.aspx,2018年1月17日登录。

5 俞可平：《全球治理引论》，《马克思主义与现实》，2002年第1期。

实现这些制度安排的社会条件和其他环境条件。[1]

具体到人权领域的全球治理，其治理的价值即人权的倡导者在全球范围内所要达到的理想目标，简单来说就是实现《世界人权宣言》中确定的共同标准。但遗憾的是至今这些标准“还未曾在世界上的任何地方得到全面实现”。[2] 关于全球人权治理的规制，主要包括国际人权领域的原则、规范、标准、政策、协议、程序等，其核心是《国际人权宪章》，[3] 主要内容包括国际人权法体系和其他重要的国际人权文书，以及国际人权保护的重要原则和制度安排等。关于全球人权治理的主体，指的是制定和实施全球人权治理规制的组织机构，主要包括国际组织、主权国家、人权方面的非政府组织三大类。关于全球人权治理的对象需要根据具体内容进行区分，因为人权不仅是全球治理的对象，也是国内治理的对象。像种族灭绝、对平民的屠杀、疾病的传染、饥饿与贫困以及国际社会的不公正等问题明确属于全球治理的对象，[4] 此外像世界各国的人权履约情况及对各国人权状况的监督和审议等问题也属于全球治理的范畴。关于全球人权治理的效果，指的是对全球人权治理绩效的评估，主要体现在对人权领域国际规制有效性的评估，具体表现为联合国人权条约机构对核心人权公约执行情况的评估、联合国人权理事会的普遍定期审议机制（UPR）的审议报告以及联合国人权高专办的年度总结报告等。

三、《世界人权宣言》是全球人权治理的基石

通过分析《世界人权宣言》对于全球人权治理如上基本要素的影响不难看出《宣言》对于全球人权治理的重要意义。

（一）《世界人权宣言》与全球人权治理的价值和效果评估

在全球人权治理的价值方面，《世界人权宣言》确立了人权的共同标准，并把它作为世界所有国家和人民奋斗的目标。《宣言》明确指出：“大会发布这一世界人权宣言，作为所有人民和所有国家努力实现的共同标准，以期每一个人和社会机构经常铭念本宣言，努力通过教诲和教育促进对权利和自由的尊重，并通过国家和国际的渐进措施，使这些权利和自由在各会员国本身人民及其在其管辖下领土的人民中得到普遍和有效的承认和遵行。”[5] 正如《宣言》起草委员会主席罗

1 俞可平：《全球治理引论》，《马克思主义与现实》，2002年第1期。

2［美］玛丽·安·葛兰顿：《美丽新世界：〈世界人权宣言〉诞生记》，第4页。

3 “国际人权宪章”由《世界人权宣言》《经济、社会和文化权利国际公约》《公民权利和政治权利国际公约》及其两个《任择议定书》共同构成。

4 俞可平：《全球治理引论》，《马克思主义与现实》，2002年第1期。

5 董云虎、刘武萍主编：《世界人权约法总览》，第961页。

斯福夫人所指出的，《宣言》不仅仅是给各国政府看的，这也是衡量“所有国家和民族人权成就的共同标准”。每个人、每个社会组织“都应为这一标准而奋斗”。同时，这一标准也可用于评判各国、各民族的行为举止。[1] 从这个意义上讲，《宣言》也是评估全球人权治理效果的重要依据。

《世界人权宣言》是评估全球人权治理效果的重要依据。

（二）《世界人权宣言》与全球人权治理的规制

在全球人权治理的规制方面，《世界人权宣言》是“国际人权宪章”的重要组成部分，是制定其他国际人权公约和国际人权文书的基础和指南，也是国际人权保护的制度安排的依据，并且为全球人权治理确立了一些重要的原则。

“国际人权宪章”由《世界人权宣言》《经济、社会和文化权利国际公约》《公民权利和政治权利国际公约》及其两个《任择议定书》共同构成，是全球人权治理规制的核心。其中《经济、社会及文化权利国际公约》和《公民权利和政治权利国际公约》是接受《宣言》指引的直接产物，在其他重要人权公约中如《废止强迫劳动公约》《妇女政治权利公约》等，在序言部分都明确宣布是对《世界人权宣言》精神的继承，而《禁止酷刑和其他残忍、不人道或有辱人格的待遇或处罚公约》《减少无国籍状态的公约》《就业政策公约》等，更直接是对《宣言》具体条款的扩展和延伸。《欧洲人权公约》《美洲人权公约》《非洲人权和民族权宪章》不仅在序言中提到了《世界人权宣言》，而且在许多具体条款中吸收了《宣言》的措辞。[2]

《欧洲人权公约》是在《世界人权宣言》的基础上制定出来的第一部区域性人权公约。它是根据《世界人权宣言》的人权精神制定的，在其序言中明确指出：“考虑到1948年12月10日联合国大会宣布的《世界人权宣言》；考虑到该宣言的目的在于保证其中宣布的权利获得普遍与有效的承认和遵守；……作为具有共同思想和具有共同的政治传统、理想、自由与法治遗产的欧洲各国政府，决定采取首要步骤，以便集体施行《世界人权宣言》宣布的某些权利。”[3]《欧洲人权公约》反映了《世界人权宣言》所包含的原则并与《世界人权宣言》有着惊人的相似性。《欧洲人权公约》中的一些基本的权利，如禁止酷刑、自由和安全的权利和公正审判的权利等都是来自于《世界人权宣言》类似条款的启迪。[4]《欧洲人权公约》自1953年9月3日正式生效以来，在区域性国际人权保护方面发挥着重要作用，它对人权和基本自由的保护内容及执行措施为区域性国际人权保护树立了

1［美］玛丽·安·葛兰顿著：《美丽新世界：〈世界人权宣言〉诞生记》，第177页。

2 刘杰：《美国与国际人权法》，上海：上海社会科学出版社，1996年版。

3 董云虎、刘武萍主编：《世界人权约法总览》，第1009页。

4 Javaid Rehman, *International Human Rights Law: A practical approach*, England: Pearson Education Limited, 2003, p.137.

楷模，成为当前区域性国际人权保护机制中最具影响力、运行最为有效的人权保护体系。而美洲人权保护机制正是模仿了欧洲的区域性人权保护机制而建立起来的。在《世界人权宣言》和国际人权两公约的影响下，不仅欧洲、美洲建立了各自的人权保护体系，非洲人权保护制度也建立起来。1981年6月28日，非洲统一组织通过了《非洲人权和民族权宪章》，并于1986年10月21日正式生效。[1]

《世界人权宣言》也是国际人权保护的制度安排的重要依据，如联合国人权理事会的普遍定期审议机制的建立。普遍定期审议机制的法律依据是《联合国宪章》《世界人权宣言》、各国加入的国际人权公约、国际人道主义法以及自愿做出的人权承诺。[2]

除此之外，《世界人权宣言》还暗含着全球人权治理的一项重要原则即普遍性与特殊性相结合的原则。这一原则在《宣言》起草的过程中已经显现出来。正如当时的《宣言》起草小组主席罗斯福夫人所指出的：《宣言》不应试图提出落实这些权利的方案，因为权利的落实“将不可避免地因国别差异而有所不同。而差异化的方案不仅是必要的，更是有益的”。“起草者们希望他们塑造的结构具有足够的弹性，可以允许实施这一文件的侧重点与方式有所不同，但又不至于软弱到允许任何基本权利被全面侵蚀，或者使得某项权利不必要地从属于其他权利。”1993年的《维也纳人权宣言》明确重申了上述对于多元主义的承诺，宣告“必须考虑到国家、地区的独特性，以及多样的历史、文化与宗教背景”。[3]

（三）《世界人权宣言》与全球人权治理的主体

作为全球人权治理的主体，国际组织、主权国家和人权方面的非政府组织都受到了《世界人权宣言》的深刻影响。

1.《世界人权宣言》与国际组织

首先，《世界人权宣言》与全球性国际组织——联合国的关系是非常明确的。《宣言》是在联合国的主持下制定的，但之后就成为了联合国主导的国际人权机制的指导性文件。维护和促进人权是联合国的三大支柱之一。目前，联合国建立的国际人权保护机制是全球人权治理的主要角色。

联合国建立的国际人权保护机制可以分为两大类：一类是以国际人权公约为基础、以条约机构为依托而建立起来的条约机制，另一类是以《联合国宪章》为基础、以联合国负有人权职责的机构为依托所建立起来的宪章机制。

条约机制包括国际人权条约体系和监督其实施的条约机构。其中国际人权条约体系作为全球人权治理规制的主要内容在上一部分已经进行了阐述，人权条约

1 孙平华：《〈世界人权宣言〉研究》，第245、257、271页。

2 孙萌：《中国与联合国人权保障制度：以普遍定期审议机制为例》，《外交评论》，2015年第2期。

3 [美] 玛丽·安·葛兰顿：《美丽新世界：〈世界人权宣言〉诞生记》，第115页、序言第5页。

机构主要指联合国九个核心人权公约的监督执行机构。

联合国现有九大核心人权公约，相应设有九个条约机构，详见表1。

表1 联合国核心人权公约和条约机构

条约名称	条约机构名称
《公民权利和政治权利国际公约》	人权事务委员会
《经济、社会及文化权利国际公约》	经济、社会及文化权利委员会
《消除一切形式种族歧视国际公约》	消除种族歧视委员会
《消除对妇女一切形式歧视公约》	消除对妇女歧视委员会
《禁止酷刑和其他残忍、不人道或有辱人格的待遇或处罚公约》	禁止酷刑委员会
《儿童权利公约》	儿童权利委员会
《保护所有移徙工人及其家庭成员权利国际公约》	移徙工人委员会
《残疾人权利公约》	残疾人权利委员会
《保护所有人免遭强迫失踪国际公约》	强迫失踪委员会

以《联合国宪章》为基础、以联合国负有人权职责的机构为依托所建立起来的宪章机制主要指的是联合国主管人权事务的专门机构。虽然联合国的很多机构都与人权相关，但直接主管人权事务的专门机构却是屈指可数的。最早直接主管人权事务的专门机构是联合国人权委员会，《世界人权宣言》就是在它的主持下起草的。人权委员会存在了60年，到2006年被现在的联合国人权理事会所取代。联合国人权理事会是当前联合国主管人权事务的最主要的专门机构之一。联合国另一个重要的人权专门机构是1993年成立的联合国人权高级专员办公室（下文简称人权高专）。人权高专是根据1993年联大第48/141号决议而设立的，是联合国系统内负责人权事务的最高行政长官，副秘书长级。人权高专主要负责协调联合国在人权领域的活动。此外，联合国的人权特别机制如人权特别报告员、特别工作组等也是这一机制的重要组成部分，也发挥了重要作用。

近年来联合国在人权领域所做的很多工作都非常引人注目，主要包括：第一，通过不断完善"保护的责任"（R2P）来尝试建立新的国际人权保护规范；第二，通过建立联合国发展集团人权主流化机制[1]来提升人权的重要性，以最终实现对于安全、发展和人权三大支柱给予同等重视和关注的目标。

值得指出的是，无论对于上面提到的联合国建立的国际人权保护机制，还是联合国人权保护工作的进展，《世界人权宣言》都是其重要的思想基础、理论依

1 OHCHR, Mainstreaming human rights, 联合国人权事务高级专员办事处网站，http://www.ohchr.org/EN/NewYork/Pages/MainstreamingHR.aspx, 2018年1月17日登录。

据和行动指南。

其次，《世界人权宣言》对于区域性国际组织的影响也是显而易见的，是这些区域性组织的指导性文件。如前所述，作为欧洲、美洲和非洲的区域性组织——欧洲理事会、美洲国家组织、非洲统一组织分别通过的《欧洲人权公约》《美洲人权公约》和《非洲人权和民族权宪章》均受到了《世界人权宣言》的直接影响，而且这些区域性组织的人权保护实践也把《世界人权宣言》作为重要依据。不仅如此，《世界人权宣言》对于其他区域件组织也产生了深刻影响，例如作为次区域性组织的东南亚国家联盟（简称“东盟”）也把《世界人权宣言》作为指导性文件。2012年通过的《东盟人权宣言》就重申了东盟对《世界人权宣言》《联合国宪章》等基础人权文件的承诺和对《世界人权宣言》关于公民与政治、经济、社会与文化权利的有关条款的继承。[1]

2.《世界人权宣言》与主权国家

《世界人权宣言》对于主权国家的影响主要表现在如下几个方面：

其一，它对于当时投赞成票的48个国家在道义上是有约束力的。不仅如此，所有联合国会员国都被认为从一开始就已接受《世界人权宣言》的原则。根据《联合国宪章》，成员国都保证维护其人民的人权和基本自由，而《世界人权宣言》是有关这些权利和自由的权威性声明。

其二，它对于依据《世界人权宣言》而缔结的国际人权条约的签署国是具有法律约束力的。绝大多数国家是这些国际人权条约的缔约国，因而《世界人权宣言》通过这些条约对这些国家进行法律约束。

其三，它直接成为了一些主权国家宪法的重要内容。

《世界人权宣言》是众多国家战后制订宪法时普遍遵循的原则和精神。对于如今绝大多数保障权利的文件而言，它是文本上的渊源和最初的灵感。它那三十条简洁的条款启发或影响了包括德国和意大利新宪法在内的几十部战后与后殖民时期的宪法。绝大多数战后宪法包含的权利均与《世界人权宣言》基本相同，很多国家还建立了有效的司法审查制度。总的来说，正如首届人权委员会代表所希望的那样，《世界人权宣言》的原则已流入全世界各国法律制度的毛细血管之中……[2]

几十年前，荷兰学者亨利·范·马尔赛文曾专门对《世界人权宣言》在各国宪法中的影响做了统计，在他研究的140余部宪法中，有22部明确地涉及了《宣言》，他还引用联合国前秘书长吴丹于1968年在德黑兰国际人权大会上的讲话：“在新近制定的宪法中，不少于43部宪法明显地受到了《世界人权宣言》的鼓舞，

---

1 ASEAN Human Rights Declaration, 东盟网站，http://www.asean.org/wp-content/uploads/images/2013/resources/publication/2013_ASEAN%20Human%20Rights%20Declaration.pdf，2018年1月18日登录。

2［美］玛丽·安·葛兰顿：《美丽新世界：〈世界人权宣言〉诞生记》，第9、173、220页。

并经常引用该宣言的语句。”[1] 据不完全统计，《世界人权宣言》已经成为九十多个国家宪法中权利条款的原型或渊源。[2] 1993年，为了响应联合国提出的后冷战时期更加重视人权的呼吁，171个国家的代表在维也纳人权会议上达成共识，确认将遵循《联合国宪章》与《世界人权宣言》的宗旨和原则。

3.《世界人权宣言》与国际人权非政府组织

20世纪六七十年代见证了许多重要国际人权组织的崛起，这些国际人权组织的项目明确以《世界人权宣言》的部分内容为依据。在这些人权组织中，规模最大的是创立于1961年的大赦国际（Amnesty International）。[3] 该组织旨在帮助因为信仰或种族而遭到监禁的那些不提倡、不使用暴力的所谓“良心犯”。1977年，大赦国际因其帮助囚犯免于遭受酷刑和不公正审理而获得诺贝尔和平奖。

下面以“大赦国际”和“人权观察”（Human Rights Watch）为例来说明《世界人权宣言》对国际人权组织的影响。在大赦国际的组织手册中明确指出：《世界人权宣言》是世界上最广为人们接受的人权声明。该宣言的核心思想就是人类的内在价值。起草《世界人权宣言》的目的是使普通人得到基本的保护，免受国家滥用权力的侵害。该宣言是支持大赦国际工作的最重要的工具。组织的所有成员应该熟知该宣言所作的诺言。该宣言的原则在其后衍生出来的两项条约即《经济、社会及文化权利公约》和《公民和政治权利公约》中得到了更明确的阐述。其中《公民和政治权利公约》是大赦国际进行工作的基本法律基础。大赦国际虽然支持对所有人权的争取，但是它只会积极维护特定的权利。大赦国际相信所有人权均同等重要，它认同《世界人权宣言》中全部三十项条文。然而，该组织的正式活动欲集中保护某些公民和政治权利。《世界人权宣言》的部分条文，是支持大赦国际组织工作的原动力。这些条文宣扬生命、自由、人身安全、法律面前人人平等、公平审讯及被定罪前只能视作无罪的权利，以及行动、言论、良心、宗教及集会的自由，另外还有免受酷刑、强行逮捕或拘禁、放逐的权利。[4]

“人权观察”是另一个重要的国际人权组织，其前身是为监督和遵守1975年7月《赫尔辛基协定》的人权条款而设立的“赫尔辛基观察”组织。《赫尔辛基协定》的签署国包括了阿尔巴尼亚以外的所有欧洲国家、加拿大以及美国共33个国家。各国最终在其他事项之外承诺“根据《联合国宪章》的宗旨和原则以及《世界人权宣言》采取行动”，并且承认了任何人都拥有“知晓并且行使其权利”的权利。[5] 人权观察宣称根据《世界人权宣言》等广为接受的人权标准，撰写国际

1［荷兰］亨利·范·马尔赛文、格尔·范·德·唐：《成文宪法的比较研究》，陈云生译，北京：华夏出版社，1987年版，第247页。

2［美］玛丽·安·葛兰顿：《美丽新世界：〈世界人权宣言〉诞生记》，第229页。

3“大赦国际”又名“国际特赦组织”。

4《国际特赦组织手册》（中文版），第10—12页。

5［美］玛丽·安·葛兰顿：《美丽新世界：〈世界人权宣言〉诞生记》，第220页。

社会侵犯人权状况的研究报告。人权观察的报告关注的主要问题包括军火武器、种族歧视、性别歧视、刑讯逼供、童兵、商业与人权、健康与人权、难民、言论与结社自由、宗教自由、政治腐败、司法公正以及国际公正等。1997年，人权观察作为国际反地雷运动的发起成员获得诺贝尔和平奖。2008年，人权观察因为在《国际禁用集束炸弹公约》中扮演领导角色获得联合国人权奖。

综上所述，《世界人权宣言》是具有里程碑意义的国际文件。它弥补了《联合国宪章》的不足，对《联合国宪章》的人权条款提供了权威的解释，为所有国家和所有人民提出了努力实现的共同标准，为联合国各成员国和全世界人民提供了行为道德规范，还成为国际人权立法和很多国家宪法的重要依据和国际习惯法的重要组成部分。全球人权治理的基本要素由全球治理的五个要素即全球治理的价值、规制、主体、对象、效果在国际人权领域的相应内容所构成，具有特定的含义。通过分析《世界人权宣言》对这些基本要素的影响可以看出《宣言》对于全球人权治理的基本要素产生了根本性的影响，是全球人权治理的重要基石。

通过分析可以看出《世界人权宣言》对于全球人权治理的基本要素产生了根本性的影响，是全球人权治理的重要基石。

第一次世界大战起源再探

林利民　刘　丹

内容提要：第一次世界大战结束已经100年，然而，对于这场人类历史上第一场全球性战争究竟为何爆发，其根源是什么，迄今依然争论不休，没有“普世性”的结论。“必然说”有之，“误判说”有之，“垄断资本”挑起战争说有之，列强要求“重新瓜分世界”论者有之，德国挑战英国“守成大国”地位的“修昔底德陷阱说”有之，威廉二世的个性挑起战争说有之，军备竞赛引发战争说有之，“该死的同盟体系”引发战争说亦有之。在第一次世界大战起源问题上的见仁见智，再次证明研究战争起源是一个主观性很强的议题。对于同一场战争的起源，不同的国家、不同的民族、不同的意识形态，甚至不同时代的人，都会有完全不同的认识与结论。本文拟在综合前人各种观点的基础上，就第一次世界大战的起源问题略述一管之见。

关键词：第一次世界大战　根源　修昔底德陷阱　中美关系

今年是第一次世界大战结束100周年，研究第一次世界大战起源问题在国内外学界再次升温。21世纪前一次相关研究升温则是2014年第一次世界大战爆发100周年纪念前后。尽管如此，目前对第一次世界大战起源的研究仍然是不温不火。其中原因，主要与历史研究、战争史研究在社会科学研究各领域中已然“冷门化”，而研究时政现状对学者们更有各种各样的吸引力有关。2014年那次升温，主要是战略界要求回答中美关系是否如同100年前的英德关系那样走向冲突？中

林利民　国际关系学院教授、博士生导师，武汉大学边疆及海洋研究院特聘教授，第二次世界大战研究会副会长；刘丹　清华大学继续教育学院讲师。

本文得到国际关系学院中央高校基本科研业务费专项资金资助，项目编号3262016T01。

美之间是否面临所谓“修昔底德陷阱”？中美是否“必有一战”？正是这一战略界需求驱动学者们在2014年前后重温故纸堆，试图从第一次世界大战起源再探过程中寻求现实答案。这一轮第一次世界大战起源研究的升温大体也不得不落入这一窠臼。本文拟从这样的总体思路，就有关第一次世界大战起源及相关研究等问题，发表一管之见。

一、第一次世界大战起源研究中的“主观性魔咒”

历史研究最忌主观性，但任何历史学家、即使自认为最客观、最中立、最不持民族主义、国家主义立场的历史学家，也走不出“主观性”的窠臼，第一次世界大战起源研究不仅如此，而且尤其如此。尽管各国历史学家、所有的研究者，都会信誓旦旦地宣称自己的研究力求客观、准确，但实际情况是，在研究过程和研究结果中掺杂主观性却是普遍现象，这种“主观性”现象从不同的民族与国家、不同的意识形态以及不同时代的学者有关第一次世界大战起源五花八门，甚至是相互对立的结论中可见一斑。

对第一次世界大战起源的研究存在着“主观性魔咒”。

按意识形态分类，有关第一次世界大战起源的研究大体可分为两大类，一类是包括美英法德等国学者在内的西方学者，另一类是以中国和苏联为代表的非西方国家学者。一般说来，前者多推崇实证研究、就事论事；后者则注重政治经济分析、矛盾分析、力求在综合分析的基础上得出系统性、政治性强且抽象性强的本质性结论。

在西方学者有关第一次世界大战起源的研究中，最有代表性的是美国历史学家斯塔夫里阿诺斯（L. S. Stavrianos）在其历史学巨著《全球通史》中提出的观点。他认为：第一次世界大战之所以爆发，其根源有五，包括经济上的竞争、殖民地争夺、“相互冲突的联盟体系”“不可调和的民族主义情绪”以及“不可逆转的军事时间表”。[1] 在西方学者中，斯塔夫里阿诺斯有关第一次世界大战起源的分析是比较系统化的。多数西方学者在分析第一次世界大战起源时，宁愿就事论事，因而提出了多种多样的具体原因、具体看法。基辛格的《大外交》一书试图对第一次世界大战的起源进行西方学者少见的系统分析，但也不过是把西方学者各种孤立、具体的就事论事分析进行了一次综合梳理。在《大外交》一书中，基辛格把第一次世界大战爆发的原因归结为：“均势”被破坏，并被“扭转为武器竞赛，却未能意识到现代科技与大规模征兵，已使爆发全面性战争成为国家安

1［美］斯塔夫里阿诺斯著：《全球通史》（下），董书慧、王昶、徐正源译，北京：北京大学出版社，2000年版，第639—645页。

全以及整个欧洲文明最大的威胁”；[1] 以及各国追求绝对安全，威廉二世“输人不输阵”、鲁莽傲慢的个性以及其所追求的“全球政策”，复杂、混乱和“致命”的同盟体系，包括结盟过程与后果，牵一发而动全欧的军事“动员制度”、各国的“强势民族主义运动”、普鲁士的“少壮派贵族”、英国临战前的犹豫不决和暧昧，等等。总之，其对第一次世界大战原因的分析是一些“碎片化”的结论，也止步于现象层面。[2]

中国和苏联的学者，总体上是以马克思主义的辩证唯物主义和历史唯物主义为指导，力求从经济、政治分析入手，对第一次世界大战的起源进行综合分析、抽象分析和理论解释，以求透过种种现象，得出综合性、本质性的结论而非就事论事。在这方面，列宁的《帝国主义是资本主义的最高阶段》一书尤其被视为经典中的经典。苏联历史学家罗斯图诺夫主编的《第一次世界大战史》分析说，第一次世界大战是帝国主义时代的战争，是帝国主义的侵略与战争政策，尤其是垄断资本“特殊的侵略性”导致了第一次世界大战。该书具体分析说，一方面是垄断资本要求扩张商品市场、投资场所和殖民地，另一方面是帝国主义各国经济、政治发展不平衡和殖民地已经瓜分完毕，后起的帝国主义国家要求按新的实力对比“重新瓜分世界”，进而导致帝国主义国家之间的矛盾不断扩大和尖锐化，并导致军备竞赛、缔结同盟体系、地区争夺、进行军国主义鼓噪与宣传、国际形势日紧等，最终只能诉诸世界大战。[3] 中国学者的观点与苏联学者的观点大同小异，尤其强调帝国主义时代列强“都想争夺霸权”以及列强之间经济政治力量发展不平衡及其影响、后起的德国尤其“强烈要求按照新的实力对比重新瓜分世界”，进而导致两大军事集团的形成、军备竞赛和欧洲形势紧张等，最终导致第一次世界大战的爆发。[4]

这两大类相异的有关第一次世界大战起源的观点，无论是美、英、法、德等西方国家学者的“碎片化”解释还是中苏等国学者在唯物史观指导下做出的综合性、抽象性分析，都各有立论基础，有支撑其观点的材料和依据，都不是信口开河，这本身就说明对第一次世界起源研究明显受研究者的意识形态、国家和民族隶属等因素影响，因而必然存在主观性。即使中苏两国学者，虽然都以唯物史观为分析基础，但中国学者特别强调列强“争霸”因素及后起的德国要求重新瓜分殖民地如何是导致第一次世界大战爆发的主要根源。[5] 这其中的重要背景原因，主要是该书出版之际，中国在国际舞台上高举“反霸”大旗，尤其是反对苏联霸

1 ［美］基辛格著:《大外交》，顾淑馨、林添贵译，海口：海南出版社，1998年版，第162页。

2 ［美］基辛格著:《大外交》，顾淑馨、林添贵译，海口：海南出版社，1998年版，第163—208页。

3 ［苏］罗斯图诺夫主编:《第一次世界大战史》（下），钟石译，上海：上海译文出版社，1982年版，第32—41页。

4 李纯武、严志梁等编著:《简明世界通史》（下册），北京：人民教育出版社，第292—293页。

5 李纯武、严志梁等编著:《简明世界通史》（下册），北京：人民教育出版社，第293页。

权，中国当时视苏联为“后起的”霸权国家，因而欲构建国际反霸统一战线。由此可见，研究第一次世界大战起源问题确实存在一个“主观性魔咒”。

进入21世纪以来，尤其是在第一次世界大战爆发100周年纪念的2014年前后，美英等西方学者有关第一次世界大战起源的研究，较之以往更重视研究英德矛盾、德国向英国挑战如何导致第一次世界大战的爆发，如何成为导致一战爆发的主要根源。其立意是为了论证中国崛起如何挑战美国的“守成大国”地位，中美如何“必有一战”，中美矛盾有可能导致第一次世界大战“重演”，并推出了所谓“修昔底德陷阱说”。还有一些欧美学者为了推出自己的某种新理论，也对第一次世界大战的起源进行了“与时俱进”的修正性研究。如美国学者斯蒂芬·范·埃弗拉（S. F. Evra）为证明其有关战争原因研究的“进攻—防御说”的合理性，不惜进行“割裂式”研究，把第一次世界大战爆发的原因说成是“在第一次世界大战之前的数十年间，一种‘崇尚进攻’风潮席卷整个欧洲”。[1] 凡此种种，说明时代虽然进入了21世纪，但有关第一次世界大战起源问题研究的“主观性魔咒”不仅未消失，反而卷土重来，有变本加厉之势。

二、第一次世界大战起源问题上的“必然说”与“偶然说”

第一次世界大战的发生是必然的还是偶然的，是否一定不可避免？这是理论界有关第一次世界大战起源研究方面存在争议的另一个议题。一般说来，中国与苏联等社会主义国家的历史学家通常都坚持第一次世界大战的爆发具有必然性，是不可避免的，而美欧等西方学者虽然也有人认同“必然说”，但其主流观点并不认同“必然说”，而是趋向于“非必然说”，力求寻找一些具体的偶发性原因。

中苏等社会主义国家历史学界有关第一次世界大战爆发具有必然性的立论，其理论渊源是列宁的战争与革命学说。在《战争与革命》一文中，列宁提出了帝国主义战争引发无产阶级社会主义革命，而无产阶级社会主义革命最终将埋葬战争、埋葬帝国主义的战略逻辑。他从时代特征和阶级分析的观点分析说：“在战争问题上，人们常常忘记和注意不够的，以及引起很多可以说是空洞无物的争论的，主要是这样一个基本问题，即这个战争具有什么样的阶级性，它是由什么引起的，它是由哪些阶级进行的，它是由什么样的历史条件和经济条件造成的”，并提出不理解时代，就不能理解“当前的战争”的观点。[2] 在《帝国主义是资本主义的最高阶段》一书中，列宁概括了帝国主义的五个基本特征，包括：垄断组织和金融资本的统治已经确立、资本输出具有特别重大的意义、瓜分世界的资本

1［美］斯蒂芬·范·埃弗拉著：《战争的原因：权力与冲突的根源》，何曜译，上海：上海世纪出版集团，2014年版，第233页。

2 列宁：《战争与革命》，载《列宁选集》，人民出版社，1972年版，第3卷，第70页。

家国际垄断同盟已经形成、资本主义大国已把世界领土瓜分完毕等，[1] 并认为帝国主义这五个基本特征是帝国主义好战以及导致世界大战的总根源。

中苏等社会主义国家有关第一次世界大战爆发的"必然性"立论，还从恩格斯的学说中找到了理论渊源。早在1887年，无产阶级革命导师恩格斯就提出，"对于普鲁士来说，现在除了世界战争以外已经不可能有任何别的战争了"，并提出这种战争将"会是一场具有空前规模和空前剧烈的世界战争。那时会有800万到1000万的士兵彼此残杀，同时把整个欧洲都吃得干干净净，比任何时候的蝗虫群还要吃得厉害"。[2] 恩格斯还明确提出了这种"世界战争"的不可避免性以及其将"为无产阶级革命的胜利创造条件"。[3]

正是根据马克思主义这些经典作家的这些论断，中国与苏联等社会主义国家的历史学界坚持第一次世界大战爆发的"必然说"，坚持认为在帝国主义时代，垄断资本不可避免会不停地谋求扩大商品市场、投资场所和殖民地，而在帝国主义时代，资本主义各国经济、政治发展不平衡是"绝对规律"，在世界殖民地已经瓜分完毕的条件下，后起的帝国主义国家必然要求按新的实力对比、并以战争手段"重新瓜分世界"，世界大战的爆发因而是不可避免的。[4]

与中苏等社会主义国家的一战起源观中的"必然说"不同，美、英、德、法等欧美学者有关第一次世界大战起源的主流观点是不认同"必然说"，更倾向于"偶然说"，他们因而并不认为第一次世界大战的爆发是不可避免的。比如，不少美欧学者都把第一次世界大战爆发的原因归结为"该死的同盟体系"，而当时欧洲德、法、俄、奥、英、意等主要国家在建立同盟体系时与谁结盟、如何结盟有较大的随意性，并无一定之规，比如德国既与奥、意缔结过同盟，也与俄罗斯缔结过同盟，还谋求与英国结盟。直到20世纪初，欧洲两大同盟体系才有了基本轮廓，而英国与法俄协约的军事同盟关系仍不明确，这种结盟关系一定程度的随意性恰恰说明战争的爆发不是必然的。又比如，欧美学者普遍把第一次世界大战爆发的根源之一归之于德皇威廉二世"输人不输阵"的张扬个性、病态心理、喜欢"恶作剧"以及其与名相俾斯麦不和、过早解除俾斯麦的职务等，[5] 这些情势的出现，显然是政策性的、不是结构性的，有较大的调整空间，因而具有偶然性、而不具有必然性，这样分析战争原因显然是在否定战争爆发的必然性。再比

---

1 列宁：《帝国主义是资本主义的最高阶段》，载《列宁选集》，人民出版社，2012年版修订版，第2卷，第651页。

2 ［苏］罗斯图诺夫主编：《第一次世界大战史》（下），钟石译，上海：上海译文出版社，1982年版，第87页。

3 同上，第88页。

4 同上，第32—41页。

5 ［英］李德·哈特著：《第一次世界大战战史》，林光余译，上海：上海人民出版社，2010年版，第8—9页。

如，英国军事历史学家利德尔·哈特在其名著《第一次世界大战战史》中明确把第一次世界大战所由爆发的根源归结为三点："恐惧、饥饿与傲慢"，这尤其否定了战争爆发的必然性说。[1]

在第一次世界大战爆发是必然还是偶然问题上，基辛格在本质上更倾向于后者。他在《大外交》一书中宣称"战后已很难追究到底是什么原因引发了这场大难"，这种对战争原因分析的虚无主义立场本身就是基辛格持非"必然说"立场的证明。[2] 基辛格认为，导致第一次世界大战爆发的具体原因都是可以因人、因事、因时、因势而调整的，都不是必然的、不可逆的。[3] 基辛格甚至以调侃的语调评论战争爆发的具体原因，如宣称"第一次世界大战的导火线发生于与欧洲均势无关的地点，而交战的原因纯属意外"。他甚至绘声绘色地描述说，因为斐迪南大公的司机"转错一个弯，在倒车转向后正好停在那名刺客面前"，为刺客提供了新机会，从而点燃了引发大战的"星星之火"。[4] 这些均能证明基辛格这样一位蜚声全球的西方战略大师，也站在"偶然说"一边。

总之，第一次世界大战的爆发究竟是必然的还是偶然的？对于这一有关一战起源的根本性问题，国际上迄今并无统一认识，还有很大的讨论空间。这要求我们站在21世纪高度上、站在"人类命运共同体"的高度上、超越意识形态、超越狭隘的民族主义和国家主义立场，对这一问题进行更全面、更深入、更系统的研究。

三、英德矛盾与第一次世界大战的起源

英德矛盾是第一次世界大战前欧洲的主要矛盾，英德争夺是导致第一次世界大战爆发的主要根源，这是中国与苏联等非西方国家历史学界大体已经"盖棺定论"的主要观点，也是非西方国家历史学界坚持第一次世界大战爆发"必然说"的主要依据之一。美欧等西方学者直到20世纪以前都不太重视矛盾分析法、也不强调英德矛盾是一战前欧洲的主要矛盾，不强调英德争夺是导致第一次世界大战爆发的主要根源（英德海军军备竞赛除外）。不过，进入21世纪以来，尤其是近年来，随着中国成为世界经济体中的"老二"，综合实力与美国的差距缩小，美欧等国学者，尤其是美国学者开始认同英德矛盾是一战前欧洲主要矛盾，英德争夺是导致第一次世界大战爆发的主要根源。不过他们认同这一说法具有"投机"色彩，主要是想论证中美之间存在一个所谓的"修昔底德陷阱"以及中美"必

1［英］李德·哈特著:《第一次世界大战战史》，林光余译，上海：上海人民出版社，2010年版，第3页。

2［美］基辛格著:《大外交》，顾淑馨、林添贵译，海口：海南出版社，1998年版，第208页。

3 同上，第163—208页。

4 同上，第201页。

有一战”、中美争端有可能导致第三次世界大战。

英德争夺并非导致第一次世界大战爆发的主要原因。

实际上，所谓英德矛盾是第一次世界大战前欧洲主要矛盾以及英德争夺是导致第一次世界大战爆发的主要原因等观点，更多地是基于历史分析而非历史事实，主观性成分较多，因为历史分析得出的结论常常会与历史事实不一致。

考察战前数十年欧洲外交史，德法矛盾一直是欧洲大国间最主要的矛盾。自普法战争后，法国就一直以德国为主要假想敌，一心要报普法战争败绩之仇，一心要收回普法战争后割让给德国的阿尔萨斯—洛林地区，这不仅牵动着法德关系，也牵动着欧洲大国关系。俾斯麦曾极力想与法国和解，始终得不到法国回应。结果是，法德之间几度面临新的战争危机。[1] 对俾斯麦而言，法国的复仇决心使得欧洲任何一个大国一旦与德国为敌，就可指望得到法国的支持，德国就可能陷入孤立。这一场景，就成了俾斯麦的“梦魇”。为了摆脱这一困境，俾斯麦先是推动建立德、俄、奥“三皇同盟”，而后又推动建立德、奥、意“三国同盟”。[2]

欧洲另一组主要矛盾是俄奥矛盾。正是由于俄奥矛盾尖锐化，尤其是俄奥在巴尔干激烈争夺，导致“三皇同盟”解体，俄国倒向了法国。在此期间，英国相对超脱，一方面在德、法、俄、奥、意各国的分组离合过程中当“看客”，另一方面此间其与法俄的矛盾甚于其与德国的矛盾，俄国甚至担心英德结盟。[3] 进入20世纪，英国虽然参加了法俄协约，但对俄法并无明确军事承诺。英国此时加入协约国，与其说是准备联手法俄对德作战，还不如说是为了给法俄打气，平衡气势如虹的德国，以维持欧洲“均势”。有史学家评论说：“三国协约其实是两个走了样的殖民地协议，英国其实是为了保护其帝国，而不是为包围德国。”[4] 1912年英、法、俄虽然展开了军事谈判，但英国坚持谈判结果“不具法律约束力”，坚持谈判的内涵不具有“正式的限制”，还坚持英国舰队防卫法国的大西洋海岸“是一项道德义务”。[5] 直到1914年6月11日，即斐迪南大公遇刺前两周，英国外交大臣格雷在下院还作证说：“英国没有法定义务要加入法、俄一边作战：若欧洲列强间发生战事，没有任何公开的协定，可限制或妨碍正义或国会决定英国是否参战的自由。”[6] 正因为如此，英国外交大臣格雷才可以在开战前夕的1914年7月9日明确告诉德国驻英大使：“英国同俄法两国没有任何同盟关系，不受任何义

1 王绳祖主编：《国际关系史》，第三卷，北京：世界知识出版社，1995年版，第12—15页。

2［美］基辛格著：《大外交》，顾淑馨、林添贵译，海口：海南出版社，1998年版，第151页。

3［英］李德·哈特著：《第一次世界大战战史》，林光余译，上海：上海人民出版社，2010年版，第5页。

4［美］基辛格著：《大外交》，顾淑馨、林添贵译，海口：海南出版社，1998年版，第184页。

5 同上，第189页。

6 同上，第204页。

务约束。”[1] 而在事实上，英国宣布参战的理由是“保护比利时中立”而非对俄法承诺有义务。[2]

英德之间在殖民地问题、海军军备竞赛问题上确实有矛盾，但这些矛盾并不比德法矛盾、俄奥矛盾更尖锐以及更能牵动欧洲格局。德国海军军备扩张在战前虽然很快，并引起了英国的关注，但直到开战前，英国海军的“双强标准”并未受到动摇，即是说，德国海军实力仍不及英国海军实力的一半，仍是一支“守势”海军，这可以用开战两年后德国海军主力才勉强出海与英国展开日德兰海战且未占上风佐证。德国的主要军事计划——史利芬计划——明确以打败俄法为目标，而德国当时并无类似的对英作战计划。事实上，当欧战开始，奥、塞、俄、法相继宣战后，德国仍判断并寄希望于英国中立，即是说，准备投入对法俄作战的德国，并未准备与英国开战。正因为如此，当德皇威廉二世得知英国将参战后，气得大骂英国外交大臣格雷“是一只可恶透顶的狗崽子”。[3]

人们之所以认定英德矛盾是欧洲主要矛盾、英德争夺是导致第一次世界大战爆发的主要原因，是基于英德是欧洲实力最强的国家，二者综合实力皆远远超过俄、法、奥、意。其中英国实力在协约国居于首要地位，而德国则在同盟国中居于首要地位，他们分别是两大同盟的主要支撑。战争爆发后，他们也分别是两大同盟的作战主力。然而，实力最强不见得就直接等同于矛盾最尖锐、最能直接牵动局势，更不能直接等同于战争爆发的主要根源。塞尔维亚与奥匈在两大同盟体系中实力最弱，但恰恰是奥塞矛盾牵动局势，成为第一次世界大战爆发的导火索。如果英国在塞、俄、法、德等相继宣战后，采取不宣战、不参战的中立立场，则德英矛盾就与第一次世界大战的爆发更没有任何直接关联了。

现在看来，断定英德矛盾是一战前欧洲主要矛盾和战争爆发的主要根源，是用历史分析替代历史事实，而且是用一种不正确的、推论式的、主观性极强的历史分析替代历史事实，是用果推因、用后来发生的事实去推论事前的局势，也是为了证明德国要对第一次世界大战爆发承担主要罪责。这说明，有关第一次世界大战的根源以及英德关系对第一次世界大战爆发有何影响等问题，还需要学者们摆脱主观性“魔咒”以及超越意识形态、超越民族主义、国家主义等狭隘视角，依据史实，重新深入研究。

余　论

中美之间是否存在一个所谓“修昔底德陷阱”？是否“必有一战”？中美矛

---

1 王绳祖主编:《国际关系史》，第三卷，北京：世界知识出版社，1995年版，第402页。

2［英］李德·哈特著:《第一次世界大战战史》，林光余译，上海：上海人民出版社，2010年版，第27页。

3 王绳祖主编:《国际关系史》，第三卷，北京：世界知识出版社，1995年版，第403页。

盾是否会引发第三次世界大战？这不是第一次世界大战的历史遗训所能直接回答的战略性问题。2014年一战爆发百年纪念以来美欧学者及战略界重温故纸堆，通过重新研究第一次世界大战爆发原因而得出中美之间存在一个所谓的“修昔底德陷阱”、中美“必有一战”、中美矛盾将引发第三次世界大战、第一次世界大战由此而将重演等观点，不仅非常牵强附会，也是“主观性魔咒”常常牵引一些学者按自己的主观意愿研究历史、扭曲历史的一种“实证”。首先，所谓“修昔底德陷阱”本身就是一个浸透了“主观性”的伪命题。事实上，被西方学界、战略界奉为“圣书”的《伯罗奔尼撒战争史》并不是一部严格的战争史著作，而是描述古代希腊城邦之间的混战，这些城邦大者不过数万人、小者不过数千人甚至数百人，他们之间的战争比古代部落械斗高明不了多少。从这样一本书中抽出作者一两个警句，当作放之四海而皆准的“绝对真理”，生搬硬套地用以解释当今的中美关系，从而推断出中美之间也存在一个这样的所谓的“修昔底德陷阱”，这是有问题的，明显缺乏足够的证据和“普世性”。其次，受“主观性魔咒”制约，即使在第一次世界大战结束100年后的今天，人们仍未能就第一次世界大战的根源得出一个为大多数人普遍接受的“普世性”结论，甚至对于第一次世界大战爆发是必然的还是偶然的这个问题都无法达成统一看法。同样，人们对于英德矛盾是否就是第一次世界大战爆发的总根源这一问题也存在争议。至于断定英德矛盾是“一个拥护现状的强国与一个要求改变均势的强国之间的角力”，[1] 因而是导致一战爆发的主要矛盾等认知，以及以此为研究框架，断言中美之间也存在一个所谓的“修昔底德陷阱”、中美“必有一战”并将引发第三次世界大战等观点，明显有推论性质，不足为凭。实际上，当今中美关系并非100年前的英德关系，用以描述100年前英德关系的“修昔底德陷阱”说尤其不能适用。同样，不能因存在英德矛盾引发第一次世界大战的主观推论，就如法炮制，也断言中美关系会落入“修昔底德陷阱”，引发另一场世界大战。这其中的原因，除有关英德矛盾引发第一次世界大战及“修昔底德陷阱”说不准确、不真实外，更因为人类已经进入了核时代、新一轮全球化时代，中美同为联合国安理会常任理事国，两国之间既在一定程度上形成了“核恐怖平衡”，更肩负造福人类、引领世界前进的大国责任。两国需要在全球治理的一系列领域中深化合作，共同维护国际和平治与安全。

依“修昔底德陷阱”断言中美必有一战的观点站不住脚。

1［美］基辛格著：《大外交》，顾淑馨、林添贵译，海口：海南出版社，1998年版，第186页。

推动美国国防战略调整的幕后之手

——《最后的武士：安德鲁·马歇尔与美国现代国防战略的形成》鉴读

张　露

内容提要：《最后的武士：安德鲁·马歇尔与美国现代国防战略的形成》一书，以人物传记+思想史的形式，对前美国国防部净评估办公室主任安德鲁·马歇尔的人生轨迹特别是其战略思想发展历程进行了回顾，比较详细地揭示了马歇尔从兰德公司研究员成长为牵引美国国防战略调整的战略思想大师的成长经历，系统梳理了其提出净评估分析框架、开展净评估研究、倡导对苏联竞争战略的心路历程，并就其在促使苏联解体、倡导新军事革命、提出"空海一体战"概念等方面发挥的作用进行了客观总结。鉴于美国本身的霸权属性，净评估在提供风险预估方面既有其先进性和值得我们学习的内容，但同时也有以意识形态为纲、夸大风险的成分。因此，我们在学习和借鉴净评估方法的过程中要保持批判性和客观性，既合理借鉴、使用这一方法，又要当心戴上有色眼镜、陷入霸权陷阱。

关键词：马歇尔　美国　国防战略　调整　批判　借鉴

《最后的武士：安德鲁·马歇尔与美国现代国防战略的形成》（*THE LAST WARRIOR*：*Andrew Marshall and the Shaping of Modern American Defense Strategy*[1]）一书，是由前美国国防部净评估办公室（Office of Net Assessment）主

张露　军事科学院战争研究院国防和军队发展战略研究室副主任，《战略研究》杂志主编。

1 Andrew F. Krepinevich and Barry D. Watts, *THE LAST WARRIOR: Andrew Marshall and the Shaping of Modern American Defense Strategy*, Basic Books, 2015.

任安德鲁·马歇尔的两位老部下直接操刀撰写的。乍一看，它很像是一部人物传记，似乎是两位老同事要给他们昔日的领导树碑立传，特别是读了前国防部长盖茨（Robert Gates）所作的对马歇尔推崇备至的序言，似乎更印证了这一点。但当读到两位作者的自序时才会发现，这本书的目的并不是要向人们展示马歇尔的丰功伟绩（或者至少主要目的不是），而是要梳理其思想发展史，向人们讲述马歇尔的战略思想、学术智慧，以及对美国现代国防战略调整所施加的影响和做出的贡献。从这个视角出发，我们会发现这本书事实上内含有两条主线：一条是人物成长的主线，记录着马歇尔的人生轨迹；另一条则沿着净评估这一最能代表马歇尔人生价值的战略研究方法的创建历程展开，展现了净评估方法从萌生走向成熟的全过程。全书共9章，总的逻辑结构是依据时间顺序展开，前6章大体上以交替形式对马歇尔的人生与净评估的演进过程进行描述，两条线索在第6章“净评估的成熟”结尾处汇到一起。随着净评估方法走向成熟，马歇尔的人生价值得到了最大程度展现的机会，其对于美国现代国防战略的贡献在最后三章里得到最充分的佐证。如果只是想了解净评估方法的人，大可不必逐一去看每一章，但如果想对这个在国防部净评估办公室工作了40多年，先后辅佐了8位总统和12任国防部长的美国国防战略设计大师有一个全面的了解，特别是对美国竞争战略的形成过程有个近距离观察的机会，建议还是仔细读一下全书，尽量不要落下每一个细节，因为正是一些点滴细节才透露出了美国战略调整背后潜藏的诱因。单纯从文字角度来讲，这本书并不是一部好的传记作品，正如两位作者所言，他们不是擅长讲故事的职业作家，许多地方读起来很平淡，但好在马歇尔的经历实在是太丰富了，许多重要历史时刻他都有幸参与，这些经历本身弥补了辞藻上的不足。而无论是谁来读这本书，有几个要点都是不会忽略也无法忽略的：一是马歇尔是个什么样的人？为什么他会成为影响美国现代国防战略调整的关键人物？二是什么是净评估？它有哪些化腐朽为神奇的本事能让那么多位总统和国防部长趋之若鹜？三是竞争战略究竟是一种什么样的战略？它的战略价值在哪里？四是马歇尔真的预测到了苏联的解体吗？五是新军事革命一开始就得到了各方的认可吗？六是马歇尔是何时将中国视为竞争对手的？

一、马歇尔：一个注定要改变历史的人

马歇尔从小就有着强烈的好奇心和酷爱阅读的好习惯，[1] 这两个基本的品质影响了马歇尔的一生，也奠定了他成功的基础。通过阅读数学、历史、文字、

1 有关于马歇尔从小充满好奇心且酷爱阅读的相关论述可参阅［美］安德鲁·克雷佩尼维奇、巴里·沃兹：《最后的武士：安德鲁·马歇尔与美国现代国防战略的形成》，张露、王迎晖译，北京：世界知识出版社，2018年版，第9页。

军事类作品，马歇尔开阔了视野，形成了自我教育的良好习惯。特别是汤因比（Arnold Toybee）的《历史研究》（*A Study of History*）让他第一次理解了国家怎样获取、使用、保存实力，对人类的优点、弱点和性情的理解逐渐加深，同时开始认识到“大众观点或者传统观点关于‘现实’的认识往往是错误的”，[1] 这让他在后来的岁月里遇到任何“传统观点”时都持一种怀疑态度，这种质疑精神帮助马歇尔在对竞争对手进行战略分析时，往往能拨开困扰着其他人的迷雾。例如，当兰德（RAND）的同事用理性行为体模式推断苏联战略轰炸机的基地可能在其纵深处的西伯利亚西部时，深谙历史传统影响力的马歇尔对此不以为然，而拥有通信情报知情权的优势也印证了他的判断。在马歇尔看来，这种将苏联行为解释为单一理性行为产物的观点，不仅是一种臆想，而且有着潜在危险。[2] 特别是用这种方法对苏联战略决策进行分析，其危险性更大。正是出于对理性行为体模式的批判，在回顾了苏联战略态势的发展历程后，马歇尔得出结论，“似乎更可信的是，苏联战略态势的发展是一个庞大的官僚组织决策的结果，而不是一小部分人依据一种一贯的风格做出的决定”。[3] 正是在这种质疑精神的指引下，马歇尔才会相继对理性行为体模式、系统分析方法进行扬弃，将组织理论等引入对苏联战略决策的研究之中，并逐渐形成了“净评估”分析方法。广博的知识、丰富的经历与强烈的质疑精神，注定了马歇尔最终会脱颖而出。

与此同时，马歇尔出身于兰德公司的经历对于他后来的成功同样重要。虽然他选择兰德的初衷仅仅是因为当时兰德给出的薪水相对较高，有助于他为继续学习深造积累资金，但兰德公司对于新兴技术的前瞻性、战略性思考及其跨学科研究的学术习惯对其影响很大。早在1947年，兰德公司的研究人员就根据德国V2导弹的技术推测出了人造地球卫星即将出现，并预测人造地球卫星将具有侦察、监视、预警等多种军事潜能，而在整整10年后苏联才将人类历史上第一颗人造地球卫星送上太空。兰德公司对于新兴技术的敏感性对于马歇尔有着极大的影响，这也是其率先提出军事技术革命（Military Technical Revolution）的一个重要诱因。另一方面，兰德公司从建立之初就有着良好的学术氛围和浓郁的跨学科研究习惯，这一点对于马歇尔的影响至关重要。一大批优秀的学者被兰德延揽，其中不乏后来的诺贝尔奖获得者和美国军政各界的领军人物，与这样的人一起共事，对于马歇尔的成长获益良多，正如书中所提及的，马歇尔身边的良师益友、合作伙伴大多是各领域的名家，与各路高手过招培养了马歇尔理技融合的学术基

1 有关于马歇尔从小充满好奇心且酷爱阅读的相关论述可参阅［美］安德鲁·克雷佩尼维奇、巴里·沃兹：《最后的武士：安德鲁·马歇尔与美国现代国防战略的形成》，张露、王迎晖译，北京：世界知识出版社，2018年版，第9页。第13页。

2 同上，第58页。

3 A. W. Marshall, “Improvement in Intelligence Estimates Through Study of Organizational Behavior”, RAND D-16858, March 15, 1968, p.1.

础、丰富的学术积淀和厚实的学术人脉，这些恰是他后来主导净评估办公室并带领这支队伍另辟蹊径走向成功的重要基础。同时，兰德的另一个学术习惯对他也有着不可忽视的影响。兰德公司在设计其建筑时专门留下了一个供各部门专家进行茶歇交谈的回廊，不同研究部的专家们可以在这里自由交流，许多难题的解决都是在这样的不同学科的思想碰撞中实现的，而净评估的活力恰恰来自跨学科的研究。最后，马歇尔的务实精神和对于人才的无私帮扶使其成为难题终结者和国防战略界的精神领袖。马歇尔在学术研究上强调务实，他特别对“世界在现实中如何运转而不是抽象的理论”感兴趣，在研究问题时并不推崇复杂的图表或抽象的公式，更不喜欢充满缩略词的花哨术语，因此他才会成为一个长于解决现实难题的高手，往往能抓到事物的本质，这使得他常常被作为“救火队员”处置各种难题，无论是研究美国人精神病发病率、核攻击战略预警可靠性、美国海军发展规划、美苏中欧竞争态势，还是处理尼克松总统的情报需求问题，马歇尔都有出色的表现。而对于人才的无私帮扶使其成了许多人心目中的“导师”，其中不乏美国国防界的大腕儿，这些人围绕在马歇尔身边形成了一个被称为“圣安德鲁预备学校”（St. Andrew’s Prep）的精英圈子，这个小圈子对美国国防战略的形成与发展影响深远。

因此，尽管在进入兰德之初，并没有任何迹象表明他会成为众多战略思想家中的佼佼者，但广博的知识、丰富的经历、厚实的人脉和对于“传统观点”的质疑精神，这些内在的优秀品质决定了他必然要成为一个推动历史进程的人。

二、净评估：能够帮助决策者把准未来脉搏的分析框架

马歇尔事业走向成功的一个重要依托是他所提出的净评估分析框架。尽管对于净评估的需求早在杜鲁门执政末期就已经提出了，但直到1973年，随着净评估职能划归国防部，其效能才充分发挥出来。在此之前，以净评估之名存在的机构并没能起到应有的作用。出现这种差异性变化的一个核心因素恰在马歇尔其人身上。正是因为马歇尔本身的特殊性，才导致他在净评估办公室主任的位置上一干就是40多年，先后辅佐和影响了12任国防部长和8位美国总统，并为美国战略界培养了大批净评估专家，使得净评估深入到了美国战略研究的各个领域。因此，尽管马歇尔本人谦虚地将“净评估之父”的头衔送给了他的伯乐詹姆斯·施莱辛格（James Schlesinger），但在实践中，马歇尔才是领导净评估团队的灵魂人物。

净评估是马歇尔在其于兰德期间创建的长期竞争框架基础上开发出的新的分析框架。与各军种为了争夺预算份额而降低美国优势的做法不同，在1969年写成的这篇《与苏联长期竞争：一个战略分析框架》中，马歇尔主张通过加强美国有比较优势的领域，同时利用苏联已知的弱点和行为倾向，做出让苏联决策者为

难的战略选择，迫其承担巨额成本，以便在竞争中提升美国对苏联的优势。[1] 这些理念后来也成为了净评估的基础。

虽然一直在从事净评估工作，但对于净评估究竟是什么，马歇尔一向讳莫如深。尽管早在1972年8月他就写下了名为《净评估的本质与范畴》（“The Nature and Scope of Net Assessments”）的备忘录，但其中却没有提供一套定量的方法或公式，以便让人可以延用。对于净评估，他更愿意去描述要做什么而不是建议如何去做，他会说“我们对净评估的理解是，它是就美国和其他国家在武器系统、武装力量、政策等方面进行的一种详细比较。”[2] 尽管净评估分析“力求全面”，但马歇尔明确将它与麦克纳马拉的系统分析加以区别。在马歇尔看来，净评估是就美国与外国军事进行比较的一种整体性方法，而不是系统分析那种简化的思考。相对于系统分析典型的“开处方”式特点，净评估更倾向于“做诊断”，“它将突出我们和其他国家做事情方式的有效性与无效性，会突出那些与对手相比我们拥有比较优势的领域。但并不会就力量水平或力量编成的输出值提供建议”。[3] 净评估更多的是一种方法论，而不应当被理解为是某种具体的方法。这样的好处是，可以确保分析框架的开放性与创新性，从而可以针对不同的具体问题进行动态的调整，选择更为适合的方式，并不断吸纳新的分析要素融入其中，使评估结论尽可能与事实相符。净评估是对长期趋势进行评估，就新出现的问题、目前被忽视却可能变得更糟的问题，以及美国可以利用的已有（或可能将形成）的机会和优势，给国防部最高级别的领导人预先提个醒。净评估办公室正是履行了这一宗旨，始终在寻找并确定国防部高层领导所需要关注的挑战和机遇。

净评估更多的是一种方法论，而不应当被理解为是某种具体的方法。

在净评估出现之前，美国的战略研究大体上与我们今天一样，主要还是以定性研究为主，定性与定量的结合并不理想，尽管也有大量分析数据与数理模型存在，但研究的方式主要还是静态的常规分析模式。净评估的出现事实上开启了一种新的战略思维习惯（或者称模式），这主要反映在非对称竞争、繁简分析与动态研究三个方面。首先，净评估倡导的是一种非对称竞争思想。在净评估提出之前，人们对于战略对手间竞争的理解基本上是对等性或对称性全面竞争，类似于将敌我双方的国防力量按同一类别进行列表比较，在竞争方式选择上主要是习惯性的“兵来将挡、你攻我防”的传统逻辑模式，但净评估

净评估的出现事实上开启了一种新的战略思维习惯（或者称模式）。

1［美］安德鲁·克雷佩尼维奇、巴里·沃兹:《最后的武士：安德鲁·马歇尔与美国现代国防战略的形成》，张露、王迎晖译，北京：世界知识出版社，2018年版，第87—88页。

2 同上，第91页。

3 同上，第110页。

模式的出现则开辟了“以攻对攻、攻敌之必救”的竞争思路，这种模式的核心理念是“以己之所长攻敌之必救所短”，这就掌握了竞争的主动权，控制了竞争的节奏，加大了对手面临的压力和成本。苏联在美苏竞争中最终落败的一个重要根源就在于美国改变了竞争思路，这一思路也正是美国先后提出三次“抵消战略”的逻辑起点。其次 ，净评估主张分析过程繁简结合。净评估在研究敌我双方竞争关系时，不是简单地仅对二者进行比较分析，而是要将敌我双方及各自盟友的优势、劣势及其面临的机遇与挑战统统涵盖进来加以整体比较，分析要素“力求全面”，然后在比较过程中将可抵消要素约减掉，从而聚焦于核心竞争力的发掘和研究，这样做不仅能够节约成本，而且有利于发掘出一招制敌的比较优势。最后，净评估强调动态竞争式研究。它强调研究要活起来，特别是将情景分析与模型模拟工具引入其中，使研究的精细化空前加强，这是传统定性研究所做不到的。传统研究主要依托于研究者的逻辑思维，在进行战略竞争分析时，最远边界止于对于竞争风险的判断和静态指标对比，但对于竞争风险转化为实际对抗后的情况无法进行有效展现，这就使得依据这种分析而做出的战略决策具有较大的不确定性，而净评估研究由于加入了情景分析与模型模拟，使得实际对抗的后续情况能够比较全面的预演出来，从而有助于决策者对未来决策的可能影响形成比较直观的感受。

正是净评估上述优点的存在，使得其研究结论相对于传统研究更贴近客观实际。也正是因为这一点，净评估在现代美国国防战略制定过程中越来越有市场，《美国法典》（*United States Code*）对于国防系统开展净评估研究有着明确而完备的规定，足见美国战略决策层对于净评估工作的重视。从实践角度来看，作为一种不同于以往的战略思维模式与方法论，净评估带有普适性，不仅在国防领域中有着巨大的作用空间，而且在商业领域中也有着广阔的应用前景，美国商业领域著名的战略学家理查德·鲁梅尔特（Richard Rumelt）就对其推崇备至。在其名著《好战略，坏战略》（*Good Strategy, Bad Strategy: The Difference and Why It Matters*）一书中详细描述了净评估思想，鲁梅尔特引用马歇尔的话指出“这是一种与反应性思维截然不同的做法”，[1] 并且认为马歇尔“发现了隐藏在形势下的潜在力量，而一旦得到落实，那将会是一个更加有效的竞争之道”。[2] 相对于鲁梅尔特的隐含式表述，台湾学者潘东豫则直接将净评估界定为“全面掌握国家与企业优势”的方法路径。尽管净评估最初主要着眼于分析安全问题，帮助决策者研判战略平衡走势、识别决定未来军事力量平衡的关键因素，但在实践中，这一跨学科的战略评估模式早已成为涵盖内容广泛的战略运筹方式，并已经被北约、日本、澳大利亚、以色列等国家和我国台湾地区军队所使用。因此，无论是从了

1［美］理查德·鲁梅尔特：《好战略，坏战略》，蒋宗强译，北京：中信出版社，2012年版，第24页。
2 同上，第26页。

解对手的角度抑或是从改进战略分析方法考量，了解净评估都势在必行，且裨益良多。

三、竞争战略：压垮苏联的最后一根稻草

竞争战略也被称作“成本强加”战略。在美国前国防部长盖茨看来，这是马歇尔的一个重要的发明。马歇尔认为，真正的竞争战略意味着你采取的行动会给对方施加极大的应对成本。因此，在美苏竞争中，不需要不断想办法去应对苏联的威胁，而应寻找机会削弱他们军事投入的价值。

书中专门用了两个案例来解说这一战略竞争模式与传统模式的差异性及其战略效果。第一个案例发生在20世纪70年代。1976年春天，拉姆斯菲尔德（Donald Rumsfield）第一次出任国防部长期间，面对苏联海军能力迅速上升、美苏海军实力呈现出接近的趋势，他要求项目分析与评估办公室（Office of Program Analysis and Evalution）和马歇尔的净评估办公室共同协助他制订海军未来五年造舰计划方案。两个部门被要求分别就这一问题陈述其方案。项目分析与评估办公室的陈述还是传统的老路子，聚焦于不同造舰方案的成本效益。而净评估办公室的方案则从战略层面思考问题，并没有将重点放在构成舰队的舰艇与飞机的具体数目上，他们提交的《对海军的思考》（“Thinking About the Navy”）建议美国公开宣布要保持一支能主导世界的“蓝水”海军，诱导苏联与美国展开竞争并将其引向美国有明显优势的潜艇静音领域、制导领域及海上补给领域，在这三大领域中美国都具有领先优势，而苏联海军对于其潜艇部队的重要程度又远高于美军，这样就使得苏联方面不得不接招了，而一旦接上招，苏联海军就要投入比美国大得多的资金，这样不仅能打乱苏联海军整体发展节奏，而且可以让美军以较低成本赢得竞争主导权和竞争优势。特别值得一提的是，尽管精确制导作战当时还只处于萌芽状态，还要有10年时间才会成型，但马歇尔已经将其提上了日程，并作为美苏海军竞争的一个重要方向，这一方面反映出了他对于新兴技术战略价值的敏感性，另一方面也反映出此时的他已经有了“星球大战”式思想的萌芽，准备用各种在当时还看不太清楚但却需要大量投入的新兴技术套牢竞争对手、诱导其陷入竞争陷阱。第二个案例发生在哈罗德·布朗（Harold Brown）任国防部长期间。当时净评估办公室关于继续部署B–1轰炸机的战略分析报告与此具有异曲同工之妙。因国土广阔，苏联有着世界上最漫长的边界线。受历史上德军大规模空袭导致苏军损失4000架飞机的惨痛经历影响，苏联总参谋部对于发展防空力量有着着魔似的执迷。从1945年起到60年代初，苏联人在防空上的投入比他们的核力量投入还要多。而美国却没有这样的倾向，面对苏联强大的洲际弹道导弹，美国反而减少了防空投入。马歇尔敏锐地意识到，这是一个对苏联强加成本的机会。因此，1976年，他提交了一份关于部署B–1轰炸机的分析报告。在报告中，

他分析指出，部署本来就用于突防的B–1轰炸机，将使美国能以相对低廉的成本，继续保持对苏联的核威胁，促使苏联继续投资于领土防空，而苏联用于防空的成本要远高于美方部署和维持一支B–1轰炸机编队的支出。同时，报告建议放弃高成本的“防空”业务，使美国避免类似消耗。经过这两步，美国将在防务开支上相对于苏联形成“最大程度的杠杆优势”。上述两个案例充分体现了马歇尔领导下的净评估办公室典型的竞争战略思维。

事实上，马歇尔的竞争思维模式其实与中国历史上著名的“田忌赛马”在本质上具有一致性，即都是通过有效的战略设计，充分发挥自身长处，形成影响全局的局部战略优势，迫使对手以超高成本竞争，从而经过一段时间后最终实现总体上的胜出。在1976年完成的《对苏持续政治——军事竞争中的军事战略》（*Strategy for Competing with the Soviets in the Military Sector of the Continuing Political – Military Competition*）一文中，马歇尔和他的搭档罗奇完整地介绍了这一竞争思维模式。当时净评估办公室的报告收录了如下问题：与苏联相比我们擅长什么？我们正在试图做什么？尽管其他方面存在着抵消行动，我们应如何使用我们的长处赢得优势？[1] 从这些问题中，我们可以看到这种竞争思维的基本逻辑在其战略思考中居于核心地位。通过这些问题，我们能够清楚地感受到净评估办公室在研究与苏联战略竞争时时时刻刻都在坚持着动态式、互动式分析，总是在动态中发掘彼此的优势劣势，并从一个更长期更宏大的战略视野去思考如何赢得优势。这一点在净评估办公室的许多可见的建议主张中都能寻到痕迹，它已经内化到了净评估研究的所有层面，甚至可以说，净评估在本质上与竞争战略具有高度的一致性，净评估本身就是竞争思维的结果、是竞争战略的一个不可或缺的有机组成部分。

四、苏联解体：马歇尔功不可没

虽然对于净评估在苏联最终解体中到底发挥了什么样的作用，目前还没有一个正式的官方证词，甚至有人说马歇尔的净评估团队在里根执政时期因与当时的国防部长温伯格（Caspar Weinberger）关系不睦，而不可能对决策产生重要影响。但早在70年代，净评估办公室就已经开始评估苏联军费开支占其国民生产总值的比例，并在其后的研究中，通过分析得出了与当时权威的中情局不同的结论，最终证实中情局不仅高估了苏联国民生产总值相对于美国国民生产总值的比例，而且极大低估了苏联的防务负担。正是因为有净评估办公室这样独立于情报界的机构，才使得美国高层决策者有机会接触到不同的声音，而不至于只能听信中情

1 ［美］安德鲁·克雷佩尼维奇、巴里·沃兹：《最后的武士：安德鲁·马歇尔与美国现代国防战略的形成》，张露、王迎晖译，北京：世界知识出版社，2018年版，第155页。

局对苏联防务负担所做出的错误估算。同时，净评估办公室的其他研究项目对移居美国的苏联人进行的调查研究，也让美国决策者更清楚地了解到了苏联军队的真实情况，打破了苏联军队铁板一块的虚假印象。而马歇尔参与、于1988年完成的《区别威慑》（*Discriminate Deterrence*）报告，不仅开始认识到新技术的出现将彻底改变战争方式，而且已经得出了苏联变得非常虚弱的结论。

正如盖茨所证实的，马歇尔对苏联防务负担的独立评估促使中央情报局将苏联防务支出在其国民生产总值中的占比提高了一倍，这帮助美国战略决策者重新考虑美国在与苏联长期竞争中的战略态势，特别是这一改变帮助一些居于关键岗位的领导人意识到优势在美国一边，而不是之前中情局评估结论所展示的样子，这或许也给里根政府坚定地推进"星球大战"提供了一个支撑因素。虽然促成苏联解体的因素是多方面的，但苏联末代领导人戈尔巴乔夫（Mikhail Gorbachev）的说法可能是正确的，他抱怨美国的政策特别是"星球大战"计划力图"在经济上拖垮苏联"。[1]

尽管正如本书作者所言，马歇尔没有准确预测到苏联将于何时或以何种方式解体，但马歇尔对苏联防务负担的评估，及对苏联经济正在走向破产的判断，使得他能够为高层提供更准确细致的评估结论，而这一点对于美苏竞争的走向无疑是有价值的。但正如马歇尔一再强调的，他不是决策者，净评估要做的只是做出诊断，而不是要给出药方，同时，鉴于截至目前，还有大量的净评估研究报告没有公开，马歇尔与苏联解体的关系到底有多大，还有待研究，但不可否认的是，他的评估帮助决策者越来越准确地看到了苏联本来的面目。

五、新军事革命：并非一帆风顺

20世纪80年代，净评估办公室在两个方面取得了长足的进步，一个是了解苏联的评估，另一个是基于精确弹药与广域监视和自动化指挥控制的结合，预测军事竞赛发生颠覆性变化的可能性。[2] 事实上，早在20世纪60年代，苏联军事理论家就公开宣称科技进步将随之引发军事革命，经过研究后，马歇尔及其研究小组得出结论认为，苏联人"评估认为即将出现的新技术"将会引发战争的变化，这一点是正确的。为了准确把握这一问题，马歇尔资助对"历史上军事革命过程中军事创新是如何产生的"展开研究。出于与未来战略竞争者争夺比较优势考虑，马歇尔敏锐地感受到了新军事技术革命的重要性，即一旦军事技术革命发展成熟，那些采用新的作战技术的军队将会发现，相对于那些存在于军事技

1 [美]安德鲁·克雷佩尼维奇、巴里·沃兹:《最后的武士：安德鲁·马歇尔与美国现代国防战略的形成》，张露、王迎晖译，北京：世界知识出版社，2018年版，第223页。

2 同上。

术革命10到20年前的军队而言，自身“军事实力将增加一个或几个数量级”。在1992年提交的军事技术革命评估报告中，马歇尔和克雷佩尼维奇（Andrew F. Krepinevich）已经认为，当新技术运用到军事领域时，军队作战概念、体制编制都会同步发生变革，从而从根本上改变军事行动的性质和实施方式，并预测“大部分军事行动实际上都是在多维空间同时进行的”，“空间作为实施和保障军事行动的主要媒介变得越来越重要”，处于领先地位的军队将受益于“正在兴起的太空作战和各种供军事行动使用的新型传感器”，未来主要强国之间的战争将主要决定于敌对双方“侦察—打击”体系间的远距离交锋，战斗和交战的结果将越来越取决于对信息主导权的控制。

尽管在这份最早的军事技术评估报告中已经提出了大型基地和前沿部署海军舰队的优势正在减小，且随着技术发展有可能成为对手优先打击对象，但直到如今，美国空军仍然高度依赖短程战斗机和战斗轰炸机，海军也仍然在重点发展搭载短程攻击机的航空母舰。这些方面充分折射出大型组织机构在引入创新性变革过程中的艰难，人们的思维惯性很难轻易改变。正如军事技术革命评估报告所强调的，军事技术革命最困难和重要的部分并非技术领域，而是如何为新的军事系统开发合适的作战概念，以及如何组织力量最好地应用革命成果，即变革的关键不在技术而在人们的思想观念，对于既有环境的熟悉与依赖使之不愿意轻易接受变化，这也正是到1993年马歇尔开始用“新军事革命”一词的部分原因所在。

为推进新军事革命，马歇尔专门组织了一场以大型组织创新为主题的研讨会，邀请了大批企业界领袖和军方高级领导人参加。但正如事实所表现出来的，地方企业界领袖远比军方高级领导人更能接受新技术革命带来的冲击，并乐于迎头赶上。在军队寻求创新问题上，与会企业代表萨瑟兰（Ivan Sutherland）给出了衡量成功的标准：一是愿意让某一军种的部分组织“死去”或“破产崩溃”；二是以远见卓识保护组织中具有创新的个体免遭机构中“抗体”的压制，“抗体”是他称呼那些从现状中受益并进而阻止改变现状的人。[1] 这两条标准确实很有针对性，但也恰恰映射出了军队对变革的消极。要想从根本上改变整个军队系统的整体发展方向，被证明是一件异常困难的事。在与国防部一、二号人物接触后，马歇尔强烈地感受到，至少在早期，军事技术革命面临的主要挑战是源自于思想观念。虽然在国防部内外不乏新军事革命的话题，但对于新军事革命的理解显然与马歇尔所期待的存在着很大差距。

变革意味着对于旧的事物的扬弃。人本身具有很强的行为惯性，一旦适应一种情况，再想改变需要很大勇气。而对于一个大型组织改革而言，仅有勇气还不够，还要有富有远见、擅长协调运作的领导，且有时各项硬件因素都具备了，没

---

1 [美]安德鲁·克雷佩尼维奇、巴里·沃兹：《最后的武士：安德鲁·马歇尔与美国现代国防战略的形成》，张露、王迎晖译，北京：世界知识出版社，2018年版，第247页。

有合适的机会也不行。正如学者威廉姆森·莫里（Williamson Murry）和艾伦·米利特（Allan Millett）在其研究军事创新的作品《两战之间的军事创新》（*Military Innovation in the Interwar Period*）中所总结的：和平时期的军事创新显然是一个高度偶然的事件，其中，具有远见并能在官僚系统内娴熟运作的领导，以及纯粹的好运气都能且常常扮演决定性角色。[1] 虽然军事技术革命或新军事革命的概念已经满天飞，但真正做出根本性改变却是另一回事。

六、瞄准中国：由来已久

早在1987年递交给副国防部长艾克里（Fred Iklé）的备忘录中，马歇尔就写道："与现在相比，未来20年的世界将变得相当不同……由中国崛起和军事技术革命所引发的结构性变化，似乎并未引起综合长期战略委员会及其他事务委员会应有的足够重视。他们的关注点仍停留在苏联、美苏竞争、欧洲战场等问题上面。"[2] "未来几十年里，美国的战略将不得不同时应对正在崛起的中国和由军事技术革命引发的战争变革。"[3] 1996年，在考虑净评估办公室未来定位时，马歇尔尝试性地提出了一些可能的未来评估议题，指出亚洲看起来在未来几年对美的安全更为重要，美国关注点将从欧洲转移到亚洲，重点是中国。2002年，在呈交国防部长的备忘录中，马歇尔指出美国防务战略要求"在国防部范围内将注意力指向亚洲"，并建议各军种应"对恶意的中国形成的长期挑战做好打算，要将这些挑战整合在军种和联合兵棋推演、训练和演习计划中，包括日常海空军和特种部队的演习"。[4] 从那时起，美中经济与安全委员会发表了一系列关于中国崛起可能对美国国家安全带来影响的年度报告。最终，2012年，奥巴马指示要推出针对亚太地区的再平衡。随后，美国海空军提出了针对中国的"空海一体战"构想。

马歇尔对中国做出的战略判断很大程度是基于他所支持的两个中国问题研究者的研究成果，一个是从事中国战略文化研究的白邦瑞（Michael Pillsbury），一个是研究大国兴衰的艾伦·费里德伯格（Aaron Friedberg）。前者于1995年到中国军事科学院进行交流时搜集了大量中国军官关于未来战争的学术文章，在这其中两篇谈到马歇尔关于信息化战争的观点，提出中国"需要认真研究"，白邦瑞据此研究认为解放军已经采纳了马歇尔关于新军事革命的定义，马歇尔等由此推

1 Williamson R. Murry and Allan R. Millett, eds.,"Military Innovation in Peacetime," in *Military Innovation in the Interwar Period*, New York and Cambridge: Cambridge University Press, 1996, p.414.

2 [美]安德鲁·克雷佩尼维奇、巴里·沃兹:《最后的武士：安德鲁·马歇尔与美国现代国防战略的形成》，张露、王迎晖译，北京：世界知识出版社，2018年版，第224—225页。

3 [美]安德鲁·克雷佩尼维奇、巴里·沃兹:《最后的武士：安德鲁·马歇尔与美国现代国防战略的形成》，张露、王迎晖译，北京：世界知识出版社，2018年版，第225页。

4 同上，第276—277页。

断中国将通过主导信息权对美国构成区域拒止。后者曾专门研究过英国作为世界主导国相对衰落的过程，后在克林顿政府负责审视情报界对中国经济发展、政治稳定、战略意图和军事力量的评估。克林顿时期美国国内普遍的看法是中美发生对抗极不可能，但费里德伯格研究后，在其2000年发表的《争夺亚洲主导权》（“Struggle for Mastery in Asia”）一文中明确提出，“美国将与中国开始一场公开和激烈的地缘政治竞争”。[1] 费里德伯格认为，中国领导人是希望以一种不发生战争的方式获得亚太地区的霸权。上述两人的研究在相当程度上推动了马歇尔将中国作为未来战略竞争者的结论。此外，他在1992年做的有关军事技术革命的评估结论曾指出，未来的新区域拒止技术将会使美国海外基地和前沿部署的远征部队投送能力面临巨大挑战和高昂成本。而东风–21D的出现使马歇尔认为这正是他的结论所描述的那种风险。在马歇尔看来，中国是未来最有可能拥有强大察打一体能力的国家，而这对美国传统力量投送意味着某种限制，并会影响到美国在世界上扮演的角色。在马歇尔看来，这已经触及了美国防务战略的底线。

早早将中国界定为下一个战略竞争对手，一方面反映出净评估研究的前瞻性，另一方面也折射出其对中国战略文化、战略传统及发展模式的误读。

七、结语

净评估一步步走向成熟的过程，伴随着美国国防战略调整的进程。马歇尔在这一进程中无疑扮演着举足轻重的角色。而作为读者，随着马歇尔的脚步一步步走来，也对于美国国防战略调整的主要阶段有了一个全景式的了解，并对净评估的战略价值有了比较充分的认知。当然，鉴于净评估办公室的大量文件还处于保密之中，我们对于净评估办公室运作全程及其对于美国战略界的影响只能窥一个大概，但仅从这些现有文字中也已经感受到了这一机构在美国国防界中的地位。

马歇尔倡导的净评估，无疑帮助美国军政领导人在许多重大选择面前厘清了方向，引导他们关注新的战略问题和隐现的机遇与挑战，从而在大国竞争中争得先手。净评估是应美国与主要竞争对手的战略竞争需要而生的，其一步步走向成熟的过程也是伴随着竞争来的，因此，寻找对手是其一以贯之的传统，一方面，对手情结让其能够时刻保持清醒，帮助美国领导人预先发现风险，但另一方面，也使得它不可避免地要用有色眼镜看待这个世界。从冷战中诞生并一路走来的净评估办公室，在后冷战的时代，面对一个远超出冷战时代非黑即白的世界而更加多彩的新世代，误判与偏颇也在所难免。其中本书最后一章将中国界定为下一个战略竞争对手就带有这种性质。美国的净评估虽说要帮助其领导人发现机遇与风

1 Aaron L. Friedberg, “ The Struggle for Mastery in Asia”, Commentary , November 2000, p.17.

险，但一个没有提到的基本前提是它要服务于美国霸权，这一前提使其不可避免地会夸大风险的存在。对于净评估的方法我们要重视，但对于其结论则要用批判的眼光加以审视，在借鉴运用过程中，要力避其不良影响，主要学习其分析方法，用中国的眼光、中国的视野、中国的战略文化传统对其加以修正。

国家荣誉视角下的俄罗斯外交

——评《俄罗斯与西方：从亚历山大一世到普京——国际关系中的荣誉》兼译者后记

戴惟静

内容提要：安德烈·齐甘科夫（Andrei P. Tsygankov）在《俄罗斯与西方：从亚历山大一世到普京》一书中提出的基于荣誉的建构主义理论，对于理解俄罗斯外交政策有三个方面的新意。作为一种理论，作者结合了建构主义与现实主义，将国家荣誉视为影响外交政策选择的主要影响因素，由权力、国内支持等因素决定的国内信心强弱为次要影响因素。作为一部历史，作者使用了长时段的历史分析，发现国家荣誉从古至今在俄罗斯外交中发挥作用。作为国际关系理论俄罗斯学派的最新成果，本书为俄罗斯政治、外交等问题提供了一种民族性的答案，对于进行对俄研究、中国学派的发展都具有启发意义。

关键词：俄罗斯　外交政策　国家荣誉　《俄罗斯与西方》

俄罗斯与西方关系是几个世纪来一直困扰着俄罗斯人的“终极问题”之一，曾有无数智慧的头脑从哲学、文化、政治等角度就这一问题提出过真知灼见，并产生了激烈争辩。从沙皇、总书记到总统，在俄罗斯领导者身上我们可以看到亲西方与反西方的明显分野。从19世纪的西方派与斯拉夫派之争，到当代的大西洋主义与新欧亚主义之辩，俄罗斯的精英中也不乏各派的支持者。俄罗斯与西方的历次接近或疏远背后，究竟是受到什么因素的牵引？

俄罗斯学者、美国旧金山州立大学教授安德烈·齐甘科夫《俄罗斯与西

戴惟静　莫斯科国立大学政治学系博士生。

方：从亚历山大一世到普京——国际关系中的荣誉》（*Russia and the West from Alexander to Putin: Honor in International Relations*）一书中文版由上海人民出版社于2017年出版。作者长期在美国进行俄罗斯研究，对俄罗斯历史、思想的尊重与理解，加上对西方国际关系学的熟稔，使他在本书中为这一问题给出了一份独到的答案。

作者通过探究行为背后行为主体的意图，即俄罗斯对西方政策的产生环境，发现国家荣誉在俄罗斯国际政治中的行为，尤其是与西方的关系上起到决定性的作用。在论述这一观点的过程中，作者采用的理论、史观以及对俄罗斯学派的发展，正是本书的新意和看点所在。

一、国家荣誉与“现实建构主义”

范式的转变源于反常现象。俄罗斯外交史上发生过很多有趣的案例，向现实主义范式发起了挑战。与现实主义解释最为反常的案例是神圣同盟：在国家实力强大、取得对拿破仑战争胜利的条件下，俄国没有选择在欧洲建立霸权，而是倡议缔结和平条约，寻求与西方合作。反过来，在一些俄罗斯被认为国内实力不足的时刻，却没有跟着西方走，反而对西方采取了强硬措施，正如在克里米亚战争中所表现的那样。这些事件的背后，俄罗斯行动的动机似乎都不是理性的权力计算，而是另有原因。

作者反思并批判了现实主义各流派在研究俄罗斯问题上的缺陷，即国际行为的环境与意义没有得到足够的重视，而这恰恰是理解俄罗斯的关键所在。在安德烈·齐甘科夫的理论中，由荣誉、承认、信心等自变量共同决定外交政策走向。西方对俄罗斯荣誉的承认程度决定俄罗斯与西方能否合作，而信心强弱决定不合作的程度。具体而言分为四种情况：只要西方承认俄罗斯的荣誉，无论信心强弱，俄罗斯都会采取合作政策；如果西方不承认，信心才决定采取强硬还是防御的政策。总而言之，俄罗斯每一个外交政策的目的，是要使其符合国家的荣誉愿景，即该外交政策应当是光荣的，能给国家带来荣誉。

何为荣誉？怎样的行为是光荣的？作者认为，俄罗斯的国家荣誉比现实主义理论中的威望、声誉具有更丰富的内涵，由三个因素构成：精神、大国与同盟。这三个因素之间存在冲突，其中某个因素会在特定历史条件下上升为更具决定性的因素，使另外两者遭到贬抑，在政策上则表现为无法兼顾相关群体的利益。

信心也并不完全等同于权力，还包含着统治精英对权力的自我评估，因此可能会出现与现实情况存在偏差的情况，譬如，高估了自身实力，采取了不合时宜的政策。“权力”这个现实主义中的核心概念就由决定外交政策的单一变量变成了干预变量而存在。

西方的承认之所以重要，是因为西方充当了俄罗斯的“重要他者”。这里作者借鉴了社会心理学中的“自我”与“他者”概念，通俗地讲就是“我们”和“他们”之分。作者显然反对俄罗斯是西方（一部分）的论点，把俄罗斯视为一个不同于西方的独立存在。同时，在俄罗斯的自我认知中，又格外重视西方对自我的评价。在俄罗斯外交决策中，西方的态度也是重要参照。他者（西方）对于自我（俄罗斯）荣誉的承认程度，影响俄罗斯对西方采取合作、防御或是强硬的政策。

围绕着荣誉、承认、信心三个因素，作者搭建出了理论的概念基础。结合现实主义和建构主义，将现实主义所关注的权力、安全等要素融入建构主义的理论框架中，提出了一种用荣誉观分析外交政策的理论，并发展了“现实建构主义”（Realist Constructivism）。应当说，本书的理论创新，不仅是建构主义的发展，还包含着更多的社会学方法在国际关系理论中的应用。

二、长时段的历史分析

在上述理论的基础上，本书详细分析了俄罗斯与西方关系中的十个案例，分别为合作模式下的神圣同盟、三国协约、集体安全与反恐战争，防御模式下的韬光养晦[1]、和平共处、限制北约东扩，强硬模式下的克里米亚战争、冷战初期对抗与俄格战争。在这十个案例跨越的二百年间，三种模式在俄罗斯与西方关系中循环往复：19世纪的沙皇俄国，是合作—强硬—防御；苏联时期，是合作—防御—合作—强硬；当代俄罗斯，则是防御—合作—强硬。事实上，除上述十个案例以外，上至16世纪，下至普京第三任期，[2] 共计近40个外交政策案例也可以恰如其分地归入三种模式之中。例如，著名的彼得大帝使团之行是合作的例子，历史上多次俄土战争、古巴导弹危机、入侵阿富汗等是强硬的例子。[3] 虽然没有详细展开，这些案例也清晰地显示出了俄罗斯的外交政策传统。

年鉴学派代表人物费尔南·布罗代尔半个世纪前呼吁，在历史学研究中要重视长时段，并且应当在其他社会科学中推广这一方法。历史上存在着变化缓慢的地理等环境因素，真正决定着历史进程。社会科学学者常常过于关注短时段的事件，忽视了历史因素。[4]

通过对长达五百多年的俄罗斯与西方关系的观察，安德烈·齐甘科夫发现，

---

1 原文为 recueillement，指俄国克里米亚战争失败后1856—1871年采取的外交政策。

2 本书英文版出版于2012年，最后一个案例为2008年俄格战争。作者运用荣誉理论对2008年后俄罗斯外交政策的分析，见本书中文版前言及安德烈·齐甘科夫：《历史和文化视角下的俄罗斯外交政策》，《中国国际战略评论2015》，北京：世界知识出版社，第258—268页。

3［俄］安德烈·齐甘科夫：《俄罗斯与西方：从亚历山大一世到普京——国际关系中的荣誉》，上海：上海人民出版社，2017年版，第49—50页。

4 Fernand Braudel, “History and the Social Sciences: The Long Duration,” *American Behavioral Scientist*, 1960 3:3, pp. 3-13.

影响着当代俄罗斯外交政策的荣誉观，其根源可追溯到俄罗斯进入现代之前，甚至在现实主义分析基础的民族国家形成之前。俄罗斯国家荣誉的三个要素在历史上有不同的表现形式：在19世纪，俄罗斯的国家荣誉表现为东正教、专制、东正教徒与斯拉夫人；苏联时期，荣誉变化为共产主义、一党制、共产党与社会主义国家；当代俄罗斯的荣誉则是俄罗斯文明、主权民主、俄罗斯人与亲俄罗斯团体。虽然荣誉的内容在不断演变，但其本质和构成保留了下来，共同支撑着俄罗斯民族的精神，也决定着外交政策的选择。

荣誉就像一只“看不见的手”操纵着俄罗斯的对外行为，时而得到明确宣示，如尼古拉二世在第一次世界大战前宣言，“为了捍卫俄国的荣誉、尊严、安全与在大国中的地位”；时而暗藏于政策背后，使旁观者感到意外与困惑，而作者则在书中将其揭示了出来。

三、民族的、还是世界的国际关系理论

安德烈·齐甘科夫教授声明，本书观点是一种“有民族意味的论点”，[1] 这也与其父、俄罗斯国际关系学者帕维尔·齐甘科夫（П.А. Цыганков）一直致力于建设国际关系理论的俄罗斯学派一脉相承。齐甘科夫父子认为，“国际关系理论从根本上说是民族的”，[2] 美国学派、英国学派、法国学派的国际关系理论都是各国国家性质和社会文化特点的反映，俄罗斯的国际关系理论也应扎根于本国的历史文化土壤，挖掘本民族的思想传统，[3] 对待西方国际关系理论则应批判性地接受。

本书所提出的理论，正是注意到了西方政治学者常常忽略或误解的一个问题：外交决策是在具有意义的环境下作出的，俄罗斯外交决策的环境应得到重视，那就是自上而下对国家荣誉的重视。运用这一概念工具，在一些西方国际关系理论无法解释的问题上，本书的理论模型尤其具有说服力。

俄罗斯外交决策的环境就是自上而下对国家荣誉的重视。

民族的国际关系理论能否成为世界的？这一用于解释俄罗斯问题的荣誉理论能否成为其他国家外交政策的有效工具？在本书最后，作者考察了美国和欧盟等已确立的大国，中国、印度和巴西等崛起中的大国的外交政策走向。与对俄罗斯的分析相比，作者对其他国家作了相对简化的处理，将各国的荣誉愿景提炼为

1［俄］安德烈·齐甘科夫：《俄罗斯与西方：从亚历山大一世到普京——国际关系中的荣誉》，上海：上海人民出版社，2017年版，第6页。

2［俄］А.П. 茨冈科夫、П. А. 茨冈科夫：《国际关系社会学》，武汉：武汉大学出版社，2007年版，中文版序、绪论、结束语。

3 作者关于俄罗斯政治思想传统的论著，参见 Цыганков А.П. Международные отношения: традиции русской политической мысли: учебное пособие. – М.: Альфа – М: ИНФРА-М, 2013. – 336 с.

民主或国家主义，将国内信心总结为衰落或崛起，将各国互动对象简化为外部世界，并据此预测了各国对外关系的走向。至此，在理论创建的过程中，理论的预测性功能作者做出了尝试。

然而，这一预测也产生了一系列问题：各国的荣誉观构成是怎样的？外部承认程度对外交决策的影响有多大？各国的重要他者是谁？最根本的问题则是，对于各国、各历史时期，荣誉对于外交决策的权重大小如何？国家是更为现实理性的，还是崇尚精神的？

作者本人也承认，俄罗斯的行为根植于独特的文化，因此赋予外交政策的含义与其他国家就大不相同。同理，每个国家都在独特的社会条件下运转，看待世界的方式各不相同。因此很难同意，荣誉也是这些国家外交政策中更具影响力的因素。在用荣誉理论检验其他国家时，需要深入了解对象国的历史、文化、语言知识，同时在几个基本假设上进行更为详尽的建构。作者作为俄罗斯专家，在对其他国家的预测上出现的偏差也是无可厚非、瑕不掩瑜的。

俄罗斯是一个有着强烈自我意识的国家，不断思考着“我们是谁”的问题，即在地区和国际舞台上的国家定位。同时，也面临着如何与“他们”相处的问题，与西方、与美国、与原苏联地区国家、与中国的关系等。在后一问题上，俄罗斯后工业社会研究中心主任弗·伊诺泽姆采夫（Владислав Иноземцев）也有着精辟论断，他认为，俄罗斯考虑的总是“谁和我们一伙”（Ктоснами），“哈萨克人、吉尔吉斯人曾和我们一伙，波罗的海人曾和我们一伙”，这是一种自居大国、召集盟友的心态。然而，21世纪摆在俄罗斯面前的问题更应是“我们和谁一伙”（С кем мы），是与美欧一起对抗亚洲，还是与亚洲一起对抗欧美。[1]

在对俄研究中，俄罗斯经常会采取一些出其不意、看似不理性的举动，是决策者、研究者共同面临的问题。在对俄罗斯的外交政策进行预测时，将诸如荣誉、承认、信心等非理性因素考虑进来，具有很强的现实意义。正如作者提示的那样，建构主义对于外交政策研究虽然不能当作最终目的，但可以作为出发点，将观念因素考虑进来是很有必要的。与其把俄罗斯假设为理性人，不如看作一位“有性格”的国际政治行为体。

作者向中国读者介绍俄罗斯学派的同时，也非常关注中国学派的声音。我国的国际关系理论研究很早便提出过建立国际关系理论中国学派的问题。这一任务

1 Иноземцев В.Л. Национальные интересы России на постсоветском пространстве: в чем они состоят и какими должны быть? // Россия и современный мир. – 2012. – № 3. – С. 108-121; В.Л. Иноземцев. Злейшие друзья и лучшие враги // Московский комсомолец. 14 января 2014 года. http://www.mk.ru/specprojects/free-theme/article/2014/01/14/969748-zleyshie-druzya-i-luchshie-vragi.html; Экономист Владислав Иноземцев: «железный занавес» для России обернется такой катастрофой, с которой исчезновение сыра бри не сравнится // Дождь. 28 августа 2014 года. https://tvrain.ru/teleshow/medvedev/ekonomist_vladislav_inozemtsev_esli_my_hotim_byt_vtorym_iranom_nikto_nam_ne_zapretit_vyjti_iz_globalnyh_protsessov-374689.

不仅可能，而且必要。同俄罗斯面临的问题类似，中国在国际舞台上也常常被曲解和误会，落入西方理论的“陷阱”。中国有着悠长的历史、丰富的思想宝库、独特的思维模式，中国学派能够使世界更好地理解中国，也能为国际关系研究作出中国贡献。各国学派之间的互相碰撞，不仅能为研究者提供更多的理论工具，也能使国家之间能够更好地理解彼此。

《中国国际战略评论》征稿启事

《中国国际战略评论》(*China International Strategy Review*)是由北京大学国际战略研究院主办的每年两期的刊物。刊物主要发表国际战略相关领域的学术研究和政策研究成果，既包括“大战略”层面的宏观评论展望，也涵盖对现实国际问题的微观分析探讨；既以国内学者的论述为主体，又向海外学者的真知灼见敞开大门。刊物致力于为中国的对外战略决策提供智力支持，引导公众全面、准确、理性地认识国家安全与国际战略问题，尤其重视兼具战略性、现实性和开创性的科研成果与国际事务评论。热诚欢迎海内外学者惠赐佳作。

来稿内容依次包括：题目、作者姓名、内容提要（250—400字）、关键词（3—5个）、正文。文章篇幅（不包括注释）为8000—10000字，注释（页下注）务须规范谨严。另请提供作者简介及详细通讯地址。刊物仅接受原创性稿件，来稿文责自负，恕不退稿，稿件寄出3个月后未收到用稿通知可自行处理。刊物出版后即付稿酬，并赠样刊两本。刊物将逐步实行双向匿名审稿制度，对来稿有删改权，如有异议，请来稿时注明。

投稿请以电子邮件方式将文章电子版发至编辑部电子信箱：IISS@pku.edu.cn。

《中国国际战略评论》编辑部